중소기업을 위한
인사평가 바이블

중소기업을 위한
인사평가 바이블

발행일	2024년 4월 10일		
지은이	정학용		
펴낸이	손형국		
펴낸곳	(주)북랩		
편집인	선일영	편집	김은수, 배진용, 김부경, 김다빈
디자인	이현수, 김민하, 임진형, 안유경	제작	박기성, 구성우, 이창영, 배상진
마케팅	김회란, 박진관		
출판등록	2004. 12. 1(제2012-000051호)		
주소	서울특별시 금천구 가산디지털 1로 168, 우림라이온스밸리 B동 B113~115호, C동 B101호		
홈페이지	www.book.co.kr		
전화번호	(02)2026-5777	팩스	(02)3159-9637

ISBN   979-11-7224-059-2 03320 (종이책)   979-11-7224-060-8 05320 (전자책)

(주)북랩 성공출판의 파트너

북랩 홈페이지와 패밀리 사이트에서 다양한 출판 솔루션을 만나 보세요!

홈페이지 book.co.kr   • 블로그 blog.naver.com/essaybook   • 출판문의 book@book.co.kr

작가 연락처 문의 ▸ ask.book.co.kr

작가 연락처는 개인정보이므로 북랩에서 알려드릴 수 없습니다.

대기업 인사관리 노하우 대방출!

중소기업을 위한
인사평가 바이블

 정학용 지음

북랩

최근 잡코리아에서 직장인 대상으로 실시한 '인사평가 만족도 조사' 결과를 발표했다. 참가한 직장인들 중 57.1%가 자신의 성과에 대한 회사의 평가가 합당하지 않다고 답했는데, 그 사유는 '상급자의 주관적인 평가 때문(67.7%)', '평가 제도가 허술하고 미흡해서(43.3%)' 등인 것으로 조사되었다. 회사의 인사평가 시스템이 주관적이고 부당하여 조직 구성원들에게 신뢰를 받지 못하고 있는 것으로 나타났다.

우리 기업들이 인사평가 제도를 도입하여 운영한 지도 수차례 강산이 바뀔 시간이 흘렀지만 평가 제도에 대한 인식은 별반 나아진 것이 없어 보인다. 이러한 현상은 중소기업으로 갈수록 심하다. 도서 포털사이트에서 HR 관련 서적을 검색해보면, 채용 5,286건, 임금 1,117건, 교육 1,351건 등 인사관리 각 분야별로 관련 서적이 1천 건 이상씩 검색되는데, 인사평가는 여타 분야 대비 현저히 적은 110건으로 검색되었다. 이는 인사평가 관련 지식이나 아이디어의 확대 재생산을 억제하고 인사평가의 최신 동향, 새로운 기술이나 정보에 대한 인사관리 전문가들의 접근을 제약한다.

왜 이러한 현상이 발생할까? 이것은 인사평가 시스템의 구축과 운영이 쉽지 않다는 방증이다. 대부분 인사관리의 세부 영역들, 즉 채용이나 임금, 교육 등은 1개월 주기로 돌아가고 1개월 넘는 경우는 드물다. 예컨대 직원 채용도 1개월 정도면 가능하고, 임금도 매월 지급하고, 교육은 그 주기가 더 짧다. 그런데 인사평가의 주기는 통상 1년이다. 그리고 그 과정에서 목표 수립과 이행, 성과 창출을 위한 면담, 코칭, 멘토링, 피드백 등의 활동이 이루어지고, 구성원들에게 본의 아니게 아쉬운 소리도 해야 하고 싫은 내색도 보여야 한다. 그러다 보니 기업이 인사평가 시스템을 제대로 구축하여 운영하고 있는 곳이 드문 실정이다.

중소기업을 방문해보면 채용관리도 원만하게 진행하고 있고, 보상관리도 연공제를 극복하고 연봉제를 도입하여 운영하고 있고, 직원들의 교육훈련도 큰 불만 없이 진행하고 있다고 할지라도 인사평가 시스템을 제대로 운영하고 있는 곳은 드물었다. 예컨대 1980년대에 사용하던 업무의 양과 질 중심의 인사평가를 운영하고 있다든지, 개인 평가 항목이 20개가 넘는가 하면, 인사평가 결과의 피드백은 고사하고 공개조차 하지 않는 곳이 부지기수였다.

이러한 현상은 인사평가에 대한 중소기업들의 경험이나 전문성 부족으로 발생하는 측면이 있지만, 인사 담당자들이 참고할 만한 도서나 자료의 부족과도 무관하지 않을 것이다. 즉, 중소기업의 인사평가 업무에서는 '전문성 부족 → 참고할 도서와 자료 미흡 → 문제해결력 저하 → 평가 담당자 성과 하락 → 동기와 열정 저하 → 인사평가 업무 기피 → 전문성 부족' 등으로 악순환이 일어나고, 이는 결국 평가의 객관성과 공정성을 낮추고 구성원들의 수용성을 저하시켰다.

그렇다면 인사관리 인프라가 열악한 중소기업들이 어떻게 하면 객관적이고 공정한 인사평가 시스템을 구축하고 운영할 수 있을까? 이 책은 이러한 문제의식에서 출발하였다. 하지만 이러한 문제의식을 계속 쿠킹만 하고 있었지, 이를 책으로 발간할 생각은 꿈에서조차 하지 못하고 있었다.

그런데 어느 해 겨울 퇴근길에 신동주 박사님과 우연히 동행하게 되었고, 박사님께서 상당히 의미 있는 주제이니 책으로 엮어내면 좋을 것 같다는 의견과 함께 충분히 가능하다고 동기부여까지 해주었다. 그리고 옆에서 늘 관심을 가져준 것이 동력이 되어 본서가 세상의 빛을 보게 되었다. 본서의 제목과 본문 곳곳에 신동주 박사님의 지도와 조언이 배어 있음을 고백한다. 이 기회에 신동주 박사님께 감사의 마음을 전한다. 또한 제목 선정과 평소 음으로 양으로 도움을 준 최강3팀 동료들에게도 고마움을 전한다.

이 책은 여타 인사평가 관련 도서와 차별되는, 다음과 같은 특징들을 가지고 있다.

첫째, 이 책은 인사평가 시스템의 설계와 운영에 어려움을 겪고 있는 중소기업들에게 합리적이고 간소한 전략적 인사평가 시스템에 대한 구축 방법을 제시한다. 그래서 중소기업의 실정에 맞게 목표관리 방식이나 인사평가 방식을 설계하였고, 평가 양식이나 직무프로파일 등 각종 서식이나 프로세스도 간소화하여 합리적으로 제시하고 있다.

둘째, 기업 현장에서의 다양한 체험과 일터혁신 컨설턴트와 공인노무사로서의 경험 및 전문성을 바탕으로 현장의 다양한 사례와 방안들을 포함하고 있다. 또한 독자들의 이해 편의를 위하여 도표나 그림을 많이 활용하였다.

셋째, 일반적으로 중소기업의 변화와 혁신은 CEO에 의해 일어나고, 인사노무부서는 CEO의 지시를 단순히 대행하는 '대서방' 역할을 주로 수행한다. 본서에서는 인사노무부서가 사업장의 변화와 혁신의 주체가 되어야 함을 역설하고, 그 방향을 제시하고 있다.

넷째, 사업장 내의 연봉 갈등, 해고 문제, 저성과자의 관리 등 법률적 리스크 근저에는 인사평가 시스템이 있다. 인사평가 시스템이 정당성을 잃게 되면 구성원들의 수용성이 낮아질 뿐만 아니라 법률적 리스크도 발생하게 된다. 따라서 본서에서는 인사평가 시스템의 정당성을 확보할 수 있는 방안도 제시하고 있다.

부족하지만 이러한 특징들이 독자들에게 쉽게 전달되어 인사평가 시스템의 설계에 어려움을 겪는 중소기업들에게 조금이라도 도움이 되었으면 더할 나위 없이 좋겠다. 마지막으로 이 책은 시앤피컨설팅이라는 거인의 어깨를 빌리지 않았더라면 저술이 불가능했다. 내부 자료의 사용을 흔쾌히 허락해주신 조세형 대표님과 일터혁신본부 김은경 이사님께 감사의 말씀을 드리고, 평소 어깨를 빌려준 일터혁신본부 동료들에게도 고마움을 전한다.

2024년 4월

정학용

CONTENTS

PART 06
평가 활용은 우수 인재 확보와 유지에 중요

PART 07
인사평가, 사용자의 권한이지만 정당한 행사 필요

PART

01

왜 전략적
인사평가 시스템인가?

01.
전략 실행을 위한 성찰 활동

우리 삶은 희로애락의 함수이다. 기쁨과 즐거움만 우리에게 유익한 것이 아니고, 때로는 화를 내고 슬퍼하는 것도 필요하다. 가벼운 기쁨이나 순간적인 화는 일시적인 마음의 작용이지만, 지속적인 즐거움이나 무거운 슬픔은 깊은 성찰에서 나온다. 삶에서 성찰하는 것은 우리의 성장에 중요한 역할을 한다. 마치 나이테가 나무의 성장을 말해주듯이 우리의 성장은 고난이나 역경을 성찰한 결과이다. 성찰하는 모습은 저녁에 하루를 돌아보고, 매일 일기 쓰고, 연말에 차분히 한 해를 돌아보는 것까지 다양하다. 일기를 쓰는 목적이 그러하듯 성찰 활동도 그때그때의 활동이나 사건에 대해 점검하고, 반성할 것은 반성하면서 성장하고 발전하기 위해서다.

우리 삶에서 성찰 활동의 중요성은 아무리 강조해도 지나치지 않다. 이러한 성찰 활동이 인간 성장에 큰 역할을 할 수 있다는 것을 보여준 대표적인 인물이 미국 건국의 아버지로 칭송받는 벤저민 프랭클린(Benjamin Franklin)이다. 벤저민 프랭클린은 자신이 지켜야 할 13가지 덕목을 핵심 역량으로 정하여 매일매일 준수 여부를 평가하여 개선해나갔으며, 그 결과 미국인들이 가장 존경하는 인물에까지 오르게 되었다. 이처럼 성찰 행위는 단순히 반성을 넘어 우리를 변화시키고 성장시키는 것이다.

이러한 성찰 행위의 필요성은 기업이라고 해서 다르지 않다. 기업도 자신들의 행위에 대해 반성할 것은 반성하고 개선할 것은 개선해야 성장할 수 있다. 그렇지 않으면 아무리 뛰어난 기업이라도 한순간에 무너질 수 있다. 대표적인 사례가 핀란드 기업 노키아(Nokia)이다. 노키아는 피처폰 시대의 휴대폰 시장 점유율 세계 1위라는 현실에 안주하여 하이테크 기술에 대한 성찰을 등한시하다 몰락한 기업이 되었고, 반면 IBM은 1990년까지 최고의 컴퓨터 제조 기업이었으나 컴퓨터 시장의 중심이 대형에서 개인용으로 변화하고 있다는 점을 깊이 성찰한 결과 제조업에서 세계 최대의 소프트웨어 및 서비스 기업으로 변신하는 데 성공하였다.

이처럼 기업도 인간처럼 성찰 활동을 통해 더욱 성장·발전할 수 있다. 그렇다고 모든 기업에서 적극적으로 성찰 활동을 하는 것은 아니며, 기업이 이러한 성찰 활동을 하지 않더라도 현재를 살아가는 데는 지장이 없다. 마치 우리가 일기를 쓰지 않더라도 잘 살고 있는 것처럼 말이다. 하지만 이제 기업이 직면한 환경은 성찰 활동을 하지 않으면 미래로는 한 발짝도 나가기 힘들게 변하고 있다. 제4차 산업혁명으로 촉발된 미래 사회는 이제까지 우리가 한 번도 경험하지 못한 전인미답의 세상이 될 것이고, 그렇다면 마치 살얼음판을 건너듯이 매일매일 성찰하면서 대응 방법을 모색할 수밖에 없다. 현재의 전략이나 비전, 또는 제품이나 기술, 그리고 구성원의 행동이나 태도 등에 대한 철저한 성찰 활동을 통해 개선과 변화, 혁신을 도모해야 한다.

이처럼 기업에서도 성찰 활동은 매우 중요하다. 많은 기업에서 현재 상태에 대한 진단과 개선이 필요하고, 성찰 활동을 통해서 생존 전략과 미래 대응 전략을 찾아내고 있다. 성찰 활동이 바로 현재와 이러한 미래를 이어주는 다리이고, 성찰 없이는 개선이나 변화 및 혁신으로 나아갈 수가 없다. 그렇다면 기업은 매일 또는 매달, 매년 변화와 혁신을 가져오게 하고 비전과 목표를 달성하도록 하는 성찰 활동을 어떻게 제도화할 수 있을까?

그 해결책은 기업이 전략적 인사평가 시스템을 구축하는 것이다. 인사평가는 기업에서 하는 대표적인 성찰 활동이고, 전략적 인사평가는 조직의 전략을 실행하기 위한 성찰 활동이기 때문이다. 따라서 기업은 전략적 인사평가 시스템을 통하여 전략 실행은 물론이고 미래 환경에 필요한 역량이나 전문성을 성찰하고 체질을 강화한다. 이는 마치 프로 축구팀이 축구 경기를 하고 나서 약점과 보완점을 개선하고자 그 경기를 검토, 분석하는 것과 같은 이치이다. 요즘 전략을 실행하고 성과를 관리하는 제도로서 OKR(Objectives and Key Results)이 유행하고 있는데, 이 제도 또한 그 중심에는 성찰 활동이 있다. 성찰 활동 주기를 단축하여 매주, 매달 및 매 분기로 진행하는 것이 OKR 제도의 핵심이다. 이처럼 기업의 전략적 인사평가 시스템은 반드시 필요하며, 구체적인 이유는 다음과 같다.

첫째, 전략적 인사평가 시스템은 조직의 탁월한 성과를 실행한다. 기업이 탁월한 성과를 내도록 하는 기반은 구성원들의 목표 설정에 있다. 전략적 인사평가는 도전적인 목표를 수립하고 이를 달성하기 위하여 CEO부터 팀원까지 전략 목표를 중심으로 한 방향으로 정렬시키고 목표 달성을 지원한다. 이를 통하여 기업은 미션과 비전을 달성하겠다는 로망을 실현한다.

둘째, 전략적 인사평가 시스템은 구성원의 역량 개발을 도모한다. 전략적 인사평가는 구성원에게 전략 목표 달성에 필요한 전문 지식이나 역량을 알려주고, 조직과 개인에게 그 전문 지식과 역량을 갖추도록 독려한다. 전문 역량을 개발할 책임은 구성원 각자에게 있지만, 업무수행에 필요한 역량의 개발 니즈를 알려주고 지원해주는 것은 인사평가 과정인 코칭과 피드백에서 이루어진다.

셋째, 전략적 인사평가 시스템은 성과 지향적 조직문화를 구축한다. 조직은 성과 결과를 평가하고, 그 성과에 맞는 합당한 보상을 지급함으로써 우수 인재를 유지하고 조직 몰입을 높이게 된다. 이러한 과정에서 구성원들은 목표 설정의 중요성을 인식하고 목표 달성 의욕을 높이고 높은 성과에 따른 긍정적 보상을 수용하는 분위기가 형성되어 성과 지향적 조직문화가 마련된다.

따라서 전략적 인사평가 시스템은 조직 및 구성원의 전략 실행을 지향하며, 이를 위하여 조직과 개인은 기업이 추구하는 미션과 비전을 자신들이 수행해야 할 목표와 연계하여 설정한다. 그리고 코칭과 피드백 등 성찰 활동을 통하여 성과 목표 달성과 역량 향상을 도모하고, 최종적으로 성과 목표 달성 여부를 평가하고 보상과 교육 등에 연계하여 성과 지향적 조직문화를 구축한다. 결국, 기업은 전략적 인사평가 시스템을 통하여 전략을 실행하고, 성과 목표와 역량 향상을 도모하고 보상과 교육 훈련 시스템까지 고도화한다. 전략적 인사평가 시스템은 조직에서 대표적인 성찰 활동이고, 전략 실행의 핵심 도구이다.

02.
성장과 발전을 위한 경영 시스템

모든 기업은 탁월한 성과를 내고 성장과 발전을 위해서 많은 공을 들인다. 최고의 비전과 목표를 수립하고, 우수 인재를 확보하여 개발하고, 고객과 시장의 니즈에 반응하여 창의적이고 혁신적인 제품 및 서비스를 내놓기도 한다. 조직의 이러한 활동은 목표를 실행하고 탁월한 성과를 내어 성장과 발전을 하기 위해서이다. 탁월한 성과는 아무렇게나 만들어지지 않는다. 조직 구성원들의 노력과 열정이 뒷받침되지 않고서는 불가능하다. 구성원들이 성취감과 보람을 가지고 도전적 목표를 수행하고, 조직에도 자긍심을 느껴야 한다. 만약 이러한 동기부여가 없다면, 기업의 성과를 내기 위한 많은 공들이 오뉴월에 내리는 눈처럼 사라지고 말 것이다.

기업에서 사용하는 대표적인 동기부여 방법이 보상 제도이다. 이는 '인간의 행동은 결과물의 함수다'라는 행동주의 이론에 근거하고 있다. 즉, 인간은 어떤 행동을 했을 때 보상이나 처벌을 받게 되면 그 행동을 더 열심히 하거나 중단하게 된다. 그래서 조직이 탁월한 성과를 낸 직원에게 합당한 보상을 하게 되면 그 직원은 업무 의욕이 고취되어 성과를 내기 위해 더 열심히 노력하게 되고, 이러한 행동들이 반복되어 장기적으로 성과 지향적인 조직문화가 자리 잡게 된다. 여기서 기업들이 성과와 보상을 연계하는 방법이 전략적 인사평가 시스템이다.

하지만, 중소기업의 인사평가 시스템 여건은 열악하다. 인사평가 시스템은 기업의 목표 달성에 중요한 역할을 하는데도, 인사평가 시스템조차 없는 중소기업도 많고 인사평가 시스템을 운영한다고 하더라도 구성원들의 수용성도 낮다. 최근 한 채용 포털 사이트에서 직장인들을 대상으로 한 조사[1]에 따르면, 직장인 70%가 인사평가에 대해 불만족하고, 불만족에 대한 주요 사유가 평가 절차와 시스템 등을 신뢰할 수 없기 때문이라고 한다. 즉 인사평가 시스템이 객관적이고 공정하지 못하다는 것이다. 그 결과 인사평가 시스템이 팀워크를 저해하고, 불만을 야기하고, 때로는 비윤리 행위를 유발하고 있다고 하면서 무용론을 주장하기도 한다.

따라서 객관적이고 공정한 인사평가 시스템의 설계는 중요하다. 객관적이고 공정한 평가 시스템은 개인이 자신의 업무에 대해 객관적이고 공정하게 평가되고 그에 합당한 보상을 받을 수 있도록 보장한다. 이는 구성원들에게 목표 달성에 대한 동기부여와 조직에 대한 신뢰를 제고하게 된다. 예컨대 회사에서 인사평가 시스템을 운영할 때 객관적인 기준에 따라 모든 직원에게 동등하게 평가하여 보상을 한다면, 이는 직원들에게 인사평가 시스템이 공정하다는 확신을 심어주게 된다.

한편, 객관적이고 공정한 전략적 인사평가 시스템의 구축은 조직의 성장·발전과 탁월한 성과를 내도록 환경을 조성하는 데 중요하다.[2] 그 이유는 첫째, 조직이 '탁월하다'라고 생각하는 성과가 무엇인지 알 수 있도록 도와준다. 즉, 탁월한 성과는 전략 목표를 달성하는 과정에서 창출되는 성과이다. 둘째, 모든 사람은 자신이 수행한 탁월한 성과를 남들에게 보여주고 싶어 하는데, 전략적 인사평가는 직원들이 실제로 그렇게 할 수 있는 수단을 제공한다. 마지막으로, 저조한 성과 수행자로 낙인찍히고 싶지 않은 동기를 자극하여 더 나은 성과를 낼 수 있도록 한다.

전략적 인사평가 시스템이 조직의 성장과 발전에 중요하지만, 기업 설립 초기부터 구축하지는 않는다. 아니, 그럴 필요가 없다. 기업의 초기에는 전략 목표를 달성하고 역량을 개선하고 성과를 평가하는 도구가 딱히 없어도 창업 리더십으로 가능하기 때문이다. 창업 정신 또는 벤처 정신으로 무장한 공동체적 응집력으로 전략 목표를 달성하고 성과도 창출해낸다. 하지만 기업이 규모가 커지고 성장함에 따라 직무

---

1 공공뉴스, 「직장인 70% 인사평가 불만, 이유는 바로 '이것'」, 2022. 2. 11.

2 딕 그로테(여민수 옮김), 『성과평가란 무엇인가』, 빅슨북스, 2009

는 더 전문화되고 구성원들은 적절한 보상과 권한 위양을 요구하게 되고, 그러면 창업 리더십이나 공동체적 경영은 한계를 맞게 된다.

이때부터 중소기업은 성과를 일구어내기 위해서 '시스템에 의한 경영체제' 구축이 불가피하다. '시스템에 의한 경영체제'는 조직을 하나의 시스템으로 인식하고, 비전과 전략 목표를 중심으로 각 부문을 연결하여 조직 전체를 하나의 시스템처럼 움직이게 하여 전략을 실행한다. '시스템에 의한 경영체제'의 중심에는 비전과 전략 목표가 있고, 이를 성취하게 하는 도구가 전략적 인사평가 시스템이다. 즉, '시스템 경영체제'의 엔진이 전략적 인사평가 시스템인 셈이다.

성장 단계에 있는 많은 중소기업이 아직도 시스템 경영보다는 창업 리더십 중심으로 운영되고 있다. 조직이 성장 단계에 진입하여 시스템 경영이 필요한 시점임에도 이를 도입하지 않으면 많은 문제점에 당면하게 된다. 예컨대 경영의 일관성 상실, 주먹구구식 의사결정, 작업의 비효율성 등으로 직원들의 신뢰를 잃게 되고 유능한 인력들은 떠나게 된다. 이러한 조직은 승진 제도를 '퇴직하겠다'라는 사람을 유인하는 수단으로 사용하고, 임금 인상을 '내 편이나 나의 인맥'의 전유물로 인식한다. 따라서 중소기업이 성장·발전하고 경쟁력을 가지기 위해서는 전략적 인사평가 시스템을 바탕으로 하는 시스템 경영이 필수적이다.

결국 전략적 인사평가 시스템을 갖추고자 하는 이유는, 기업이 시스템 경영을 구축하여 성장·발전하기 위한 것이다. 비전을 달성하기 위하여 목표 수립을 하고 이를 달성하도록 코칭하고 멘토링하는 것이 전략적 인사평가 시스템 과정에서 이루어진다. 그리고 조직은 개개인의 성과를 측정하고 강점과 개선점 그리고 상사의 기대 등을 분명하게 피드백한다. 이러한 과정에서 조직은 성과를 달성하고, 구성원들은 역량 개발을 이루어내고, 지속적인 성장과 발전을 이루게 된다.

03.
인사평가, 왜 실패하는가?

기업의 내부 시스템 중에서 인사평가만큼 다양한 역할을 하는 것도 드물다. 인사평가는 조직 내에서 팀과 개인의 성과를 측정·관리하고, 구성원들의 강점과 약점을 개발하도록 하고, 공정한 보상 및 인센티브 시스템을 구축하고, 직무 배치 및 승진에 결정적인 영향을 미치고, 팀과 개인 간의 목표를 정하고, 팀 협력을 촉진하는 등 조직 내의 성과관리, 역량 개발, 보상, 직무 및 승진관리, 조직문화 강화 등 핵심적인 역할을 한다. 따라서 인사평가는 전략 실행과 목표 달성 및 구성원의 역량 향상을 위한 최고의 도구임에는 틀림이 없다.

인사평가의 역할과 중요성은 대기업이든 중소기업이든 그 규모와 무관하고 제조업체든 서비스업체든 그 업종과 무관하게 동일하다. 목표 달성이 필요하고 구성원들의 역량 개발이 필요한 곳에는 인사평가 시스템이 중요하다. 그런데 중소기업에서 인사평가를 제대로 운영하는 기업은 드물다. 아니, 아직도 인사평가를 도입조차 하지 않고 있는 중소기업도 부지기수다. 왜 이런 현상이 발생할까?

중소기업들의 답변은 이렇다. "우리는 생존과 성장을 위해 본업에 집중해야 한다. 인사평가와 같이 본업과 관계없는 곳에 시간과 에너지를 낭비할 수 없다", "우리 사업은 크지 않기 때문에 인사평가는 굳이 필요 없다. 그것은 내가(CEO) 알아서 하면 된다", "우리 조직은 빠른 의사결정과 유연성이 중요하지, 인사평가처럼 형식적인 절차에 빠져있을 시간이 없다", "우리도 인사평가를 도입하고 싶지만 전문 인력과 경험이 부족하여 미루고 있다" 등이다. 중소기업들은 이렇게 다양한 이유로 변명하고 있다.

중소기업들의 이러한 이유와 변명은 변화와 성장보다는 현실에 안주하겠다는 표현이다. 다시 말해서 우리 중소기업들은 "성장과 발전이 절실하지도, 절박하지 않다", "우리는 성장에 배고프지 않다"라고 하소연하고 있는 것 같다. 아마도 우리 중소기업들은 이러한 해석에 대해 손사래를 치며 다음과 같이 강하게 반박할 것이다. "우리는 누구보다도 성장을 원하고 발전을 갈구한다", "우리의 비전은 아시아 TOP 3이다" 등과 같이 말이다.

사실 중소기업에서 인사평가 시스템 도입률이 낮은 이유는 다른 곳에 있다. 인사평가의 생명은 객관성과 공정성인데, 이를 구현하기가 쉽지 않다는 것이다. 인사평가의 목표 설정은 성과관리의 핵심인데 실제 구체적이고 측정 가능한 목표를 수립하는 것이 쉽지 않고, 조직 내의 다양한 직군과 역할에 대해 성과를 비교하고 측정하는 것도 복잡하고 어려운 작업이다. 특히 전략적 인사평가 시스템은 목표관리를 해야 하고, 성과 창출을 위한 면담, 코칭, 멘토링, 피드백 등의 활동이 필요한데, 적절한 소통 기술과 평가자 교육이 부족한 중소기업의 평가자에게는 이러한 활동이 매우 부담스러울 수밖에 없다.

중소기업은 인사평가의 중요성을 알지만, 설계와 운영의 어려움으로 쉽게 인사평가 시스템을 구축하지 못하고 있다. 인사평가 시스템 구축의 어려움은 대기업에서도 발생하고 있다. 최근에 우리나라 최고의 글로벌 기업인 삼성그룹에서조차 인사평가에 어려움을 겪고 있다는 사실이 언론[3]을 통해 알려졌다.

"삼성전자는 전 직원을 대상으로 하는 업적평가 등급이 탁월(EX), 매우 잘함(VG), 잘함(GD), 개선이 필요함(NI), 불만족(UN)으로 나뉜다. UN은 절대평가지만, NI 비율은 연봉제 직원이 10% 이내, 비연봉제 직원은 5% 이내로 결정되는 상대평가다. NI 이하로 등급을 받으면 월급은 동결 혹은 삭감된다. 그러나 상대평가에 대한 신뢰도는 높지 않았다. '고과평가는 개인의 노력을 정확하게 반영한다', '고과평가는 신뢰할 만

---

3 「확산하는 대기업 성과급 논란… 모호한 기준 '도마 위'」, 서울파이낸스, 2023. 2. 12.

하다'에 대해 각각 부정적인 응답 비율이 76.0%, 75.1%에 달했다."

우리는 흔히 현대그룹을 '뚝심의 현대'라고 하고, 삼성그룹을 '관리의 삼성'으로 부른다. 현대그룹이 현장의 불도저 이미지를 연상시킨다면, 삼성그룹은 사무실의 합리적이며 조직적인 이미지를 떠오르게 한다. 그러한 삼성그룹에서조차 직원들로부터 인사평가에 대해 신뢰받지 못하는 것은 그만큼 인사평가 제도의 설계나 운영이 어렵다는 것을 보여준다. 우리나라 대기업의 대표주자 격인 삼성그룹의 인사평가에 대한 신뢰도가 이러할진대, 모든 면에서 여건이 열악한 중소기업 평가 제도의 신뢰도는 더 낮을 것임은 불문가지이다.

중소기업에서 전략적 인사평가 시스템 구축에 실패하는 원인을 다음과 같이 4가지 정도로 압축할 수 있다. 첫째, 조직의 목표 설정 환경이 불안정하여 목표가 수시로 바뀌고 그때마다 KPI, 업무 추진 과정, 측정 지표 등을 조정하기가 쉽지 않다. 중소기업은 외부의 시장환경이나 정책변화와 더불어 원청사의 잦은 전략변화에 대응하여 기업의 목표를 수시로 조정해야 한다. 그때마다 KPI나 측정 지표 등을 재조정하기에는 시간, 인력, 전문성 등이 턱없이 부족하다.

둘째, 목표 달성을 위하여 수시로 목표 진행 상황을 점검하고 코칭하고 멘토링하고 피드백하는 등의 소통 리더십이 부족하다. 중소기업의 인력 여건상 '일당백'으로 한 사람이 3~4가지 업무를 하는 것은 기본이다. 조직의 팀장이라고 예외일 수 없다. 팀장도 실무자처럼 팀의 업무를 '일당백'으로 부담하고 있어서 팀원들을 코칭하고 피드백할 겨를이 없다. 팀장도 '제 코가 석 자'인 형편이다.

셋째, 구성원들의 평가 마인드가 부족하고 나눠 먹기 식 평가가 이루어지고 있다. 본래 인사평가는 일 년 내내 이루어지는 것이고, 이를 연말에 정리하는 것이다. 그런데 구성원 대부분은 평가를 연말 특정 시기의 일회성 업무라고 생각하고, 평가 기준이나 평가 요소에 대한 이해는 뒷전이고 승진 대상자 챙기기나 상사와의 관계 또는 연공 등 주관적 평가 또는 나눠 먹기 식 평가가 공공연하게 이루어지고 있다.

넷째, 인사평가 시스템의 정착에는 상당한 기간과 인내를 필요로 한다. 인사평가 제도의 주요 실패 이유는 코칭 역량이나 회귀분석 같은 운영 역량이 부족해서가 아니라, 진행 과정에서 발생하는 시행착오를 견뎌낼 인내심과 열정이 부족하기 때문이다. 인사평가 시스템이 지향하는 역량 개발과 목표 중심적 조직문화 형성에는 적어도 3년 이상의 시일이 소요된다. 처음에 구성원들은 설계된 인사평가 시스템에 대해 기대 반 의구심 반으로 지켜보게 된다. 2년 차에는 애초 설계된 대로 연봉 등 HR 제도에 연계되는지 등을 주시하고, 3년 차에는 2년 차에 제시된 직원들의 니즈를 회사에서 반영하는지를 지켜보고, 그럼에도 4년 차에도 계속해서 목표 수립이나 연봉 반영 등을 지속해 간다면, 이제 구성원들은 평가 제도의 진심을 알게 되고 시스템에 따라 행동하게 된다. 따라서 조직의 누군가가 3년 이상 직원들과 소통하면서 인사평가 제도를 꾸준히 개선해가는 열정과 인내를 가질 때, 인사평가 시스템은 신뢰를 얻고 정착할 수 있게 된다.

실제로 인사평가 제도에 대한 중소기업 구성원들의 만족도는 취약하다. 최근 컨설팅한 A 기업은 IT 솔루션 및 컨설팅 기업으로, 500명 수준의 직원을 보유하고 서울에 있는 유망한 중견기업이다. A 기업의 EOS(Employee Opinion Survey, 직원 만족도 조사) 결과는 〈그림 1-1〉에서 보는 것처럼 회사 평균점(하늘색 그래프)이 3.31점(5점 만점 기준)이고, 준거 집단(회색 빗금 그래프) 평균점은 3.28점인데 반해, 인사평가에 대한 만족도는 이들 평균점에 훨씬 못 미치는 2.94점으로 모든 제도 중에서 최하위 수준인 것으로 나타났다.

이렇게 A 기업의 인사평가에 대한 만족도가 낮은 사유는 다음과 같다. 평가자의 주관성이 강하고, 목표 설정과 측정 지표가 세분화되어 있지 않았고, 목표 달성에 대한 과정 관리나 코칭이 전혀 없고, 평가 결과에 대한 피드백이 없으며, 평가 결과에 따른 연봉이나 승진 등 체계적 연계성이 부족하다는 의견이었다. 인사평가가 객관성과 공정성을 보장하고 있지 못하니 직원들의 수용성이 바닥을 치고 있는 셈이다.

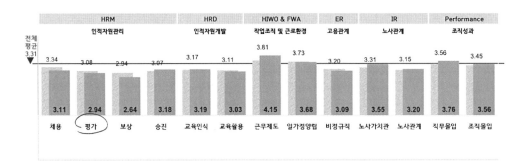

〈그림 1-1〉 A 기업의 인사평가 EOS 조사 결과[4]

전략적 인사평가 시스템이 대기업이나 중소기업에 부담인 것은 확실하다. 특히 중소기업은 원청사라는 존재, 인사관리 전문가 부재, 인사평가 경험 부족, 평가자와 평가 대상자들의 평가 마인드 부족 등으로 인사평가 시스템의 실패 확률이 높다. 또한 인사평가 시스템이 직원들의 불만 증가, 우수 성과자 이탈, 보상제도 불공정 등을 초래하여 인사 시스템 전체를 불신하게 만들 수도 있다.

그렇다면 이렇게 어렵고 공이 많이 들고 불신의 원인이 될 수 있는 인사평가 시스템을 구축해야 하는가? 그렇다. 조직이 비전을 달성하고 전략을 실행하겠다고 한다면 전략적 인사평가 시스템을 구축하고 운영해야 한다. 기업의 전략 목표를 달성하고 성과를 향상하고 구성원들의 역량을 개선하는 방안으로 전략적 인사평가 시스템만 한 것이 없기 때문이다. 그렇다면 중소기업의 특성에 맞는 전략적 인사평가 시스템은 어떻게 구축해야 하는가?

---

[4]　시앤피컨설팅 내부 자료

04.
전략적 인사평가 시스템 설계 방향

전략적 인사평가 시스템이 조직과 구성원들에게 미치는 영향은 크다. 인사평가는 조직이 목표 달성과 성과 향상을 이루게 하고, 구성원들의 역량을 개발한다. 또한 인사평가 결과는 임금, 승진, 교육, 보직 등의 결정에 중요한 자료가 되고, 성과 중심의 조직문화 구축에도 핵심적 역할을 한다. 그래서 인사평가 시스템은 회사 규모나 업종을 불문하고 조직 경영의 핵심 프로세스이다. 우리 속담에 '몸이 천 냥이면 눈은 구백 냥'이라는 말이 있듯이 '인사관리가 천 냥이면 인사평가는 구백 냥'이라고 할 수 있다. 눈이 우리 몸을 이끌듯이, 인사평가도 인사 부문을 이끌어간다.

세상에서 중요한 것은 쉽게 얻어지지 않고, 쉽게 얻어지는 것은 중요하지 않은 법이다. 앞서 살펴보았듯이, 중소기업에서 인사평가 시스템을 제대로 운영하는 곳은 드물다. 그래서 기업들은 차선의 방법으로 체크리스트 방법[5]을 도입하거나 역량 모델링으로만 평가하기도 한다. 기업들은 어떤 형태든 인사평가 제도를 도입하려고 노력하고 있다.

특히, 사전 목표관리 없이 연말에 성과 신고만으로 평가하여 보상하는 기업들도

---

5 직무특성 관련 정형화된 항목을 체크리스트 형태로 정리한 인사고과표를 기준으로 업무수행의 양, 질, 난이도 등을 평가하는 방법(출처: 고용노동부, 공정인사평가모델, 2016)

종종 볼 수 있다. 이러한 기업은 구성원들을 서열화하고 차별 보상하는 관점에서 인사평가 제도를 운용하는 것인데, 이는 마치 봄·여름에 파종하고 김매고 가꾸는 노력을 하지 않고 가을의 추수 단만을 세겠다는 전략이다. 물론 가을 결실에 대한 공과를 따져 성과를 나눠 가지는 것도 필요하지만, 농사꾼에게는 가을 추수를 풍성하게 하는 것이 먼저다. 이렇게 하려면 봄과 여름에 좋은 종자를 파종하고, 성장에 필요한 거름과 물을 대주고 풀도 뽑는 등 남다른 노력이 필요하다.

전략적 인사평가 시스템은 목표 달성과 성과 향상을 위한 성찰 활동이고, 성과를 풍성하게 하려는 도구라는 점에서 농사와 유사하다. 보상 관점의 인사평가 시스템에서는 서열화와 차등 보상에 관한 관심이 높은 데 반해, 전략적 인사평가 시스템은 조직 목표 수립부터 보상 연계까지 모두를 하나의 사이클(PDS, Plan-Do-See)로 보고 목표관리 또한 평가관리만큼 중요시한다. 말하자면 보상 관점의 인사평가가 가을에 가마니만 세겠다는 것이라면, 전략적 인사평가 시스템은 봄과 여름에 부단한 노력하여 가을에 풍성한 결실을 보겠다는 것이다. 그래서 전략적 인사평가 설계에는 목표관리(Plan), 운영관리(Do), 성과 측정 및 활용(See) 과정을 모두 포함한다.

많은 중소기업에서 인사평가 시스템의 도입에 실패하고 있는 현실을 보면 인사평가 제도의 설계와 운영에 많은 인내와 열정이 필요함을 알 수 있다. 이것은 단순히 인사 담당자의 노력과 열정만으로는 되지 않는다. 전략적 인사평가 시스템을 설계·정착시키기 위해서는 CEO에서부터 말단 직원에게까지 모두의 집중력과 인내가 필요하다. 중소기업이 전략적 인사평가 시스템 구축에 성공하기 위해서는 〈그림 1-2〉에서 보는 것처럼 목표관리와 평가관리로부터 다음 3가지 요건을 갖출 것을 요한다.

첫째, 전략적 인사평가 시스템은 전략 실행을 지향해야 한다. 전략적 인사평가 시스템은 전략 실행을 위한 목표 달성과 성과 향상에 대한 성찰이다. 따라서 인사평가 시스템 설계에는 〈그림 1-2〉에서처럼 평가관리와 더불어 목표관리 활동을 반드시 포함해야 한다. 마치 새가 날기 위해서 양쪽 날개가 필요하듯이, 전략적 인사평가 시스템을 성공적으로 설계하고 운영하기 위해서는 목표관리와 평가관리 활동 모두 필요하다.

〈그림 1-2〉 전략적 인사평가 시스템 Framework

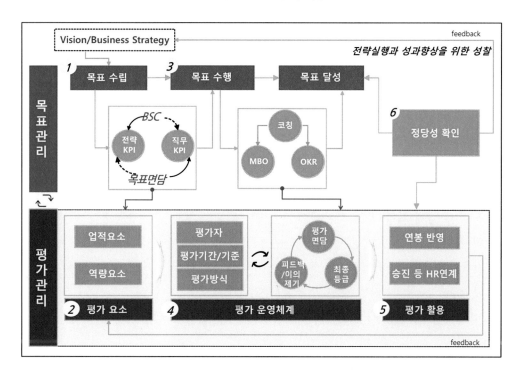

둘째, 전략적 인사평가 시스템은 합리적이고 간소해야 한다. 쉽고 편리한 인사평가 제도는 없지만 간소하고 합리적인 평가 제도는 있다. 전략적 인사평가 시스템이 복잡하고 어려워지는 이유는 목표관리가 제대로 되지 않기 때문이다. 간소한 평가 제도 설계를 위해서는 목표관리부터 제대로 해야 한다. 예컨대 적절한 목표 개수 (5~7개 정도), 직무프로파일 중심의 KPI 운영, 구조적인 코칭 실시, 통일된 평가 기준 활용, 압축적 평가 면담, Calibration Session을 통한 평가 등급 확정 등이 필요하다.

셋째, 평가 결과에 대한 피드백과 이의제기 절차를 구축해야 한다. 전략적 인사평 가는 목표 달성과 성과 향상에 대한 성찰이므로 자신이 목표 달성을 충족했는지, 조 직의 기대는 무엇인지, 앞으로 성과 향상을 위해 무엇을 개선해야 하는지 등에 대한 정보가 필요하다. 이러한 성찰 활동에 대한 정보는 피드백을 통해서 전달된다. 인사 평가 시스템에 이러한 피드백 절차가 없다면 핵심을 놓치고 있는 것이다. 말하자면, 피드백 없는 전략적 인사평가는 '앙꼬 없는 찐빵'이요, '우유 없는 카페라떼'와 같은 것이다. 더불어 이의제기 절차까지 마련하여 객관적이고 공정한 평가 시스템과 함께 평가의 정당성까지 확보해야 한다.

　이 책은 중소기업들이 고민하는 전략적 인사평가 시스템 구축 방안을 지원하고 공유하기 위하여 저술되었다. 본 저서는 전략 실행과 성과 향상 관점에서의 인사평가 시스템, 즉 전략적 인사평가 시스템을 설계하고 있다. 그래서 인사평가는 목표 달성과 성과 향상을 위한 성찰 활동이고, 이를 위해 〈그림 1-2〉에서 보는 것처럼 목표관리 활동과 평가관리 활동을 양대 기둥으로 삼고 있다. 구체적으로 본서의 본론 부분은 다음과 같이 6개 파트로 구성되어 있다.

- 목표 수립에 대한 설계 부분이다. 여기서는 목표 수립의 중요성을 살펴보고, 전략 목표와 직무 목표 설계 프로세스, 그 방법론으로 BSC와 직무프로파일 구조에 대해서 알아본다. 그리고 효과적인 목표 수립 면담 프로세스에 관해서도 설명한다.
- 평가 요소에 대한 설계 부분이다. 여기서는 평가 요소의 역할을 살펴보고, 업적요소인 목표 수준, KPI, 실행 방안과 가중치 부여에 대해서 분석한다. 그리고 역량 모델링의 구조와 그 설계 프로세스에 대해서도 알아본다.
- 목표 수행에 대한 설계 부분이다. 여기서는 상황적 리더십 이론과 성과 코칭으로 GROW 기법, 직무프로파일 활용, 결제 시간 활용 등을 살펴보고 MBO 제도의 중요성과 중소기업들을 위한 간소한 OKR 제도 설계 프로세스도 제안한다.
- 평가 운영체계 설계 부분이다. 여기서는 인사평가 시스템의 운영체계 framework를 제시하고 평가자, 평가 시기, 평가 기준, 평가 방법 및 평가 점수 조정 과정을 설명한다. 그리고 인사평가 시스템의 마지막 단계인 피드백을 효과적으로 진행하는 방안도 알아본다.
- 평가 활용에 대한 설계 부분이다. 여기서는 인사평가 결과 활용의 중요성을 언급하고 보상과의 연계 방법, 종합평가 결과와 기본연봉과 성과급 인상 방법을 알려준다. 승진관리는 승진 포인트제를 간소하게 운영하는 방법을 보여주고, 저성과자 관리에서는 저성과자 선정 기준, 육성 프로그램, 관리 방법을 설명한다.
- 평가 정당성에 대한 설계 부분이다. 여기서는 평가 요소, 평가자, 평가 기준, 평가방법, 평가 면담, 평가 등급 산출, 피드백, 평가 활용 등의 평가 시스템 요소들

에 대한 법률적 정당성을 제고하는 방안들을 설명한다.

인사평가 시스템을 단순히 '누가 평가 점수가 높은가?', '누구를 승진시킬 것인가?' 등 직원들 간의 우열이나 서열을 가리기 위해서 운영하던 때는 지났다. 이제 평가 제도는 조직의 비전과 전략 목표 달성을 견인하고 구성원들의 역량을 개발하고 동기부여하는 전략적 인사평가 시스템으로 구축되어야 한다. 그래서 구성원들은 성과 목표를 수립하여 목표 달성을 위해 노력하고, 조직은 그 성과를 평가하여 보상과 승진 등 처우에 연계시켜 전략 실행과 성과 향상을 창출하도록 성찰하고 동기부여해야 한다.

중소기업은 인사노무관리 인원도 부족할 뿐만 아니라 HR 인프라도 취약하여 인사평가 시스템 설계 및 운영에 애로점이 많다. 그렇다고 전략적 인사평가 시스템을 포기할 수는 없다. 중소기업에서 인사평가 시스템이 성공적으로 안착하려면 회사의 여건을 반영하는, '간소하지만, 객관적이고 공정한' 평가 제도라는 요구 조건을 충족해야 한다. 이제 중소기업들은 목표를 설정하고 구성원들의 역량을 개선하지 않으면 성장이나 발전은 고사하고 가만히 머물러 있을 수조차 없게 되었다. 더욱이 중소기업이 중견기업으로 성장하고 글로벌 기업으로 나아가기 위한 비전을 가지고 있다면 반드시 전략적 인사평가 시스템을 구축하고 운영해야 한다.

05.
성공적 운영을 위해서는
구성원들의 참여가 필요

1) 전략적 인사평가 시스템 설계 단계에서부터 구성원들의 참여 추진

아무리 천의무봉의 제도나 시스템을 구축했다고 하더라도 구성원들의 실행이 뒷받침되지 않는다면 '빛 좋은 개살구'에 불과하다. 필요한 제도나 시스템을 구축하는 것과 그 실행력은 별개이다. 실행력을 강화하는 방법은 제도 설계에 구성원들을 직접 참여시키는 것만 한 것이 없다.

따라서 전략적 인사평가 시스템을 설계할 때, 현장 근로자들을 참여시키거나 아니면 설계된 내용을 그들에게 충분히 설명하고 피드백을 받아야 한다. 그래야 구성원들이 제도를 신뢰하게 되고 그에 합당한 행동을 하게 된다. 글로벌 기업들은 제도를 설계하거나 개편할 때 구성원들을 적극 참여시키고 의견을 듣고 있다.

구성원들의 참여를 적극 권장하는 대표적인 제도가 IBM의 '스피크 업(Speak-up)' 또는 GE와 구글의 '타운 미팅(Town Meeting)'이다. 이는 토론과 의사결정에 하부 조직원까지 참여하게 하여 권한을 행사할 수 있도록 하는 것인데, 구성원들의 경험을 활용하고자 하는 취지로 근무 환경에서부터 회사 전략과 정책에 이르기까지 회사의 모든 분야에 대해 의견을 개진할 수 있도록 하는 제도다. 연평균 1만 건 이상의 건의가 이루어지고 있고, 직원들도 상당히 적극적으로 참여하고 있다고 한다.

하지만 모든 기업이 구성원들에게 제도 구축에 참여시키거나 친절히 설명하는 것은 아니다. 특히 중소기업에서는 이러한 절차에 미흡하다. 중소기업에는 전문 인력이 부족하고, 인사 담당자라고 하더라도 총무나 구매 등 다른 경영지원 업무를 동시에 수행하기 때문에 인사에 대한 경험과 전문 역량이 취약하다. 또한 CEO의 선호에 따라 인사노무관리 원칙이나 방침이 하루아침에 바뀌기도 한다. 따라서 조직 구성원의 참여는 중소기업의 이러한 부족한 역량을 보충하기도 하고, 제도 안정화에도 도움을 준다.

그래서 중소기업 인사평가 시스템의 성공적 운영을 위한 첫째 조건은 조직 구성원의 참여이고 둘째 조건도 조직 구성원의 참여이다. 이는 목표를 수립하고 목표 달성을 위해서 필요로 하는 것이 무엇이고 그것을 어떻게 구현할 것인가는 현장에 있는 구성원들이 가장 잘 알고 있기 때문이다. 따라서 제도 설계 단계에서부터 구성원들을 참여시키고 그 내용들을 직원들에게 충분히 설명하고 또 그들의 의견을 반영하여 투명하게 운영할 필요가 있다. 그래야 구성원들이 조직과 제도를 수용하고 자신의 목표 달성과 역량 향상을 위해 최선을 다하게 된다.

2) 평가의 공정성과 수용성 확보

인사평가가 성공적으로 설계·운영되기 위해서는 무엇보다 공정해야 한다. 인사평가의 공정성은 설계와 운영 과정이 공정해야 하고 인사평가 결과가 공정하게 다루어져야 한다. 평가 제도의 설계·운영 과정의 공정성은, 인사평가 기준이 모든 직원에게 공평하고 동등하게 적용되도록 설계되고 그 설계 과정에서 다수의 구성원에게 공평한 참여가 보장될 때 확보된다. 그리고 구성원들의 성과 개선을 위한 코칭 과정에서도 모두에게 동등한 기회를 보장하고 긍정적 의견이든 부정적 의견이든 진실하게 전달해야 연말 평가에서 공정성을 확보할 수 있다.

그리고 인사평가 결과에 대한 처리도 인사평가 공정성 향상에 매우 중요한 역할을 한다. 평가 결과의 처리에는 평가 결과 피드백과 이의제기 절차가 있는데, 피드백은 개개인별 성장과 발전을 위한 것이므로 모든 직원에게 동등하게 제공되어야 한다. 피드백 과정에서 제공되는 평가에 대한 설명과 이유는 평가 기준과 방법이 정상적으로 적용되었는지 확인할 수 있으므로 평가의 공정성을 향상시킨다.

또한 평가 결과에 대한 이의제기 절차의 존재는 인사평가의 공정성을 강화한다. 이의제기 절차는 직원들이 자신의 실적과 역량에 대해 자신의 의견 표명과 입장을 대변할 기회를 제공하기 때문에 평가 결과의 공정성과 수용성을 높인다. 그리고 이의제기 절차의 존재는 인사평가 결과의 법적 정당성 향상하고 법률적 리스크를 축소한다.

평가 결과를 구성원이 받아들이는 정도가 수용성이다.[6] 수용성이 낮아지면 완벽하게 설계된 시스템도 무용지물이 된다.

수용성을 높이는 방법은 첫째, 평가의 타당성을 높이는 것이다. 타당성을 높이는 방법은 평가의 목적에 부합되도록, 경영전략과 연계되도록 목표를 수립하고 또한 이를 확인하는 핵심성과지표(KPI)를 잘 도출하는 것이다. 그리고 평가의 방법과 절차를 평가의 목적에 맞도록 설계하고 운영해야 한다.

둘째, 평가의 신뢰성을 높이는 것이다. 신뢰성은 평가 결과의 객관적인 일관성을 의미한다. 이를 위해서 평가의 오류를 방지하기 위한 평가자 교육과 더불어 평가 결과를 공개함으로써 평가자가 더욱 신중하게 평가하도록 해야 한다.

셋째, 평가의 실용성이다. 실용성은 단순히 비용과 편익의 관계를 말하는 것이 아니라 평가 제도를 단순하게 설계해 평가 제도의 목적과 취지를 구성원들이 쉽게 이해할 수 있도록 한다는 의미이다. 이 세 가지가 연계될 때 평가의 수용성은 향상될 수 있다.

---

6 김남민, 「HR이 쉽게 범하는 평가의 오류와 해법」, HR Insight, 2014. 12.

3) 최고 경영층의 지속적인 관심과 격려

중소기업은 CEO의 헌신과 열정을 기반으로 성장한다. 사업장에서 전략적 인사평가 시스템의 성공적 정착 여부는 CEO의 관심과 지원에 달려 있다. CEO가 관심을 가지는 제도나 시스템은 필요한 자원을 쉽게 확보할 수 있고 담당자는 동기부여되어 열정적으로 업무에 임하지만, CEO의 관심이 적은 제도는 담당자까지도 동기 저하가 되고 가뭄에 시든 꽃처럼 말라 죽게 된다. 따라서 CEO는 인사평가 시스템이 성공적으로 정착하기까지 지속적인 관심과 격려를 보내주어야 한다.

GE의 인재사관학교라고 불리는 크로톤빌(Crotonville) 연수원이 세계 최고 교육기관이 된 계기는 CEO인 잭 웰치의 무한한 관심이 있었기 때문이다. 그는 대규모 구조조정 중임에도 4천 6백만 달러를 투자하였고 매주 그곳에 방문하여 강의하였다. 그는 GE의 변화와 혁신을 실행하고 확산하는 플랫폼으로 크로톤빌을 활용했고, 그 결과 크로톤빌은 세계 최고의 리더십 교육센터가 되었다.

이처럼 CEO가 인사평가 시스템에 관심을 가지고 지원하는지 여부에 인사평가 시스템의 성공 여부가 달려 있다. 사실 인사평가 시스템은 그 정착에 적지 않은 기간과 열정·인내가 필요하고, CEO의 관심과 지원 없이는 꽃필 수 없는 제도이다. 따라서 인사평가 시스템이 성공적으로 정착하는 데는 CEO부터 그 필요성을 인식하고, 그러한 인식에 대해 구성원들과 지속적인 소통을 하고 전파하는 것보다 뛰어난 방법은 없다.

4) 지속적인 튜닝 작업이 필요

전략적 인사평가 시스템은 전략 실행과 성과 향상을 위한 성찰 활동이다. 성찰이라는 용어는 반성과 개선이라는 의미를 내포하고 있다. 즉, 조직은 인사평가 시스템을 성찰하여 전략 실행과 성과 향상을 저해하는 요소가 있다면 언제든지 폐지하고 개선해야 한다. 그래서 인사평가 시스템을 둘러싸고 있는 조직문화와도 정합성을 가져야 하고 그렇지 못하면 개선 조치가 이루어져야 한다. 조직 구성원들은 조직문화 속에서 호흡하고 생활하기 때문에 조직문화에 호응하지 못하는 제도는 성공할 수 없다. 인사평가 시스템도 조직문화 등에 비추어 지속해서 튜닝해야 한다.

제4차 산업혁명 시대의 조직문화에서는 자율성, 참여, 화합 등 내재적 동기를 중요시한다. 그러면 인사평가 시스템은 경쟁보다는 협력이 중요한 평가 요소가 되어야 한다. 그런데 인사평가 시스템이 상대평가로 설계되어 있다면, 이는 조직과 구성원 간의 경쟁을 부추겨 조직의 자율성이나 협력 문화를 저해하므로 절대평가 제도로 개선해야 한다. 반대로 조직에서 절대평가 제도를 오랫동안 운영하다 보면, 평가의 관대화 경향이 확산하게 되고 평가에 대한 개선 요구가 발생하게 된다. 이때는 오히려 절대평가를 상대평가로 전환하여, 평가의 공정성과 수용성 확보에 심혈을 기울여야 한다.

그리고 인사평가 시스템을 정기적으로 튜닝해야 하는 또 다른 이유는 업무 환경, 법률이나 규정의 변경에 따라 인사평가 시스템을 업데이트하고 조정해야 하기 때문이다. 예컨대 직원들이 평가 공정성 확보를 위하여 다면평가 제도 도입을 요구하면, 조직은 이를 평가 제도에 반영할 것인지를 검토해야 한다. 그리고 인사평가 시스템에서 이의제기 절차가 없으면 평가의 정당성을 인정받지 못한다는 대법원 판결이 나온다면, 조직은 인사평가 시스템에 이의제기 절차를 반영해야 한다. 인사평가 시스템은 자연법칙처럼 고정불변한 것이 아니라 상황에 따라 꾸준히 변화시켜나가야 하는 사회제도이다.

5) 인사 담당자의 전문성 향상

중소기업이 인사평가 시스템을 성공적으로 구축하기 위해서는 인사 담당자의 확보와 전문 역량 배양이 중요하다. 인사평가는 경영 시스템의 일환이고, 인사관리 영역

중에서도 가장 난이도가 높은 분야 중 하나이다. 인사평가 시스템의 설계 운영에는 회사 전략, KPI 수립, 조직문화, 면담 기법, 코칭 방법, 노동법, 통계 기법 등 다양한 역량이 필요하다. 그래서 인사평가 시스템 업무를 담당하려면 전문적인 지식과 기술 확보뿐만 아니라 효과적인 커뮤니케이션 스킬이나 인간관계 자질도 필수적이다.

중소기업의 인사 기능의 발전 단계는 3단계로 구분할 수 있다. 1단계의 인사 기능은 단순 채용과 급여 계산 및 4대 보험 업무 등 법적 필수 업무를 수행하는 것이다. 이때 인사 업무는 경영지원팀이나 재경팀 또는 총무팀 등에서 수행하게 된다. 그러다가 기업이 성장하고 규모가 확대되면서 인사 관련 업무의 중요성이 부각되면 인사 기능 2단계에 접어들게 된다. 2단계의 인사 기능은 인사평가와 인재 개발 등 전문적 인사 업무를 담당하게 된다. 아직 이 단계에서 인사 기능은 재경팀이나 총무팀에서 총무 또는 구매 담당자가 겸업으로 수행하고 있다. 3단계의 인사 기능은 인사 정책과 절차를 개발하고, 변화와 혁신의 주체가 되고, 노사관계 관리 등을 담당하게 된다. 이때 인사 업무는 별도로 구성된 인사팀과 인사 전문 담당자가 전문적으로 담당하게 된다.

대부분 중소기업의 인사 기능은 2단계 수준이다. 평가나 교육 등 인사 업무의 전문성은 높아가지만, 아직 인사 전문가가 별도 담당하기보다는 재경팀원이나 총무팀원 중에서 담당하게 된다. 이때 인사 업무는 구성원들 사이에 기피 대상 업무이다. 왜냐하면 아직 인사 업무가 주요 업무는 되지 못하고, 부차적이지만 그 난이도는 상당하기 때문이다. 이러다 보니 인사 담당자의 전문성은 발전이 없고 인사평가 업무도 제대로 정착하지 못하는 악순환이 발생한다. 중소기업의 인사 기능 활성화와 인사평가의 성공적 운영을 위해서는 인사 담당자의 전문 역량 확보가 절실하다.

조직은 인사 담당자의 전문 역량 향상을 위해 다각적인 노력이 필요하다. 우선 인사 분야의 전문 교육과 자격증 취득을 지원한다. 예컨대, 인사 담당자에게 인사관리 클리닉, 인사평가와 보상, 인사평가 시스템 구축 실무 등 인사 업무능력 강화 교육에 적극 참여하도록 하고, 또한 공인노무사, 경영지도사, 인사관리자(PHR) 등 자격증 취득을 지원하고 취득 시에는 전문수당을 지급하는 것도 동기부여 방법이 된다. 그리고 인사 담당자는 다양한 커뮤니티 활동을 통하여 인맥을 구축하고, 포럼이나 세미나에도 참석하여 견문을 넓혀야 한다. 조직에서 인사제도 역할의 중요성을 생각한다면, 인사 담당자에게 인사평가를 포함한 인사직무 전반에 대한 다양한 형태의 교육 지원을 아끼지 말아야 한다.

이렇게 인사 담당자의 전문 역량이 높아지게 되면, 인사 담당자 자신의 역량은 물론이고 조직과 구성원 전체의 역량과 전문성 향상에도 영향을 미치게 된다. 우수한 인사 담당자는 조직 내부에서 채용, 교육 및 개발, 성과관리, 문화 조성 등과 같은 핵심적인 역할을 담당하게 된다. 조직에 적합한 인재 채용은 물론이고, 조직 구성원들이 전략 및 직무 목표를 어느 정도 달성하고 있는지를 지속적으로 모니터링하여 필요한 역량이나 전문성 향상을 위한 코칭이나 교육훈련 등을 개발하고 지원한다. 특히 중소기업처럼 변화와 혁신 역량이 부족한 조직에서는, 인사 담당자가 조직의 기획과 혁신 역할을 수행하여 성과 중심의 조직문화 형성에도 기여한다. 따라서 인사 담당자의 역량을 높이는 것은 조직의 성공과 발전에 매우 중요하다.

PART

02

목표 수립은
성공 기업의 차별적 요소

01.
목표 수립은 조직의 기대와
우선순위를 정하는 프로세스

전략적 인사평가 시스템의 궁극적 목적은 기업의 전략을 실행하고 성과 목표를 달성하는 것이다. 그러면 기업은 어떻게 전략을 실행하고 목표를 달성할 수 있을까? 기업이 직원들을 모집하고 배치하여 업무를 부여하면 전략이 실행되고 목표가 자연스럽게 달성되는 것인가? 아니면 목표 달성과 연관이 높은 인사평가 시스템을 도입만 하면 목표가 달성되고 성과는 향상되는 것인가? 그렇지 않다. 인사평가 시스템을 가진 기업들이 별다른 노력을 하지 않더라도 전략이 실행되고 목표가 달성된다는 것은 말이 되지 않는다. 우리 기업들이 설립하고 5년 이내 생존 확률이 31%라는 사실은 전략 실행이 그렇게 녹록지 않다는 것을 대변해주고 있다.

목표 수립은 조직이 목표를 명확히 설정하고 이를 효과적으로 달성할 수 있도록 계획을 수립하는 활동이다. 조직은 목표 수립을 통해서 전략적 방향과 자원 최적화를 도모하고 성과를 달성하고 지속적인 성장을 해나간다. 만약 기업에서 목표 수립을 하지 않는다면, 구성원들은 작년과 똑같은 업무를 동일 방식으로 수행할 것이고 똑같은 성과에 만족할 것이므로 기업 성장을 기대하기는 어렵다. 하지만 목표 수립 프로세스를 가지고 있다면 구성원들은 조직이 기대하는 업무와 우선순위를 알게 되고, 그럼으로써 우선순위가 낮은 업무에 대한 투입을 줄이고 도전적인 목표에 자원을 집중함으로써 목표를 달성하고 성장할 수 있다. 결국 목표 수립은 효과적인 자원 활용과 생산성 향상, 그리고 목표 집중으로 이어져 결국 목표를 달성하게 되는 것이다.

"목표 설정 프로그램을 조사한 결과, 체계적인 목표 설정 프로그램을 도입한 기업들은 39퍼센트의 생산성 향상의 효과를 얻었다고 밝히고 있다. 목표 설정 프로그램은 기업의 차별화 요소로 발휘되는데, 여기서 흥미로운 사실은 경영진이 목표 설정 프로그램을 어느 정도 지원하느냐에 따라 그 효과가 극명하게 달라진다는 것이다. 최고 경영진이 목표 설정 이니셔티브를 강력하게 지원해주는 기업들은 생산성이 평균 57퍼센트 향상되었다. 그러나 최고 경영진의 지원이 거의 없던 기업들의 생산성은 겨우 6퍼센트 향상하는 데 그쳤다."[7]

이처럼 목표 수립 절차의 유무는 성공 기업의 차별적 요소가 된다. 목표 수립은 조직의 비전과 전략 실행을 지원하는 활동으로, 그 프로세스는 복잡하지 않다. 목표 수립 프로세스는 〈그림 2-1〉에서 보는 것처럼 조직의 비전이나 사업계획을 달성하기 위하여 BSC(균형성과지표) 등에 따라서 전략 목표를 수립하고, 이를 본부나 팀 등 부서별·기능별로 세분화(cascading)하고, 그리고 목표 면담을 통하여 팀원들에게 전략 목표를 적절히 배분하는 과정이다. 기업이 목표를 수립하는 것은 외적으로 전략 실행 의지의 표명하는 것이고, 내적으로 구성원들의 집중 업무를 공식화하고 동기부여하는 것이다. 따라서 어떤 목표를 수립하느냐에 따라 전략 실행의 성패가 결정되고 구성원들의 성과와 행동에 직접적인 영향을 미치므로, 목표 수립은 기업 성공의 차별적 요소가 되는 것이다.

〈그림 2-1〉 목표 수립 프로세스

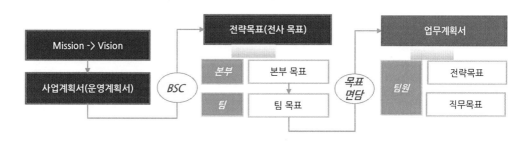

---

7   딕 그로테(여민수 옮김), 『성과평가란 무엇인가』, 빅슨북스, 2009

하지만 목표 수립의 중요성에도 불구하고 그 프로세스를 제대로 갖춘 기업은 그리 많지 않다. 특히 중소기업의 목표 수립 환경은 취약하다. 중소기업은 인사관리에 대한 전문성과 경험이 부족하고, 대기업의 협력업체인 경우가 많고 시장 변동성이나 정책변화 등에 취약하여 목표 수립이나 유지가 쉽지 않다. 그렇다고 중소기업들이 목표관리 체계를 도외시할 수는 없다. 중소기업이 중견기업으로 성장하고 대기업으로 나아가기 위해서는 비전을 달성하고 전략을 실현해야 하는데 그 첫걸음이 목표 수립이기 때문이다. 중소기업에서 목표 수립 절차를 마련하고 유지하기 위해서는 마부작침(磨斧作針)과 같은 노력과 인내가 필요하다. 우리 삶에서 소중하고 가치 있는 것일수록 땀과 눈물, 희생과 고통을 요구하듯이 조직의 목표관리도 이와 마찬가지이다.

전략적 인사평가 시스템의 목표 수립 내용은 〈그림 2-1〉에서 보는 것처럼 조직의 전략 목표와 팀원들의 직무 목표를 설계하는 작업이다. 전략 목표는 회사 차원의 비전이나 전략을 달성하기 위한 목표이고, 직무 목표는 팀 또는 개인 차원의 전략을 달성하기 위한 목표이다. 예컨대 회사에서 매출 성장을 위해 '인도 시장 진출'이라는 목표를 정하는 것은 전략 목표이고, 교육 담당자가 자신의 직무프로파일상에 있는 직무로서 '리더십 교육 10명 실시'라는 목표는 직무 목표이다. 전략 목표의 설계는 직무 목표 설계와는 다르게 조직 내외의 다양한 요소에 대한 고려가 필요하다. 직무 목표 설계는 직무분석을 통해 확보한 KPI(핵심성과지표), 역할과 책임 등 직무프로파일 중심으로 팀원 차원에서 이루어지지만 전략 목표 설계는 미션과 비전, 경영 외부 환경, 기회와 위협 등 SWOT 분석, 조직의 자원과 역량 수준 등에 대한 검토가 필요하고, 회사·부서·개인 차원 모두에서 필요로 하는 등 조직의 다양한 차원에서 이루어진다.

목표 수립 방식은 Top-Down과 Bottom-Up이 있다. Top-Down 방식은 회사 차원에서 전략을 수립하고 이를 하위 조직이나 팀에게 세분화하는 것으로, 도전적 목표 수립이나 전략 실행과 일관된 목표 수립이 쉽다. 그래서 일반적인 목표 수립 방식은 Top-Down 방식으로 이루어진다. 반면 Bottom-Up 방식은 하위 조직에서 먼저 전략 목표를 수립하고 회사는 이를 수합 정리하여 조직 전체의 전략 목표를 설정하는 것으로, 현실적이고 실행 가능한 목표를 수립할 수 있다는 장점이 있다. 조직이 목표관리에 대한 경험이나 전문성이 있으면 Top-Down 방식을 사용하고, 그렇지 않으면 Bottom-Up 방식을 사용하는 것이 편리하다. 그래서 목표관리에 대한 경험과 전문성이 열악한 중소기업은 Bottom-Up 방식을 많이 사용하고 있다. 다만 Bottom-Up 방식을 이용하면 목표 수립 작업은 간소할 수 있지만, 전략적 우선순위 설정이 곤란하고 도전적인 목표보다는 협업 부서에서 용이한 목표를 설정할 수 있다는 단점이 있다. 본서의 목표 수립 방식은 Top-Down으로 설명한다.

02.
전략 목표 설계는 BSC 기반으로

전략적 인사평가 시스템의 평가 대상이자 관심 1순위는 전략 목표이다. 전략 목표는 조직의 비전 달성을 위해서 특별히 중요하고 자원 집중이 필요한 부분의 목표이며 전체 직원들이 공유해야 하는 핵심 목표이다. 일반적인 전략 목표는 '매출액 2,000억 원 달성' 또는 '영업이익 173억 성취'처럼 매출액이나 당기 순이익 등 재무적 목표로서 과감하고 도전적으로 수립한다. 전략 목표를 도전적으로 설정하고 이행하는 것은 비전 달성과 전략 실행의 핵심 도구이기 때문이다. 전략적 인사평가 시스템이 바로 전략 목표를 수립하고 달성하는 것과 동의어라고 해도 과언이 아니다. 이러한 전략 목표의 수립은 조직 전체 차원, 부서 차원 및 개인 차원에서 순차적(cascading)으로 이루어진다.

1) 조직 차원의 전략 목표 수립

조직 전체 차원의 전략 목표 설계는 미션과 비전을 달성하기 위한 연간 사업계획(운영계획) 수립으로부터 시작한다. 당해 연도 사업계획은 거시환경 분석(PEST)[8], 내부 역량 분석(7S)[9] 및 이를 종합한 조직 내·외부 SWOT(강점·약점·위기·기회) 분석을 통해 작성되고, 이로부터 전사 전략 목표가 도출된다.

앞서 살펴본 대로, 전략 목표는 재무 성과 중심의 비즈니스 목표로 설계하는 것이 일반적이다. 이러한 재무 중심의 전략 목표 수립은 단기적 관점으로 이익 극대화의 강점은 있지만, 장기적 관점에서 조직 성장과 발전을 저해할 수도 있다. 예컨대 재무 중심의 전략 목표(예, 매출액 2,000억 원 달성)는 기술 혁신이나 사회적 책임, ESG 등에 대한 요구를 도외시할 수 있고, 목표추진 과정에서도 재무 목표 달성만을 위해서 고객사에 밀어내기, 강요 등 비윤리적 행위가 자행될 수 있다. 그래서 회사 차원의 전략 목표 설계는 단순히 재무적인 측면만을 고려하는 것이 아니라 이해관계자들의 다양한 요구, 안정성과 혁신, 단기적 이익과 장기적 가치 창출 사이의 균형 유지가 필요하다.

이러한 균형적 시각을 반영한 전략 목표 수립 도구가 BSC(Balanced Scorecard, 균형성과지표) 기법이다. BSC는 1990년대 하버드 대학교의 Robert S. Kaplan 교수와 David P. Norton 교수가 개발한 성과 측정 시스템으로, 조직의 지속적 번영을 위하여 단기적인 재무제표뿐만 아니라 이의 기반이 되는 조직 역량 등 다양한 관점이 필요하다는 주장이다. 그래서 BSC 기법은 〈그림 2-2〉에서 보는 것처럼 재무적 시각, 고객 시각, 내부 프로세스 시각 및 학습 및 성장 시각을 포함하고 있다. 즉, 매출액과 같은 재무적 목표를 달성하려면 고객을 만족시켜 고객의 선택을 받아야 하고, 고객의 선택을 받으려면 내부 프로세스의 효과적이고 효율적인 운영이 필요하고, 이러한 내부 프로세스의 효과적인 운영은 구성원들의 학습 및 성장 역량을 통하여 달성할 수 있다는 것이다. 그래서 BSC 기반으로 전략 목표를 설계한다면, 구성원들이 단기적인 재무적 성과 달성만을 위하여 비윤리적 행위를 한다거나 고객을 무시한다든지 또는 역량 개발에는 무관심할 수 있는 문제점을 해결할 수 있다.

---

8 PEST 분석은 거시환경을 조망하고 시사점과 insight를 찾기 위한 분석 기법. 정치적(Political), 경제적(Economic), 사회적(Social), 기술적(Technology) 환경 자료를 분석하는 작업

9 매켄지에서 사용했던 7가지 경영자원을 통한 내부 경영자원 분석 기법. 전략(Strategy), 구조(Structure), 시스템(System), 공유가치(Shared Value), 스타일(Style), 직원(Staff) 및 기술(Skill)

이러한 장점들로 인해 많은 기업이 전략 목표를 수립할 때 이 BSC 기법을 활용하고 있는데, 그 특징은 다음과 같다.

- **재무 목표**: 주주 등 이해관계자들의 관심도가 높은 재무 목표를 사용하여야 한다. 예컨대 매출 증대, 수익성 달성, 주주 가치 증대 등이 이에 해당한다.
- **고객 목표**: 고객들의 주요 관심 사항을 반영한 목표를 사용하여야 한다. 예컨대 고객 서비스 강화, 고객 이탈률 감소, 고객 만족도 증가, 신규 고객 수 증가 등이 이에 해당한다.
- **프로세스 목표**: 경쟁사를 추월하기 위한 기술과 업무 프로세스를 목표로 사용해야 한다. 예컨대 직원 리텐션 증가, 건전한 조직문화 조성, 성과 검토 주기 도입 등이 이에 해당한다.
- **학습 및 성장 목표**: 비전을 달성하는 데 필요한 역량 항목을 목표로 사용해야 한다. 예컨대 시장 점유율 증가, 새로운 거점 개설, 소셜 미디어에서 브랜드 구축 등이 여기에 해당한다.

조직 차원의 전략 목표 수립에서 핵심 작업은 비전 달성을 위한 적절한 성과 목표를 설정하는 일이다. 먼저 기업을 둘러싸고 있는 조직 내·외부 SWOT(강점·약점·위기·기회) 분석을 통해 조직의 강점을 강화하고 약점을 최소화하면서, 조직이 직면할 수 있는 위기를 극복하고 기회를 활용할 수 있는 다양한 전략들을 도출한다. 그리고

---

10 시앤피컨설팅 내부 자료

이들 전략으로부터 비전 달성의 기여도나 중요성, 실천 가능성, 효과성 등을 분석하여 BSC 관점에서 정리하여 전략 목표로서 설정한다(〈그림 2-3〉 참조). 예컨대, '2030년까지 아시아 시장 TOP 3'라는 비전을 달성하기 위하여 다양한 재무 목표 중에서 중요성이나 실천 가능성 등을 고려하여 '매출 2,000억 달성'으로 설정하고, 마케팅 목표로는 '동남아 시장 매출 20% 확대' 등으로 하는 식이다.

그런데 기업에서 전략 목표 수립 시, BSC 관점별 중요도는 다를 수 있다. 어떤 기업은 프로세스보다 성장을 중시할 수도 있고, 공기업들은 재무적 측면보다 고객 만족을 더 강조하기도 한다. 그래서 전략 목표 수립을 위한 BSC 기법의 올바른 사용법은 4가지 관점을 기본으로 하되, 회사 여건에 따라 가중치를 달리 부여하거나 일부 요소를 제외하는 등 탄력적으로 운용할 필요가 있다.

〈그림 2-3〉 **BSC 관점의 전략 목표 도출(예시)**[11]

구분	목표내용	구분	목표내용
재무목표	1. 매출 증대 2. 수익성 달성 또는 유지 3. 주주 가치 증가 4. 매출원 다각화 5. 재무적으로 지속 가능한 회사 되기 6. 생산 비용 절감 7. 이윤 증대 8. 신제품에 대한 매출 목표 설정 9. 부서별 예산 절감 10. 국내 판매 vs 해외 판매의 비율에 변화 주기 11. 앞으로 3년 내에 총매출을 1,000만 달러까지 증대하기 12. 비용을 12%까지 절감하여 2026년까지 수익률이 좋은 회사 되기 13. 앞으로 5년 내에 전체 비즈니스 매출에서 차지하는 특정 제품의 매출 비중을 30%까지 확대하기 14. 앞으로 3년 내에 마케팅 예산을 10%까지 절감하기 15. 판매 프로필을 업데이트하여 2028년까지 판매의 50%를 해외에서 창출하기	프로세스 목표	1. 직원 리텐션 증가 2. 새로운 팀원 추가 3. 건전한 기업문화 조성 4. 성과 검토 주기 도입 5. 직함 및 직급 표준화 6. 부서간 생산성 개선 7. 프로젝트 관리 조직(Project Management Office, PMO)을 운영하여 프로세스를 표준화 8. 최고의 인재를 영입 9. 높은 성과를 달성하는 팀을 구성 10. 개인적 및 전문적인 개발에 투자 11. 번아웃과 가면 증후군 줄이기 12. 직원에 초점을 맞춘 교육 프로그램 만들기 13. 직원 이직률 감소 14. 직장에서의 안전성 개선 15. 설비 관리 능력 향상 16. 앞으로 4년 이내에 새로운 팀원 20명 추가하기 17. 연례 설문 조사를 토대로 전체적인 참여 점수를 7% 높이기 18. 2026년까지 연간 신규 직원 추천 건을 팀원 5,000명까지 늘리기 19. 2026년까지 새로운 회사의 가치를 개발하고 공유하기 20. 앞으로 3년 이내에 연 2회의 성과 검토 주기를 도입하기 21. 앞으로 3년 이내에 직장 안전 점수에서 최고점을 획득하기
마케팅 목표	1. 고객 이탈률 감소 2. 고객 만족도를 측정 가능한 정도로 증대 3. 신규 고객 수 증가 4. 고객 리텐션 증가 5. 뛰어난 고객 가치 제공 6. 고객 지원 강화 7. 고객 전환율 증가 8. 신규 고객층 확보 9. 재구매 고객 수 증가 10. 제품 반품률 감소 11. 내년 한 해 동안 순수 고객 추천 지수(Net Promoter Score, NPS) 3포인트 증가 및 다음 5년 동안 10포인트 증가 12. 2026년까지 시장 점유율 23% 확보 13. 시장에서 최고 수준의 고객 경험을 제공(반응 시간, 고객 감정, 브랜드 추적에 근거해 측정) 14. 고객 리텐션 매년 3% 증가 15. 2026년까지 제품 반품률 2%로 감소	학습 및 성장 목표	1. 시장 점유율 증가 2. 새로운 시장 진입 3. 새로운 제품이나 기능 또는 서비스 개발 4. 운영상의 신뢰성 및/또는 규정 준수 강화 5. 회사의 추진력 증대 6. 새로운 거점 개설 7. 소셜 미디어에서 브랜드 구축 8. 웹사이트 트래픽 증가 9. 새로운 회사 인수 10. 앞으로 4년 이내에 12곳의 새로운 거점 개설하기 11. 2026년까지 시장 점유율을 8%까지 증대 12. 소셜 미디어 팔로워 5백만 명 달성(Instagram과 Twitter 포함) 13. 2026년까지 웹 트래픽을 연간 방문자 30만 명으로 늘리기 14. 2027년까지 새로운 제품 스트림 3가지 시작하기

---

11 Julia Martins, 「회사의 발전을 위한 65가지 전략적 목표 지표와 예시」, asana, 2022. 7. 19.

2) 부문과 팀 차원의 전략 목표 수립

회사 차원의 전략 목표를 수립했다면, 그다음 단계는 부문 및 팀 등 부서별로 전략 목표를 수립하는 일이다. 부서별 전략 목표 수립은 전사 전략 목표와 연계하여 순차적으로 세분화(cascading)하고 구체화하는 작업이다. 부서별 세분화 작업은 전략 목표를 실제 수행하여 성과를 내기 위해서 부서별 역할과 책임에 따라 부여하는 것이다. 예컨대 회사 전략 목표로 '인도 거점 확보'가 선정되었다면, 이 목표는 인도 시장을 담당하게 될 A팀과 예산과 법률 등 지원 업무를 담당하는 E팀으로 배부될 것이다(<그림 2-4> 참조). 그래서 A팀의 전략 목표는 '인도 거점 확보율'이 되고, E팀의 전략 목표는 '인도 시장 진출 매뉴얼 확보율' 등이 될 수 있다.

<그림 2-4> 사업계획과 부서별 전략 목표의 연계(예)

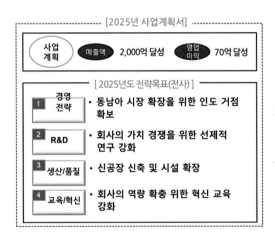

구분	전략 목표	KPI	A팀	B팀	C팀	D팀	E팀
성과차원	동남아 시장 진출	인도 거점 확보율	O				O
		지역 전문가 확보율	O	O	O	O	
		동남아 지역 매출 수익률	O		O	O	△
	신공장 준공 등 Capacity 확장	공정 진행률	O	O	O	O	O
		시설자금 조달					O
역량차원	운영 효율성 제고	혁신경영수준					O
	연구 경쟁력 강화	R&D 연구경쟁력 수준	O	O	O	O	
	집단지성 강화	부서간 협업수준		O	O	O	

이렇게 조직의 전략 목표가 부서 전략 목표로 세분화되면, 이제부터 부서장이 부서 전략 목표에 대한 권한과 책임 등 전권을 가지고 관리하게 된다. 부서장들은 전략 목표 중심으로 조직을 운영하고, 주별 또는 월별 등 주기적으로 목표 진행 상황을 점검하고, 이를 경영 회의 등에 보고하고 공유한다. 부서별 전략 목표 실현을 위해서는 CEO의 역할이 중요하다. CEO는 전략 목표 중심으로 조직을 경영하고, 정기적으로 회의를 개최하여 부서의 전략 목표 달성을 추적·모니터링하고, 필요에 따라 전략 목표를 조정하는 조치도 해주어야 한다. 그리고 부서장들의 인사평가는 부

서 전략 목표 달성 수준에 의해 결정한다.

이러한 전략 목표를 공유하는 자리를 '얼라인먼트 미팅(Alignment Meeting)'이라고 명명하여 전사 차원으로 공유하고 있는 대표적인 기업이 국민 금융 서비스 기업인 토스(toss)이다. 토스는 온·오프라인 하이브리드로 매주 '얼라인먼트 위클리(Alignment Weekly)'를 개최하여, 소통이나 정보 공유는 기본이고 비전과 목표를 공유하며 성과 및 문화에 대해 함께 이야기하여 하나의 얼라인먼트 장을 만들어낸다. 토스는 여기서 비전(30%), 성공·실패(30%), 문화(20%), 보상(10%), 조직(10%)의 아젠다를 가지고 운영하고 있다.[12]

3) 개인 차원의 전략 목표 수립

부서별 전략 목표 설계가 끝났다면, 그다음 이를 부서 팀원들에게 배분한다. 팀원들은 팀 전략 목표를 바탕으로 〈그림 2-1〉에서처럼 개인별 업무계획서를 작성하고 여기에 자신들의 역할과 책임을 반영한 전략 목표를 포함시킨다. 연말 인사평가는 이렇게 작성된 업무계획서를 근간으로 이루어진다.

개인 전략 목표 수립은 팀장과의 목표 면담을 통해서 진행한다. 전략 목표가 팀원들에 의해 실행되는 것이므로, 개인별 전략 목표 수립 과정은 전략적 인사평가 시스템 운영 프로세스에서 가장 기본이 되는 활동이다. 그래서 목표 면담은 마치 축구 경기에서 선수들에게 각자 역할과 책임을 할당하기 위하여 감독이 전술 전략, 기대 사항 등의 공유를 위한 전략 회의를 갖는 것과 같다. 목표 면담 과정에서 팀장은 팀의 전략 목표를 실제로 실행할 팀원들과 자신의 기대 사항, 성공적인 성과 기준, 역량 계발 계획 등을 공유한다.

이때 팀의 전략 목표 배분은 〈그림 2-5〉에서 보는 것처럼 팀원들의 역할과 책임

---

12   오세은, 「전사 목표와 비전의 얼라인먼트, 인터널 커뮤니케이션」, HR Insight, 2022. 12.

수준을 고려하여 이에 부합하도록 적절하게 부여하여야 한다. 이렇게 부여된 개인별 KPI가 달성되면 팀 목표는 자연스럽게 달성된다.

〈그림 2-5〉 전략 목표의 개인 목표 배분(cascading)사례[13]

구분	팀 업적지표	측정산식	목표수준 '00 실적	목표수준 '00 목표	비중	배분 현황(예시) 팀원1 차장	배분 현황(예시) 팀원2 과장	배분 현황(예시) 팀원3 대리	배분 현황(예시) 팀원4 사원	배분 현황(예시) 팀원5 사원
팀KPI	1주 52h 체제에 대응	(초과자 인원/전체)*100			조직(팀) 업적평가 타입 작성	●○		○		조직 내 업무 분장 내용에 맞게 지표를 배분
	전년대비 포장재 Loss감소율	전기Loss-당기 Loss					○			
	중대사고 대응방안 마련	(조치건/법률 리스크)*100				○●	○			
	개인 별 제안 건수	개인 별 제안 건수								○

업무계획서							
소속			성명	이인사	직급	차장	기간 2025.1.1~12.31.

목표구분	과업/세부요소	목표수준	KPI 수립 지표	KPI 수립 산식	업무내용(사전, 실행, 사후단계) 및 일정	가중치	비고 (전기실적)
1. 전략목표							
1주 52h 체제에 대응	1주 52h 초과자 Zero화	0명	52h 초과자 비율	(초과자 인원/전체)	부서별 ot 수준 파악(1월) -> 유연근무제 및 채용소요 확인(3월) -> 유연근무제 시행(5월) 및 인력채용 공급(6월)	30%	20명
기술 핵심인력 유지	기술핵심인력 확보	9명	기술핵심인력 유지율	(기술핵심인력/전체)	부서별 핵심인력 확인(3월) -> 정기간담회 등 멘토링 실시 및 지원 (분기 1회) -> 인재 프로그램 마련 및 운영(7월)	30%	7명
중대사고 대응방안 마련	법률 리스크 Zero화	20건	법률 리스크 조치율	조치건/법률 리스크	중대사고대응에 대한 리스크 진단지 설계(2월) -> 진단 실시(4월) -> 리스크 확인(5월) -> 조치 계획수립(7월) -> 단계적 조치(하반기)	40%	40건

조직은 회사 전략 목표를 매개로 하여 '본부-팀-개인' 모두가 한 방향으로 에너지와 열정을 모을 수 있게 된다. 이렇게 전략 목표는 조직이 달성하고자 하는 바를 명확히 하며, 구성원들에게 일을 하는 의미와 방향을 제공한다. 그래서 팀원은 자신의 전략 목표를 달성하는 과정에서 목표 달성과 성취의 기회를 얻고, 자신감과 자부심이라는 근육을 강화하게 된다.

---

[13] 시앤피컨설팅 내부 자료

03.
직무 목표 설계는
직무프로파일을 바탕으로

직무 목표는 팀(가장 낮은 차원의 조직) 수준의 비전 달성이나 팀의 특정 직무나 업무수행 과정에서 달성하고자 하는 목표 수준이나 성과를 말하며, 전략 목표는 아니지만 팀 차원에서 중요하게 다루어지는 성과 목표를 의미한다. 조직의 목표 수립 대상은 전략 목표가 핵심이지만, 직무 목표의 기반 없이는 전략 목표의 달성은 불가능하고 목표관리도 제대로 이루어지지 않는다. 마치 축구 경기의 승패는 공격수의 골로 결정되지만, 우리 편의 골키퍼나 수비수의 협조 없이 공격수의 노력만으로는 승리할 수 없는 것과 같다. 예컨대, 해외사업팀의 '동남아 시장 진출'이라는 전략 목표는 인사팀이 '동남아 시장 전문가 확보', '홍보 활동', '선발 활동' 그리고 '멘토링 활동' 등의 직무 활동을 직무 목표로써 관리할 때 '동남아 시장 진출'이라는 전략 목표도 원활히 성공시킬 수 있다.

직무 목표 수립은 팀장의 팀 목표 확정으로부터 시작된다. 팀장은 상위 조직인 본부의 목표를 달성하기 위하여 팀원들과 함께 전략 목표와 더불어 직무 목표도 함께 수립한다. 팀장은 팀원들에게 이를 바탕으로 업무계획서 작성을 요청한다. 팀원들은 〈그림 2-5〉에서처럼 전략 목표와 직무 목표로 올해 수행할 업무계획서를 작성하여 팀장에게 제출한다. 팀장은 이를 가지고 팀원과 목표 면담하고, 요구 사항이나 수정 사항 등 논의·확정한다. 향후 개인별 목표 수행이나 변경이나 코칭, 성과평가는 이 업무계획서를 기반으로 이루어진다.

이렇게 직무 목표 수립 프로세스를 통하여 팀장과 팀원은 조직의 미션, 비전, 전략 등을 공유하게 되고, 팀에서 정한 전략 목표와 직무 목표의 맥락도 더욱 잘 이해하게 된다. 팀원들은 자신의 직무 목표가 팀의 비전과 전략 목표 달성에 도움이 될 수 있도록 설정하고, 직무 역량과 기술 개발을 위한 계획도 수립한다. 이러한 프로세스는 개인이나 팀이 담당하고 달성해야 할 목표를 명확하게 하고, 팀원들 간에도 명확한 의사소통과 협력을 촉진하여 목표 달성과 역량 향상을 가져오게 한다.

팀원들은 직무 목표 수립을 위해 각각 직무에 대한 목표, 과업, 역할과 책임 등에 대한 정보를 가져야 한다. 이러한 정보는 직무분석으로 작성된 직무프로파일[14]을 통하여 확보할 수 있다. 그래서 직무 목표 수립을 위해 직무프로파일을 먼저 작성해야 하고, 직무프로파일 작성은 다음과 같은 프로세스로 진행한다(〈그림 2-6〉 참조).

① 먼저 직무가분류(임시적 직무분류) 작업을 한다. 회사의 조직도, 업무 분장표 등을 참고하고 해당 부서 팀장이나 담당자의 인터뷰를 통하여 직무가분류 작업을 한다. 직무가분류는 부서 업무를 기능 중심으로 임시 분류하는 것이다. 예컨대 영업팀의 직무를 현재 수행하고 있는 업무 기준으로, '제품 판매계획', '마케팅', '대리점 관리', '고객 서비스 관리' 등으로 분류하는 식이다.

② 직무가분류 내용을 바탕으로 직무조사를 한다. 직무조사는 가분류된 직무에 대해 과업, 역할과 책임, 핵심성과(KPI) 등의 직무 내용을 조사하여 정리하는 것이다. 이러한 직무 내용 조사는 NCS(National Competency Standards, 국가직무 역량표준) 기반의 정보(https://ncs.go.kr)를 활용하면 직무에 대한 풍부한 자료를 확보할 수 있다. 이런 직무조사를 통해 가분류된 직무 내용에 조정 또는 삭제, 첨가 등의 작업을 거쳐서 실제 직무분류로 확정한다.

③ 조사된 직무 내용으로 직무프로파일을 작성한다. 확정된 직무분류에 따라 조사된 직무의 세부 내용(역할 및 책임), KPI, 직무수행 요건 등으로 직무프로파일

---

14 직무프로파일은 직무기술서와 직무명세서를 통합하여 직무 목적, 과업의 역할과 책임, 직무수행 요건 등을 명시한 문서

양식(<그림 2-6> 참조)을 완성한다. 이러한 직무 내용은 NCS 사이트에서 관리하는 직무기술서를 참고하면 많은 도움이 된다. 다만, NCS의 좁은 직무(능력단위) 직무기술서는 대기업 환경으로 작성되어 중소기업의 1인 다(多)직무 환경에는 맞지 않는다. 그래서 중소기업은 NCS의 직무기술서를 넓은 직무(세분류단위) 직무기술서로 조정해야 한다.

④ 마지막으로 이렇게 작성된 직무프로파일을 검토하고 확정한다. 작성된 직무프로파일에 대해 현장 부서에서 검토하고 경영진 리뷰 등을 통해 최종적으로 확정한다.

<그림 2-6> 직무프로파일 작성 프로세스 및 작성 사례[15]

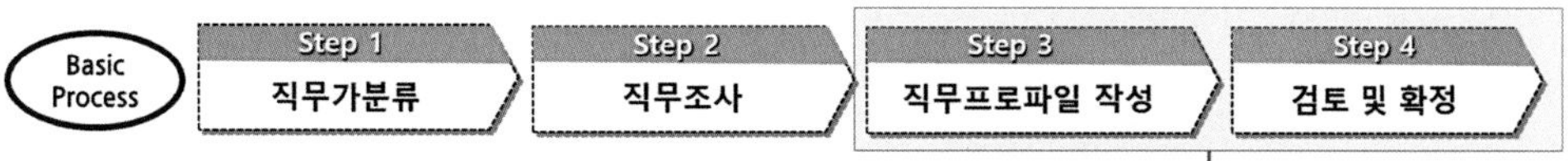

부서명(본부/팀)		SPI 1팀	직무명	DB엔지니어링	담당자						
직무 목적		DB엔지니어링은 업무 요구사항을 달성하기 위하여 전사 데이터아키텍처 정책과 원칙을 기반으로 데이터베이스를 설계, 구축하고 성능을 관리하는 일이다.									
과업수행 내용											
과업명		책임과 역할	핵심성과(KPI)		경력단계						
			지표	산식	1년	2년	3년	대리	과장	차장	부장
데이터베이스 요구사항 분석	계획단계	문서와 시스템에 대한 분석 그리고 사용자 인터뷰를 통해 수집된 요구사항을 업무 주제별로 분류할 수 있다.	분석목표 달성도	실적/목표 * 100			O	O	O	O	O
	실행단계	수집된 요구사항 중에서 새로 개발될 데이터베이스시스템과 직접 관련이 있는 요구사항만을 도출할 수 있다.					O	O	O	O	O
	사후조치	데이터 관리의 정확성을 위해서 요구사항을 적절한 크기 또는 범위의 내용으로 분해 또는 통합 할 수 있다.					O	O	O	O	O
논리 데이터베이스 설계	계획단계	비즈니스 도메인에서 공통으로 사용하는 E-R 표기법에 따라 주제영역별로 개체와 식별자를 포함한 속성을 도식화할 수 있다.	논리 설계 목표 달성도	실적/목표 * 100			O	O	O	O	O
	실행단계	비즈니스 도메인에서 공통으로 사용하는 E-R 표기법에 따라 개체 간 관계의 기수성, 선택성, 식별/비식별 관계를 도식화할 수 있다.					O	O	O	O	O
	사후조치	도식화된 개체, 식별자를 포함한 속성, 관계에 대하여 정의 및 부가적인 설명을 추가할 수 있다.					O	O	O	O	O
물리 데이터베이스 설계	계획단계	식별된 오브젝트의 데이터 타입, 사이즈, 증가 용량을 고려하여 저장 공간을 산출하고, 해당 오브젝트에 대한 테이블 스페이스 할당할 수 있다.	물리 설계 목표 달성도	실적/목표 * 100			O	O	O	O	O
	실행단계	할당된 테이블 스페이스 용량을 기반으로 디스크 저장 용량을 산정하고, 데이터베이스 백업 주기, 방식에 따른 별도 저장 공간 용량을 산정할 수 있다.					O	O	O	O	O
	사후조치	분산위치, 엔티티 명, 테이블 명, 테이블 스페이스 명, 테이블 스페이스 용량, 데이터 파일명, 파티셔닝, 클러스터링 정보, 보안정보에 대한 물리 데이터베이스 설계서를 작성할 수 있다.					O	O	O	O	O
데이터베이스 구현	계획단계	설계에 따른 테이블과 인덱스 등의 오브젝트에 기반 하여 데이터 파일, 컨트롤파일, 로그파일에 필요한 용량을 산정하고 형식을 정의할 수 있다.	구현 목표 달성도	실적/목표 * 100		O	O	O	O	O	O
	실행단계	관리자 도구 혹은 명령어를 이용하여 데이터베이스 블록사이즈, 로그관리, 환경설정을 적용하고 확인 할 수 있다.				O	O	O	O	O	O
	사후조치	생성된 데이터베이스의 용량, 권한, 환경설정을 점검하고 데이터베이스 명세적 검증을 통하여 데이터베이스 완료보고서를 작성할 수 있다.				O	O	O	O	O	O
SQL작성	계획단계	수정 대상 테이블의 데이터를 조회하여 삽입, 변경, 삭제에 대한 데이터 수정 유형을 식별할 수 있다.	SQL 목표 달성도	실적/목표 * 100	O	O	O	O	O	O	O
	실행단계	식별된 데이터 수정 유형에 따라 삽입, 변경, 삭제를 위한 SQL 명령문을 작성할 수 있다.			O	O	O	O	O	O	O
	사후조치	수정된 테이블의 데이터를 조회하여 수정 유형에 따라 삽입, 변경, 삭제가 정상적으로 수행이 되었는지를 확인			O	O	O	O	O	O	O

직무수행 요건	
구 분	내용
지식	• IEEE 830 표준규격 • 기존 시스템 운영 방법 • 대상 조직 문화 특성 • 대상 조직 업무 규칙 • 데이터 대상과 범위 • 데이터 모델링 기법 • 데이터베이스 요구사항 및 업무 연관성 분석 방법 • 요구공학 • 요구사항 프로세스 • 조직 업무 및 프로세스 전략 • 조직 업무 특성 • E-R 다이어그램 작성 방법 • 개체 종류별 특성 • 관계 유형별 특성
기술	• 데이터 분석 기술 • 업무 도메인 분석 능력 • 요구사항 분류 능력 • 요구사항 분석 기술 • 데이터 저장 용량 산정서 작성 능력 • 데이터베이스 성능 측정기술 • 데이터베이스 환경 설계서 작성 능력 • 반정규화 수행 능력 • 성능 최적화 인덱스 구성 기술 • 시스템 관련도 분석 기술 • 시스템 조사 분석서 작성 능력 • 실행계획 분석능력
사전 직무 경험	• 데이터베이스 구현 • SQL활용 • 데이터 전환 • SQL 응용

직무프로파일은 그 직무를 가장 잘 알고 있는 사람(SME, Subject Matter Expert, 직무전문가)이 작성해야 한다. NCS를 활용하여 직무프로파일을 작성할 경우, 다음 두 가지 정도는 유의해야 한다. 첫째, 직무프로파일은 워크숍을 통해서 작성한다. 직무프로파일 작성을 위해서는 직무 목적과 업무수행 프로세스, 역할과 책임, NCS 사이트

15 시앤피컨설팅 내부 자료

활용법 그리고 직무성과지표(직무 KPI) 등에 대한 이해와 실습이 필요하다. 이러한 내용을 단순한 설명이나 이메일로 공유하는 것으로는 이해하기 힘들다. 그래서 워크숍을 통하여 교육과 실습이 동시에 이루어져야 한다. 둘째, NCS에서 제시하는 직무별 역할과 책임은 우리나라 전체 기업에서 사용할 수 있도록 공통적인 요소로 작성되었기 때문에, 그 내용을 우리 사업장에 그대로 적용하기에는 현장감이 떨어진다. 그래서 직무 전문가들이 NCS의 내용에서 수정, 보완하여 우리 사업장의 특성에 맞도록 다시 작성해야 한다.

이렇게 직무프로파일이 작성되면, 이제 전략 목표를 포함하여 직무 목표를 작성할 여건은 조성되었다. 팀원은 직무프로파일 내용 중에서 전략 목표 해당 사항을 제외한 나머지 직무 중에서 팀의 운영계획 추진에 이바지할 직무로써 직무 목표를 선정한다. 이렇게 선정된 직무 목표로써 업무계획서를 작성하고, 이를 팀장과 면담을 통하여 자신의 직무 목표를 확정한다.

04.
목표 수립 면담은 조직의 기대 사항을
공유하는 과정

조직 구성원이 수행하게 될 전략 목표나 직무 목표는 목표 수립 면담을 통해서 확정된다. 목표 수립 면담은 조직 내 부서장과 팀원 사이에서 개인의 목표를 협의하고 확정하는 과정이다. 목표 면담은 마치 농부가 봄에 밭에 심을 종자를 결정하는 것처럼 대단히 중요하다. 면담 과정에서 구성원 참여가 이루어지고, 부서장은 팀원에게 조직이 원하는 것이 무엇이며 기대 수준은 얼마큼인지를 알려주고, 그리고 목표 달성을 위해서 조직 구성원이 어떤 역량을 개발해야 하는지 등에 대해서도 의견을 나누게 된다. 이 과정은 보통 정기적으로 연말 또는 연초에 이루어지며, 업무계획서를 바탕으로 전략 목표 및 직무 목표에서 달성해야 할 수준과 그에 따른 계획을 설정하고 논의한다. 목표 수립 면담에서 반드시 점검해야 하는 사항은 다음과 같다.

① 전략 목표와 직무 목표가 부서 전략 목표나 상사의 기대나 요구 사항을 적절하게 반영하고 있는가?
② 평가지표(KPI)는 도전적이고, 구체적으로 측정할 수 있도록 설정되어 있는가?
③ 업무 추진 내용이나 일정이 업무 환경과 업무 여건을 고려하여 합리적으로 작성되어 있는가?

④ 목표 달성을 위한 적절한 역량 계발 계획을 보유하고 있는가?

〈그림 2-7〉 업무계획서[16]

업무계획서									
소속	경영지원팀		성명	이인사	직급	대리	기간		

목표구분	목표내용	목표수준	KPI 수립		실행방법(Plan-Do-See, 일정 포함)	가중치	비고 (전기 실적)
			지표	산식			
1. 전략목표							
1주 52h 체제에 대응	1주 52h 초과자 Zero화	0명	52h 초과율	(초과자 인원/전체)	부서별 OT 수준 파악 및 원인분석(1월) -> 유연근무제 설계, 설명회 개최(3월) -> 규정 개정 및 유연근무제 시행(5월) -> OT 점검 및 인력채용 공급(7~7월)	30%	20명
기술 핵심인력 유지	기술핵심인력 확보	9명	기술핵심인력 유지율	(기술핵심인력/전체)	부서별 핵심인력 확인(3월) -> 정기간담회 등 맨토링 실시 및 지원(분기 1회) -> 인재 프로그램 마련 및 운영(7월)	30%	7명
					...		

목표 수립 면담 프로세스는 평가자와 피평가자 간 일대일 면담을 통해 목표 내용, KPI, 업무 추진계획과 가중치 등에 대해 논의하고 합의를 끌어내는 과정이다. 목표 설정 면담은 연말이나 연초에 부서 목표(운영계획)를 설정한 후에 개인별로 실시한다. 목표 설정 면담 프로세스는 '면담 준비 → 면담 실시 → 목표 합의' 순으로 진행한다.

면담 준비 단계에서, 부서장은 목표 설정 면담을 위하여 팀원에게 업무계획서(〈그림 2-7〉 참조)를 사전에 작성하여 제출하도록 한다. 부서장은 면담 장소 및 시간을 통보하고 1인당 면담 시간은 1시간 정도로 계획한다. 목표 면담을 위한 자료로, 회사 사업계획서, 부서 운영계획서, 개인별 업무계획서, 직무프로파일 등을 미리 준비한다.

면담 실시 단계에서 부서장은 기업 전체의 전략 목표와 이것을 반영한 팀의 운영계획(전략 목표와 직무 목표)을 논의하고, 개인이 작성한 전략 목표와 직무 목표가 팀의 운영계획을 반영하여 적절하게 작성되었는지 확인한다. 목표별 KPI 수준이 도전적(성공보다 실패 확률이 높음)이고 측정 가능하도록 구체적으로 작성되었는지도 확인한다. 그리고 업무 추진 내용과 일정이 업무 환경, 위험 요인 등을 고려하여 'Plan(계획

---

16 시앤피컨설팅 내부 자료

단계), Do(실행 단계), See(사후 단계)' 관점에서 합리적으로 작성되었는지 검토한다. 그리고 각각의 목표에 부여된 가중치가 전략적 중요성, 부서 목표와 부합성, 평가의 타당성과 신뢰성 등과 부합하는지도 살펴야 한다. 마지막으로 올해의 목표를 수행하기 취약한 역량을 확인하고, 이를 개선하기 위한 역량 계발계획도 토론하고 합의한다.

그리고 마지막 목표 합의 단계에서는 팀장과 팀원이 업무계획서에 합의 서명을 하고, 추후 면담 일정과 점검 방법을 논의하고, 팀원을 격려하면서 목표 면담을 마무리하게 된다. 이렇게 작성된 업무계획서는 경영지원팀(평가 담당 부서)에도 제출한다.

PART

03

평가 요소는
조직의 운영 방향을 알려주는
내비게이션

01.
평가 요소는 목표를
추적하고 측정하는 기준

전략적 인사평가 시스템 구축을 위한 목표 수립이 끝났다면, 이제 그 목표를 추적하고 측정하기 위한 평가 요소를 설계해야 한다. 전략적 인사평가 시스템이 전략 실행과 성과 향상을 위한 성찰 활동이라고 할 때, 이 성찰 활동의 대상이 평가 요소이다. 전략 실행 프로세스를 보면 조직은 미션과 비전을 위하여 사업계획을 마련하고 이를 달성하기 위하여 전략 목표를 세운다. 그리고 이러한 전략 목표는 본부 → 팀 → 개인 목표로 세분화(cascading)되어 실행으로 옮겨진다. 이때 각각의 목표는 〈그림 3-1〉에서 보는 것처럼 목표 수준과 이를 측정하는 KPI(핵심성과지표), 실행 방안 등의 평가 요소를 가지게 된다.

전략이 실행되려면 구성원들의 행동이 필요하다. 조직성과는 구성원들 행동의 결과이다. 조직은 미션과 비전을 성취하고 전략 목표를 달성하려면 적절한 행동을 모델링해야 한다. 예컨대 '동남아 시장 매출 20% 확대'라는 전략 목표를 달성하기 위해서 '대인관계 역량'이나 '추진력', '실행력', '이문화 적응력'과 같은 역량이 우수한 직원을 선발하여 인도 등에 파견해야 한다. 이처럼 업무수행과 연관되어 관찰 가능한 행동의 집합이 역량이다. 역량은 〈그림 3-1〉에서처럼 핵심 역량, 계층 역량, 직무 역량으로 구성되어 있다. 이들은 역량 모델링을 통하여 정의와 행위지표로서 설계된다.

〈그림 3-1〉 전략적 인사평가의 평가 요소

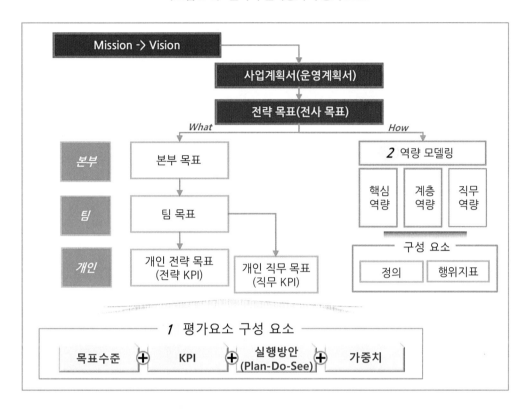

〈그림 3-1〉 전략적 인사평가의 평가 요소

전략적 인사평가 시스템에서 평가 요소는 조직의 운영 방향을 알려준다. 조직에서 평가 요소는 마치 여행자의 내비게이션과 같은 역할을 한다. 조직의 목표 달성에서 평가 요소가 얼마나 중요한지는 역사 속에서도 확인할 수 있다. 미국 노예 해방을 가능하게 했던 남북전쟁에서 링컨 대통령이 적절한 평가 요소를 선택하지 않았더라면 북군의 승리를 보장할 수 없었다. 링컨 대통령이 남북전쟁을 승리로 이끄는 데 결정적인 공헌을 한 그랜트를 사령관으로 지명하면서 평가 요소로는 '전쟁터에서 검증된 장군으로서의 능력' 하나만 보았다. 그랜트 장군은 술을 아주 좋아하여, 만일 링컨이 단점이 없는 것 또는 다재다능한 것을 평가 요소로 삼았다면 그랜트는 지명되지 않았을 것이다. 인간의 지식, 경험, 능력 등 총체적 능력 기준으로 평가해 보면 아무리 위대한 천재라고 하더라도 낙제점을 면하기 어렵다. 세상에 '나무랄 데라고는 전혀 없는 사람'은 없다. 다만 '어떤 분야에 나무랄 데가 없는가?'라는 질문을

할 수 있을 뿐이다.[17]

　결국 사업장에서 평가 요소를 적정하게 설계하고 효과적으로 운영한다면 단기적으로는 전략 목표를 달성할 수 있게 되고, 장기적으로는 회사의 미션과 비전을 성취하게 된다. 이러한 평가 요소의 구조는 〈그림 3-1〉에서처럼 목표 수준, KPI(Key Performance Indicator, 핵심성과지표), 실행 방안, 가중치 및 역량 모델링으로 구성되어 있다. 평가 요소를 효과적으로 운영하기 위해서는 이러한 구성 요소들을 적정하게 설계해야 한다.

17　피터 드러커(이재규 옮김), 『프로페셔널의 조건』, 청림출판, 2009

02.
높은 목표 수준이
탁월한 성과를 창출한다

인사평가 시스템은 전략 실행을 위한 목표 달성과 성과 향상에 대한 성찰 활동이다. 조직의 성과는 항상 우리가 원하는 기대와 목표대로 이루어지지 않는다. 이럴 때, '왜 원하는 기대와 성과를 달성하지 못했는가?'라고 성찰하게 된다. 이러한 성찰 활동의 잣대가 목표 수준이다. 즉, 우리가 설정한 목표 수준을 달성하면 성장과 발전을 하는 것이고, 그렇지 못하면 피드백을 제공하고 코칭과 멘토링으로 분발을 촉구한다.

목표 수준은 팀 혹은 구성원이 달성해야 하는 목표의 성과 수준이자 도전 수준을 나타낸다. 목표 수준에는 사업장의 가용 자원을 어떻게 운용하겠다는 방향성이 있고 조직과 리더의 기대와 열정이 담겨 있다. 그래서 기업이 목표 수준을 정하지 않는 것은 성과관리를 하지 않겠다는 의미이고, 기대와 열정 없이 그날그날에 매몰되어 살아가고 있다는 것이다. 목표 수준이 없는 것은 마치 비행기가 계기판 없이 비행하는 것과 같이 열심히 비행하지만, 목적지에 도달할지 알 수 없는 것과 같다.

성공한 사람이나 조직은 높은 수준의 목표를 명확히 설정하여 이를 성취한다는 공통점을 가지고 있다. 탁월한 성과를 내는 조직은 구성원들의 열정과 노력을 통합하는 역량이 뛰어나고, 그 통합의 중심에 높은 목표 수준이 있다. 조직에서 목표를 달성하지 못하는 이유는 목표를 명확하게 정의하지 않거나 그 목표를 달성할 것이라는 열정이 없기 때문이다. 성공한 조직의 구성원은 조직이 어디로 가고 있는지, 어디에 몰입해야 하는지를 알고 있고, 자신의 업무를 조직의 전략 목표를 달성하는 도구로써 명확하게 인식하고 있다.

목표 수준은 기업 성공의 디딤돌 역할을 한다. 목표 수준은 전략 목표나 직무 목표의 달성과 직접 연계된다는 점에서 중요하다. 팀이나 조직 구성원들은 전략 목표에 집중함으로써 목표 수준을 달성하고 성과를 만들어낸다. 목표 수준의 달성은 단순히 이번의 목표를 달성했다는 그 이상의 의미로, 더 높은 수준의 다음 목표로 나아가는 데 디딤돌이 된다. 따라서 조직이나 개인이 목표 수준을 어떻게 잡느냐가 중요하고, 그 목표 수준 설계의 대표적인 방법에는 목표설정이론, BHAG 기법이 있다.

1) 목표설정이론

목표를 설정하는 것은 집중해야 할 업무의 우선순위를 정하는 것이다. 전략 목표는 조직 차원에서 집중해야 할 전략 방향을 구체화한 것이고, 직무 목표는 직무기술서상의 직무(고유업무) 중에 우선순위가 높은 업무이다. 예컨대, '1주 52h 초과자 0명'이라는 목표 수준은 근로시간 1주 52h 초과자가 발생하지 않도록 조직의 자원과 역량을 집중하겠다고 선언한 것이다. 목표 수준은 한번 설정되면, 조직이 최우선으로 도달해야 할 영역이 되어 조직과 개인의 역량과 에너지를 집중해야 하는 곳으로 변하게 된다.

목표 설정과 성과와의 관계에 대한 대표적인 이론이 에드윈 로크(Edwin A. Locke)에 의해 정립된 목표설정이론(Goal Setting Theory)이다. 목표설정이론은 〈그림 3-2〉에서 보는 것처럼 목표 수준이 높고 구체적이어야 하며, 구성원의 참여를 통해 설정하고 작업 결과에 대해 피드백을 해줄 때 목표 몰입도가 높아져서 성과도 향상된다는 것이다. 이러한 목표설정이론은 현재까지 여러 동기 이론 중 가장 많이 연구되었

으며 가장 타당성이 있는 것으로 인정받고 있다.[18]

<〈그림 3-2〉 목표설정이론(Goal Setting Theory)>

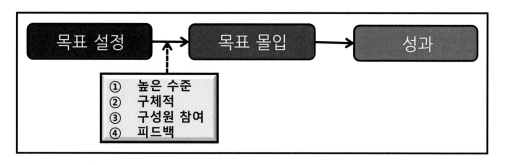

이 이론에 따르면, 전략 실행을 위해서는 목표 수준 설정이 중요하다. 조직의 성과 향상 출발점은 목표 수준을 설정하는 것이고, 목표 수준을 설정할 때는 높고 구체적으로 하고 구성원의 참여를 통해 설정하라고 조언하고 있다. 이러한 목표 수준 설정 방법으로 가장 많이 알려진 것이 SMART 기법이다.

목표 수준을 설정할 때 SMART 기법을 이용하면 편리하다. SMART는 Specific, Measurable, Achievable, Relevant, Time-bound의 약자로 목표 수준은 구체적이고 (Specific), 측정 가능하며(Measurable), 달성 가능하고(Achievable), 적합하며(Relevant), 시간적 범위(Time-bound)내에서 설정해야 한다.

① Specific(구체성): 목표 수준을 설정할 때는 무엇을 달성하려고 하는지 명확하고 구체적으로 표현해야 한다. 예컨대, '전년 대비 해외 매출액 획기적 증대'보다는 '전년 대비 해외 매출액 25% 증대(100억 → 125억)'로 구체적으로 목표 수준을 정할 때 성과가 높다.

② Measurable(측정 가능성): 목표 수준이 어느 정도나 달성되었는지를 측정 가능하도록 설정해야 한다. 예컨대, '영업 지출 비용 최소화'보다는 '전년도 영업비용 대비 20% 절감'처럼 측정 가능하도록 목표 수준을 설정할 때 구성원들의 목표

18 목표설정이론, 위키백과, 2023. 4. 18.

몰입도가 높아진다.

③ Achievable(달성 가능성): 목표 수준은 도전적이지만 달성 가능해야 한다. 목표 수준이 실현 불가능하도록 높거나 상징적인 것이 되어서는 안 된다. 예컨대, '제품 불량률 Zero 달성'보다 '제품 불량률 6 Sigma 수준 달성'처럼 목표 수준은 높지만 달성할 수 있어야 한다. 다만, 목표 수준이 너무 높으면 역량의 한계를 절감하게 되고 그러면 목표 몰입 저하 현상이 발생할 수 있음에 주의해야 한다.

④ Relevant(적절성)/Result-Focused(결과 지향): 목표 수준은 그 달성 책임이 있는 조직(부문, 팀) 및 개인에 적절해야 한다. 예컨대 어떤 목표 수준이 1개월 동안 연장 근무를 해야 달성할 수 있다면 적절한 목표는 아니다. 또는 목표 수준은 과정이 아니라 결과를 나타내야 한다. 예컨대 '채용 프로세스 개선'보다는 '채용 프로세스 개선으로 채용 기간 단축(1개월 → 2주)'처럼 목표는 결과 지향적으로 수립해야 한다.

⑤ Time-bound(기한성): 목표 설정은 기한의 제한을 두고 설정되어야 한다. 무기한 목표는 당장 실천할 수 없으므로 목표를 설정할 때는 반드시 기한을 두어야 한다. 예컨대 '평가 제도 개선'보다는 '직원 의견 조사(2월 말), 개선안 작성(3월 말), 실행안 작성(4월 말), 직원 설명회 개최(5월 말)'처럼 목표가 기한성을 가질 때 실행률이 높아진다.

2) BHAG(Big Hairy Audacious Goals, 모험적인 목표)

인사평가를 성과 향상을 위한 성찰이라고 할 때, 이때 성과 향상은 얼마만큼의 성과 수준을 의미하는 것일까? 목표 수준의 120% 달성일까, 아니면 지난해 성과의 2~3배 수준을 말하는 것일까?

기업은 목표 수준을 도전적으로 설정해야 한다. 높은 목표 수준이 탁월한 성과를 가져온다는 것이 일관적으로 증명되고 있다. 탁월한 기업은 목표 수준을 도전적으로 높게 잡고, 이에 역량과 노력을 결집하여 목표를 달성함으로써 경쟁력을 유지하고 성장·발전한다. 그렇다고 기업이 목표 수준을 무한정 높게 잡을 수는 없다. 지나치게 높은 목표 수준은 구성원들의 목표 몰입을 저하하므로 사업장의 가용 자원, 보유 역량 등을 고려하여 도전적으로 잡아야 한다. 일반 기업에서 도전적 목표 수준은 달성이 어려우면서도 가능성이 있는 목표로, 특정한 노력과 능력이 요구되는 목표 수준이다. 이를 수치상으로 표현하면 성공 가능성이 50% 미만인 목표이다.

하지만, 비전 기업[19]들은 모험적인 목표를 설정하여 도전한다(〈그림 3-3〉 참조). 이들에게 도전적이라는 의미는 일반 기업과는 다르며, 이들에게 성공 가능성이 50%인 것은 낙관적인 수치에 해당한다. 이러한 비전 기업들은 크고 위험하고 대담한 목표(BHAG: Big Hairy Audacious Goals)를 사용하여 발전을 자극하고 초일류의 성과에 도전하고 있다. 미국의 1960년대 달 정복 목표나 보잉사의 747 점보제트기 개발 같은 목표는 성공 확률이 나오지 않았음에도 자원을 총동원하여 성공을 일구어냈다. 말하자면 모든 기업이 목표를 가지고 있지만, 비전 기업은 모험적인 목표를 설정하여 거대하면서도 강한 도전에 전력투구하고 있다. 이 모험적인 목표(BHAG)는 중소기업들이 중견기업 또는 일류기업으로 성장하기 위해서는 필요하다.

"BHAG는 특히 창업자들이나 소기업들에서 적합하다. 샘 월턴(월마트 창업자)과 첫 점포를 세울 때 5년 이내에 아칸소에서 가장 성공적인 점포를 만들겠다던 그의 목표를 상기하라. 초창기에 소형 라디오를 만들겠다던 소니의 목표를 상기하라. 또는 조그만 회사를 국제적인 사무실 기계회사로 만들겠다던 토마스 웟슨(IBM 창업자)의 목표를 상기하라. 사실 대부분의 기업 창업자는 깊이 새겨진 BHAGs를 가지고 있다. 막 이륙하여 생존이 더 이상 문제가 되지 않는 지점까지 도달한다는 것은 대부분의 초기 회사에는 대담한 일이다."[20]

---

19 비전 기업은 그들의 업종 내에서 다른 동종회사들에 널리 인정받고 주위에 큰 영향을 끼치며 오랜 전통을 가진 우수한 조직이다(출처: 『성공하는 기업들의 8가지 습관』)

20 짐 콜린스, 제리 포라스(워튼 포럼 옮김), 『성공하는 기업들의 8가지 습관』, 김영사, 2002

BHAGs	
케네디 대통령	금세기가 가기 전에 달에 사람을 착륙 시키고 무사히 귀환 시키자
마이크로소프트	모든 가정의 모든 책상에 컴퓨터를 보급하자
월마트	2000년까지 매출 1,250억달러 달성(1990년대 목표)
구글	전 세계의 정보를 체계적으로정리한다
스페이스엑스 (SpaceX)	인류가 지구 외 행성에서 살아갈 수 있도록 만든다

최근 인공지능 관련 사업을 하는 중소기업을 컨설팅한 적이 있다. 이 회사는 매출 목표 수준을 매년 100% 증가로 설정하고, 현재 매출액이 150억 수준이니 3년 이내에 1,000억을 달성하겠다는 것이다. 이러한 목표 수준이 일종의 BHAG이다. 그래서 회사는 이 목표를 달성하기 위하여 미션과 비전을 재정립하고 전략 목표 및 사업 계획서를 만들어냈으며, 구성원들에게 목표 달성 시에 충분한 보상도 약속했다. 현재 회사의 구성원들은 자신의 모든 창의적인 재능과 에너지를 모험적인 목표 달성을 위해 쏟아붓고 있다. 처음에 말로만 얘기할 땐 BHAG가 허황한 것처럼 보였지만, 평가 요소로서 구체화되면서 얘기는 달라졌다. 평가 요소는 그 목표 수준을 달성하기 위하여 KPI(핵심성과지표)와 실행 방안도 가지게 된다. BHAG로 올라갈 수 있는 계단이 놓였으므로, 이제 열심히 한 계단 한 계단 오르면 된다.

이제 모든 중소기업이 글로벌 경쟁 환경하에 놓여 있다. 구성원 모두가 크고 대담하게 사고하고 행동하지 않으면 생존이 어렵다. 이것이 중소기업들에게도 BHAG가 필요한 이유이다. 다만 BHAG가 무모하고 허황한 꿈으로 끝나지 않고 실천으로 이어질 수 있도록 제도적 설계가 뒤따라야 한다. 즉, 실천할 수 있도록 구체적인 실행 방안(Plan, Do, See)이 수립되어야 하고 피드백 및 보상과도 연계해야 한다. BHAG를 설계 실천하려면 다음 5가지 사항을 염두에 두어야 한다.[21]

① BHAG는 설명이 필요 없을 정도로 명확하면서 강력해야 한다. BHAG는 '기술문'이 아니라 목표—산을 오르거나 달을 정복하는 것처럼—라는 사실이다. 만약 그것이 종업원들에게 활력을 불어넣지 못하면 그것은 BHAG가 아니다.

② BHAG를 안전지대 훨씬 바깥에 설정해야 한다. 조직 내에 있는 사람들에게 그것을 달성할 수 있다는 신념을 주어야 하지만, 동시에 그것을 달성하려면 영웅적인 노력과—IBM 360과 보잉 707처럼—아마도 운도 조금 따라주어야 한다.

③ BHAG는 그 자체로 공감하고 재미있어서—시티은행과 월마트처럼—목표가 달성되기 전에 조직의 리더가 떠나더라도 발전을 계속 자극할 수 있어야 한다.

④ BHAG는 한번 달성되고 나면 조직이 '드디어 달성했다'라는 증상에 빠져 표류할 수 있는 위험을 내포하고 있다. 회사는 그 다음의 BHAG를 마련함으로써 이런 현상을 미연에 방지해야 한다.

⑤ 마지막으로, 그리고 가장 중요한 것은 BHAG가 회사의 비전과 일치해야 한다는 점이다.

---

21 짐 콜린스, 제리 포라스 지은(워튼 포럼 옮김), 성공하는 기업들의 8가지 습관, 김영사, 2002

03.
KPI는 목표 달성의
Dashboard

인사평가 시스템은 성과 향상과 역량 개발을 위한 성찰 활동이다. 성찰 활동은 목표 달성의 공과를 판단하는 행위이고 이러한 판단 행위에는 명백한 기준이 필요하다. 그 기준이 목표 수준이고, 이를 측정하는 기준(지표)이 핵심성과지표(KPI, Key Performance Indicator)이다. 즉, KPI는 조직의 목표 달성 여부를 평가하기 위한 측정 지표로서 조직이나 구성원이 올바르게 일하고 있는지, 어떤 부분의 성과를 개선해야 하는지를 알려준다.

KPI는 사업장의 Dashboard(종합 상황판) 역할을 한다. KPI는 목표 달성을 위한 종합 상황판으로서 조직이나 프로젝트의 설정 목표 수준이 현재 얼마나 달성되었고, 부진한 영역이 어디인지 등을 알려준다. 마치 비행기의 dashboard를 보면 비행기의 현재 위치와 속도, 고도, 도착 예정 시간 등을 한눈에 알 수 있는 것과 같이, 조직의 KPI를 보면 어떤 부서에서 초과 목표 달성을 하고, 또 어떤 부서에서 목표 미달인지 한 번에 식별할 수 있다. 그래서 KPI만 확인하면 조직의 전략적 방향과 성과 목표 달성 수준, 개선이 필요한 영역 등을 쉽게 파악할 수 있다.

KPI는 지표와 산식으로 구성된다. 지표는 성과를 어떻게 측정할 것인지를 나타내는 항목(예, 매출 목표 달성률, 원가 성장률 등)이며, 산식은 그 지표의 의미와 성격을 표현하는 수학 공식(예, 실적/매출액×100)이다. 예컨대, 목표 수준을 '이익률 10% 향상'

으로 정했다면, 이때 KPI의 지표는 '영업이익 증가율'이고, 산식은 '{(당기 영업이익-전기 영업이익)/전기 영업이익}×100%'로 표현된다. 이렇게 산식을 통해 계산된 지표를 가지고 목표 수준의 달성 상태를 평가하여 목표의 초과 달성 또는 미흡 등의 판정을 내리게 된다.

목표 수준의 측정 지표로써 KPI를 효과적으로 산정하기 위해서는 다음 2가지 사항을 고려해야 한다. 첫째, KPI는 결과물이어야 한다. KPI는 경영 활동이나 특정 직무의 성과로 나타나는 결과물, 즉 Output으로 표현되어야 한다. 예컨대 '매출액 20% 향상'이라는 목표 수준을 측정하기 위한 KPI 지표로는 〈그림 3-4〉에서처럼 '교육 시간', '고객 방문 건수', '신제품 개발 건수', '시장 점유율', '신규매출액' 등 다양한 성과지표들을 고려할 수 있다. 직원들에게 마케팅 교육을 하게 되면 하지 않은 것보다 매출액의 향상에 도움을 줄 수 있고, 또 고객 방문 건수가 많을수록 매출액이 높아질 가능성이 있기 때문이다. 하지만 이것들은 PI(Performance Indicator, 성과지표)는 될 수 있지만, KPI(핵심성과지표)가 되기에는 부족하다. 왜냐하면 교육 시간이 많다고 또는 고객 방문 건수가 많다고 목표 수준(매출액 향상)을 달성할 수 있는 게 아니기 때문이다. 하지만 시장 점유율이나 신규매출액 같은 성과지표(PI)는 교육 시간이나 고객 방문 건수 지표보다는 매출액 향상이라는 목표 달성과 밀접한 연관이 있다. 그래서 시장 점유율이나 신규매출액 지표는 성과지표(PI) 중에서 핵심성과지표(KPI)가 되는 것이다. 이를 프로세스 관점에서 보면, 교육 시간과 고객 방문 건수 지표는 Input 요소이고 시장 점유율이나 신규매출액 지표는 Output 요소이다. 결국 KPI가 될 수 있는 지표는 Output 요소들이다.

〈그림 3-4〉 KPI 개념 및 예시[22]

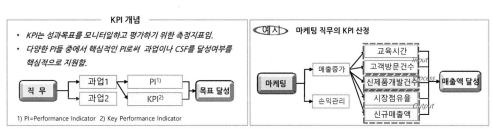

22 시앤피컨설팅 내부 자료

둘째, KPI는 측정 가능해야 한다. KPI의 본질적 역할은 전략 목표나 직무 목표의 목표 수준을 달성했는지 여부를 측정하는 것이다. 그래서 KPI를 설정할 때 객관적 수치(정량지표)로 나타낼 것을 강조한다. 예컨대 학생이 '공부를 열심히 하겠다' 하는 것보다는 '성적을 평균 5점 향상시키겠다' 하는 것이 좋은 KPI가 된다. 하지만 조직의 모든 업무들을 정량적인 성과지표로 나타낼 수 있는 것은 아니다. 예컨대 고객 이탈률이나 신규 고객 수는 정량화가 가능하지만 고객 만족도나 품질 수준 또는 고충처리 만족도와 같은 지표는 정량화가 곤란하다. 이처럼 정량적 KPI 지표 선정이 곤란하여 정성적 지표를 사용하는 경우에도 단계 구분 척도를 사용하여 가급적 정량화하여 표현하도록 한다. 예컨대 '고객에게 성실히 대응한다'라는 KPI보다는 '고객 만족도 20% 향상(5점 척도)'으로 측정할 수 있는 KPI를 선정한다.

그러나 사업장에서 KPI를 사용하는 데 한 가지 주의할 점이 있다. 조직은 성과 측정 지표로서의 KPI를 그 자체의 목적으로 사용해서는 안 되고, 성과 측정을 위한 도구로서 사용해야 한다. 즉, KPI는 목표 달성 수준을 파악하는 참고 도구이지, 그 자체가 목적이 될 수 없다. 만약 KPI가 목적이 되어버리면 조직에서 많은 문제점들이 발생할 수 있다. 예컨대 직원들이 KPI 달성에만 집착한 나머지 제품 덤핑이나 강제 떠넘기기 등 비윤리적 행위를 자행하는 경우 이는 단기적으로 KPI를 달성한 것처럼 보이지만, 장기적으로는 회사에 큰 피해를 일으키게 된다. 이에 대한 실제 사례로, 우유업계 A사는 법원으로부터 과징금 1억 4,000만 원 배상 판결을 받았다. 그 이유는 A사가 자신의 대리점에 우유 등 유제품을 강매하고 유통기간이 임박한 유제품을 공급하는 등의 갑질 횡포 때문이었다. 이는 A사가 매출액 지표(KPI) 달성을 위하여 수단과 방법을 가리지 않고 오로지 KPI 달성에만 집착한 나머지 일어난 불상사이다.

그러면 기업은 어떻게 효과적인 KPI를 도출할 수 있을까? KPI를 설정할 때 어려운 점은 지표를 도출하는 과정이다. 모든 업무는 다양한 활동과 결과물(PI)로 이루어지고 그에 투입되는 시간이나 노력도 천차만별이다. KPI 도출은 이렇게 다양한 PI들 중에서 핵심 결과물(KPI)에 해당하는 지표를 가려내고 이를 측정 가능하도록 표현해야 하는데, 이게 쉬운 일이 아니다. 그러다 보니 수치화하기 쉬운 '고객 방문 횟수', '직원 면담 횟수' 등과 같이 투입 요소들을 KPI로 선택하기도 한다(<그림

3-5〉 참조). 물론 KPI 도출 과정이 모두 어려운 것은 아니다. 예컨대 매출 증가나 손익 관리 등의 목표는 KPI를 비교적 쉽게 도출할 수 있다. 하지만 생산품질 향상이나 핵심인재 유지 또는 직원 고충처리 등과 같은 목표를 만나게 되면 KPI 도출을 위한 고민이 시작된다.

<그림 3-5〉 KPI 지표 도출 방법[23]

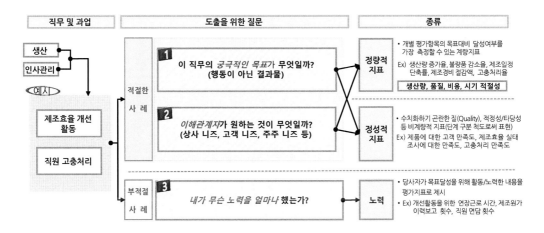

KPI 도출에 대한 고민 해결을 돕는 방법이 있는데, 그것은 〈그림 3-5〉에서 보는 것처럼 다음과 같은 세 가지 질문을 던져 KPI 도출을 모색하는 것이다.

① 이 업무의 **궁극적인 목표**가 무엇일까?
② **이해관계자**가 원하는 것이 무엇일까?
③ **나는 무슨 노력을 얼마나** 했는가?

예컨대 과업이 '제조 효율 개선 활동'인 경우, KPI 지표를 도출해보자. 우선, 위의 첫 번째 질문인 '이 업무의 궁극적인 목표가 무엇일까?'를 던져보자. '제조 효율 개선 활동'의 궁극적인 목표는 '생산량 증가', '불량품 감소' 또는 '제조 경비 절감' 등이 될 것이다. 그래서 제조 효율 개선 활동의 KPI는 생산량 증가율, 또는 불량품 감소율이

---

23 시앤피컨설팅 내부 자료

된다. 다른 예를 보자. 건강한 삶을 살기 위해서 정기적으로 운동을 하고 있다면, 정기적 운동에 대한 KPI는 무엇일까? 이때 '정기적 운동을 하는 궁극적인 목표가 무엇일까?'라고 질문을 던지면 금방 답이 나온다. 그것은 체중 감소나 근육량 증가이므로, KPI는 체중 감소율이나 근육량 증가율이 될 것이다.

'제조 효율 개선 활동'에 대한 두 번째 질문인 '이해관계자가 원하는 것이 무엇일까?'를 던져보면, 나의 이해관계자는 나의 상사, CEO, 고객, 주주 등 다양할 수 있지만 이들을 대표하여 '나의 상사'의 관점에서 보면, 나의 상사는 '생산량 증가', '제조일정 단축' 등에 관심이 있으므로 KPI는 생산량 증가율, 제조일정 단축률이 된다. 이는 첫 번째 질문의 답과 유사하다. 그런데 또 다른 사례인 정기적 운동에 대한 KPI는 이해관계자에 따라 다를 수 있다. 나의 운동에 대한 이해관계자는 '나의 아내', 그리고 '나의 팀장'이 될 수 있다. 나는 체중 감소와 근육 증가를 위해서 정기적 운동을 하므로, 나의 입장에서 KPI는 체중 감소율이나 근육량 증가율이 된다. 그런데 나의 아내가 나에게 원하는 것은 금연과 금주이기 때문에, 나의 아내 입장에서의 KPI는 흡연 감소율, 음주 감소율이 되고, 나의 상사가 나에게 원하는 것은 출근 시간 준수와 생산에 열심히 참여하는 것이므로, 내 상사 입장에서의 KPI는 출근 시간 준수율, 생산성 향상률이 된다. 즉, 나의 정기적 운동에 대한 KPI는 (나) 체중 감소율, 근육량 증가율, (아내) 흡연 감소율, 음주 감소율, (상사) 출근 시간 준수율, 생산성 향상률 등 다채롭게 도출할 수 있다. 이처럼 KPI 도출을 위하여 첫 번째 질문과 두 번째 질문의 대답이 비슷하여 어느 것을 사용해도 괜찮으나, 두 번째 질문의 사례에서 보았듯이 서로 간에 관점이 조금 다를 수 있기 때문에 두 가지 질문을 모두 해봄으로써 풍부하고 창의적인 핵심성과지표를 뽑을 수 있다.

하지만 세 번째 질문은 권장하지 않는 방법이다. 직원들은 이 방법으로 답을 손쉽게 도출할 수 있기 때문에 많이 활용한다. 그러나 이 질문으로부터 도출되는 성과지표는 Input 요소이므로, PI는 가능하지만 KPI로는 부적절하다. 예컨대 '매출 20% 증가'라는 목표에 세 번째 질문인 '나는 무슨 노력을 얼마나 했는가?'를 던져보면, '고객 방문 10회', '연장근로 10시간' 같은 답이 나온다. 이 성과지표도 KPI로서 무난할 것으로 보이지만, 결과물이 아니기 때문에 KPI로는 적절하지 않다. 따라서 KPI 지표 중 세 번째 질문의 답에 해당한다면 가급적 사용을 지양해야 한다.

인사평가 시스템의 설계에서 어렵다고 느끼는 부분이 KPI를 도출하는 과정이다. KPI는 정량적으로 도출해야 하고, 정성적인 목표라도 정량적인 KPI를 요구한다. 또한 KPI를 평가할 수 있는 평가 등급(척도)도 개발해야 한다. 다행히 KPI는 범용성이 있기 때문에 지표만 도출되면 타사 KPI를 그대로 활용할 수 있다. 예컨대 '매출 증가율', '계획 준수율', '아이디어 개발률' 등의 KPI는 제조업이든 IT기업이든 동일하게 사용할 수 있다. 인터넷이나 고용노동부 자료에 있는 KPI 리스트(본서 부록의 KPI 목록 참조)들을 참고하여 우리 회사 KPI Dictionary를 만들어놓으면 향후 KPI 설계 및 운용에 많은 도움이 될 것 같다.

04.
실행 방안 및 가중치 부여

평가 요소로써 KPI를 도출했다면, 다음 단계는 목표 실행을 위한 업무 내용과 추진 일정 등 실행 방안을 설계하는 것이다. 조직과 구성원 각자는 목표를 달성하기 위하여 무엇을, 어떻게, 언제까지 해야 하는가 등 구체적인 실행 방안을 설정해야 한다. 목표 추진 단계에서 실행 방안 설정은 목표 달성을 위한 자원 최적화, 협업, 진행 상황 모니터링 등을 위해 중요하다. 이것은 향후 성과 목표 실행 단계에서 이정표 역할을 하기 때문이다. 실행 방안에 대한 내용은 PART 4의 MBO 제도(목표 수행)에서 서술하기로 한다.

평가 요소 구성의 마지막 단계는 목표별 가중치를 설계하는 것이다. 평가 요소별 가중치는 각각의 목표들이 비전과 전략 목표 달성에 기여하는 정도에 대한 상대적인 중요성에 따라 부여하는 것이다. 이때 가중치 부여는 먼저 목표별 우선순위를 정하고, 이를 가중치로 환산하는 것이다. 목표별 우선순위 부여의 가장 중요한 요소는 목표의 전략적 중요도이며, 전략적 중요도는 〈그림 3-6〉에서 보는 것처럼 실제 업무에 미치는 영향 정도(생산, 불량, 이익 등), 목표 수행으로 인한 변화에 대한 범위를 나타내는 효과성(근본적/국지적) 및 목표 수행의 시급성 정도에 따라 정해진다.

목표별 우선순위는 〈그림 3-6〉에서 보는 것처럼 목표의 전략적 중요성, 업무량 등의 요소들을 고려하여 부여해야 한다. 직무의 전략적 중요성이 높고 업무량도 많으면 우선순위가 높고(빠르고), 전략적 중요성은 높은데 업무량이 적으면 중간, 그리고 직무의 전략적 중요도가 낮지만 업무량이 많으면 우선순위는 낮아지게(늦게) 된다. 우선순위 판단은 수용성을 높이기 위해 현업 담당자와 팀장이 서로 논의하여 결정하면 된다. 이런 기준으로 볼 때, 전략 KPI는 직무 KPI보다 우선순위가 높고, 업적평가 요소는 역량평가 요소보다 우선순위가 높다는 것을 알 수 있다.

〈그림 3-6〉 우선순위 부여 **Matrix**

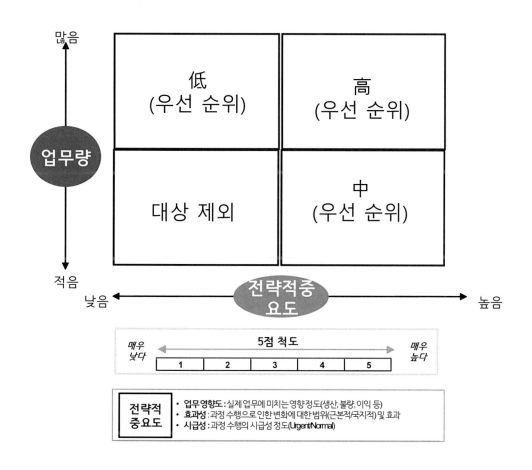

목표별 우선순위가 결정되면, 그다음은 이를 가중치로 환산해야 한다. 가중치로 환산하는 방법은 우선순위를 역수로 전환하여 이를 전체 순위 합산 점수로 나누어 백분율로 계산하는 것이다. 가중치를 부여할 성과 목표가 4개인 경우, 우선순위 부여는 <그림 3-7>의 매트릭스를 활용하면 다양하게 나타낼 수 있다. 예컨대 우선순위를 '1, 2, 3, 4' 또는 '1, 2, 2, 3' 또는 '1, 1, 2, 3' 등으로 부여하는 것이다. 이때 각각의 가중치는 <그림 3-7>에서 보는 것처럼 '40%, 30%, 20%, 10' 또는 '40%, 25%, 25%, 10%(일부 점수 조정)' 또는 '45%, 35%, 10%, 10%(일부 점수 조정)'가 된다.

<그림 3-7> 우선순위의 가중치 전환(예시)

우선순위	역수	가중치	우선순위	역수	가중치	우선순위	역수	가중치
1순위	4	40%[1]	1	3	38%[2]	1	3	43%[3]
2순위	3	30%	2	2	25%	2	2	29%
3순위	2	20%	2	2	25%	3	1	14%
4순위	1	10%	3	1	13%	3	1	14%
합계	10	100%	합계	8	100%	합계	7	100%

1) 40%=4/10*100, 2) 38%=3/8*100, 반올림, 3) 43%=4/7*100, 반올림

05.
역량 모델링은 조직에서 기대하는 행동들의 모형

전략적 인사평가 시스템은 미션과 비전을 달성하기 위한 전략 실행을 목적으로 한다. 전략 실행은 전략 목표 달성과 성과 향상을 통해 달성되는데, 이러한 성과는 구성원들의 행동 결과이다. 즉, 전략 실행에는 '그 대상'인 목표도 필요하지만 '그 방법'인 역량도 중요하다. 그래서 평가 요소로서 목표와 역량의 관계는 자전거의 앞바퀴와 뒷바퀴처럼 반드시 필요한 존재이다. 예컨대 영업 팀원 A가 자신의 KPI인 목표 매출액 달성을 위해 강압적인 행동 등 비윤리적인 행위를 할 수도 있고, 또는 친절과 배려 등 고객 지향의 서비스 마인드로 할 수도 있다. 영업팀의 평가 요소로서 역량을 포함하지 않는다면 강압적이거나 비윤리적인 행위가 버젓이 행사될 수 있지만, 역량을 포함한다면 팀원 A는 조직에서 기대하는 행동을 하게 될 것이다. 이렇게 조직에서 기대하는 행동이 역량이다.

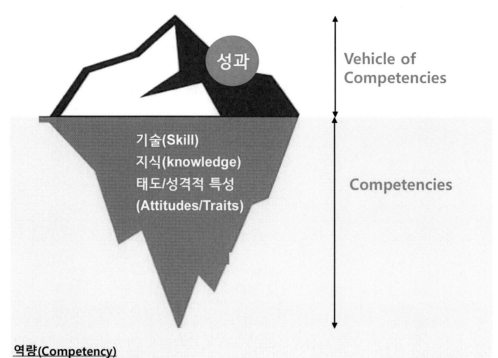

〈그림 3-8〉 역량의 Iceberg Model[24]

역량(Competency)
역량(Competency)이란 우수한 성과를 내기 위한 행위에 필요한 직원들의 특성, 지식(knowledge), 기술(skill), 태도(attitude)들의 조합임

역량은 우수한 성과와 상관관계에 있는 포괄적인 개념으로, 우수한 성과를 내기 위한 행위를 위해 필요한 직원들의 특성, 즉 지식(knowledge), 기술(skill), 태도(attitude)들의 조합이다(〈그림 3-8〉 참조). 여기서 주의할 점은, 역량은 업무수행을 위하여 필요한 일반적인 지식, 기술, 태도가 아니라 고성과자가 보여주고 있는 지식, 기술, 태도라는 점이다. 축구 경기로 예를 들면, 축구 경기의 목표는 많은 골을 넣는 것이고 이를 위해 드리블, 슛, 코너킥 또는 헤딩 등에 대한 지식과 기술, 태도가 필요하다. 이때 축구 역량은 이러한 지식이나 기술, 태도에 대한 전체 축구 선수의 종합 평균 치가 아니라, 우리나라 축구의 국보인 손흥민 선수가 보이는 드리블 기술이나 효과 적인 슛 방법 등을 말한다.

---

[24] 최영훈, 『체계적 직무분석 방법론』 플랜디자인, 2017, 재인용(일부 조정)

직무 내용을 파악하려면 직무분석을 해야 하듯이, 조직 역량을 설계하려면 역량 모델링을 해야 한다. 역량 모델링은 우수 성과자가 보여주는 행위를 도출하고, 이 행위를 잘 수행하기 위해 필요한 지식, 기술, 태도 등을 규명하여 모형화한 것을 말한다. 역량 모델링은 역량을 체계적으로 정리한 것으로 여기에는 역량 명칭, 역량에 대한 정의 및 구체적인 행동지표로 구성된다. 이러한 역량 모델링은 평가 요소뿐만 아니라 채용, 교육, 개발 등 HR 프로세스 설계 및 운영에 도움을 준다.

가장 일반적으로 활용되는 역량 모델링은 핵심 역량, 계층 역량, 직무 역량 등 3개의 역량으로 이루어진다. 역량 모델링을 한다는 것은 조직의 전략 실행과 성과 향상을 위하여 필요한 핵심 역량, 계층 역량 및 직무 역량과 이에 수반되는 행동과 그 행동지표를 도출해내는 것이다. 역량 모델링도 직무프로파일처럼 한번 작성되면 그 용도가 다양하다. 예컨대 역량 모델링에 평가척도를 부가하면 역량평가 양식이 되고, 그리고 직원 채용 면접에서 조직 적합성은 핵심 역량으로, 업무능력이나 지식은 직무 역량(공통)을 활용하여 검증할 수 있다. 그리고 역량 모델링에 교육 과정을 부가하면 사업장의 교육훈련체계도가 그려진다. 이처럼 역량 모델링도 직무프로파일처럼 인사조직 운영의 기초가 되고, 마치 집을 지을 때 벽돌과도 같은 역할을 한다. 역량 모델링이 중요한 만큼 그 설계에도 만전을 기해야 한다.

그래서 역량 모델링이 잘못 설계되었을 때는 그 폐해도 크다. 예컨대 조직에서는 팀워크와 부문 간 협력을 강조하지만 정작 역량 모델링은 개인 목표 달성으로 작성되었다든지, 회사에서는 리더들에게 서번트 리더십을 강조하고 있는데 역량 모델링은 부하 지도로만 되어 있다든지, 또는 고객의 제품에 대한 지식과 기술을 강조하면서 역량 모델링을 고객과의 상호작용으로 한다면 역량 모델링은 실제 조직의 업무 요구와 일치하지 않게 된다. 이 같은 경우 직원들은 업무를 효과적으로 수행하기 어려워지고, 오히려 역량 모델링이 조직의 비전과 목표 달성에 장애물이 된다.

그래서 역량 모델링 설계에 구성원 참여가 중요하고, 올바른 역량 모델링 설계의 시작점은 구성원들의 참여에 있다. 구성원들의 역량 모델링 참여는 조직 현실과 현장에 맞고 타당하며 신뢰도가 높은 역량들을 만들어낸다. 직원 참여 방법은 인터뷰나 설문 또는 워크숍 방식 등 다양한 형태로 가능하다. 다만 어떤 방법을 사용할 것인지는 조직 규모, 인사팀 역량, 직원들의 열정 등을 감안하여 선택할 수 있으나, 가장 간소한 방법은 직원 설문을 활용하는 것이다.

그리고 역량 모델링 설계에 타사 역량 목록을 참고하면 도움이 된다. 전략적 인사평가 시스템은 전략 실행을 지향하다 보니 기업 간 역량간 차별성이 그리 크지 않다. 역량 모델링을 설계해보면 기업 간 역량 요소들의 70~80% 정도는 유사하게 도출된다. 예컨대 핵심 역량으로 고객 지향과 실행력이 단골 메뉴이고, 계층 역량으로는 개방적 의사소통, 명확한 업무지시 그리고 직무 역량(공통)은 업무 추진력, 세밀한 일 처리 등이 많이 선택된다. 이러한 역량 목록은 카페나 인터넷에서 타 기업들의 사례를 참조하면 어렵지 않게 확보할 수 있다. 그리고 역량별 하위 항목 개수는 구성원들의 집중과 효율적 운영을 고려하여 3~5개 항목으로 설계하는 것이 적당하다.

1) 핵심 역량

기업이 글로벌 환경 변화에 빠르게 대응하고, 새로운 환경에서도 기업을 성공적으로 운영하기 위해서는 '전략 실행을 위하여 필요한 조직의 핵심 역량이 무엇인가?'라는 질문에 대한 대답이 필요하다. 즉, 조직은 비전과 전략 구현에 핵심적인 행동을 요구해야 한다. 전체 구성원에게 요구되는 핵심적인 행동은 기업의 경쟁에서 우위를 유지하고 지속적인 성장에 필수적인 요소이다. 이처럼 구성원에게 요구되는 핵심적인 행동이 핵심 역량이다.

핵심 역량은 조직의 비전과 전략 목표 달성을 위해 모든 구성원이 갖추어야 할 역량을 말한다. 핵심 역량은 비전 달성을 위한 공유가치 구현의 핵심 동인으로서 인재상 등과 연계하여 구성원의 구체적인 행동 방향과 기준을 제공하는 역할을 한다. 기업에서 핵심 역량은 공통 역량, 전사 역량, 조직 역량 등 다양한 용어로 사용되고 있지만 모두 전체 직원들에게 적용된다는 점에서 동일하다.

기업의 핵심 역량은 미션과 비전에 들어 있고, 경영이념과 조직문화에도 녹아 있다. 그래서 핵심 역량은 경쟁사가 쉽게 따라 하기 힘든 요소이고 기업 경쟁력의 원천이다. 어려운 경영 여건에도 이러한 핵심 역량을 유지한 덕분에 경쟁사와 차별화하고 성공한 사례는 많다. '침대는 가구가 아니고 과학입니다'로 유명한 에이스침대의 핵심 가치는 전문성과 기능성이다. 1990년대 종합가구업체들의 가격파괴 전략에 대응하여 에이스침대는 전문성과 기능성이라는 핵심 역량에 집중한 나머지 시장점유율을 18%에서 27%로 증가시켰으며, 2020년부터 국내 침대 시장에서 부동의 1위 자리를 유지하고 있다. 또 다른 사례는 해외 기업이다. 사우스웨스트 항공사의 핵심 가치는 직원 존중이다(The business of business is people). 2001년 9·11 테러 이후 항공업계는 사상 최악의 적자에서 벗어나고자 정리해고를 단행했지만 사우스웨스트 항공은 정리해고를 하지 않았다. 사우스웨스트는 어떤 경우에든 핵심 역량을 유지한다는 목표가 있었기 때문이다. 그 당시 정리해고를 하지 않았고 운행 편수를 줄이지도 않았음에도 미국 대기업 항공사 가운데 유일하게 흑자를 낸 기업이 되었다.

많은 기업들이 핵심 역량을 가지고 있다. 그들의 홈페이지에 가보면 경영이념, 핵심 가치 등이 단골 메뉴로 들어 있다. 하지만 구성원들이 그 핵심 역량을 체득하고 이를 조직 생활에서 실천하는 기업은 많지 않다. 왜 그럴까? 그것은 핵심 역량을 설계할 때 구성원들이 소외되었기 때문이고 또한 인사평가와 연계되지 않고 있기 때문이다. 그래서 핵심 역량의 설계 단계에서부터 직원 참여, 구체적인 행동 개발 등의 조치가 필요하고 설계된 핵심 역량은 반드시 평가 요소화해야 한다. 핵심 역량 설계 프로세스는 〈그림 3-9〉에서처럼 '(1) 역량 목록 확보 (2) 역량 선정 설문조사(또는 워크숍) (3) 검토 및 확정 (4) 핵심 역량 모델링'의 순서로 진행된다.

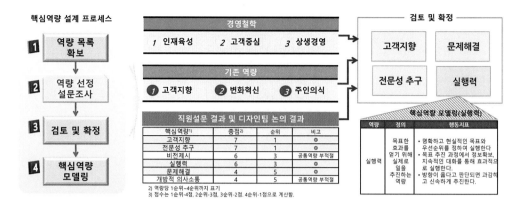

〈그림 3-9〉 핵심 역량 설계 프로세스(사례)[25]

(1) 역량 목록 확보

핵심 역량 도출의 첫 번째 프로세스는 핵심 역량을 식별할 수 있도록 역량 목록을 마련하는 직업이다. 역량 목록 확보는 조직의 핵심 가치를 기본으로 하여 미션과 비전, 그리고 경영철학 중심으로 구성한다. 그리고 CEO 및 직원들과 인터뷰 그리고 타사 사례들을 포함하여 역량 목록을 마련한다.

(2) 역량 선정 설문조사

역량 목록을 확보했다면 이제 핵심 역량 선정을 위한 우선순위를 정해야 한다. 핵심 역량의 우선순위 선정은 인터뷰나 워크숍 등 여러 가지 방법을 사용할 수 있으나, 전체 직원들을 참여시켜 효율적으로 진행할 수 있는 방법이 설문조사이다. 설문조사 방법은 〈그림 3-10〉에서처럼 구성원들에게 역량 목록을 제시하고, 미션, 비전, 핵심 가치 등을 달성하기 위해 가장 필요한 역량 3~5개 항목을 선택하여 우선순위(예, 1순위, 2순위, 3순위, 4순위 등)를 부여하도록 한다. 설문 진행 과정에서 누락되거

---

25 시앤피컨설팅 내부 자료

나 필요한 항목이 있으면 구성원들이 직접 추가하도록 하여 역량 목록을 보완할 수도 있다.

〈그림 3-10〉 핵심 역량 및 계층 역량 설문조사 영식(예시)[26]

인사평가 관련 역량요소(핵심역량 및 계층역량) 설문 조사

부서			직책	임원/부장/팀원	성명	

미션, 비전, 핵심가치	미션, 비전	창의적 사고와 끝없는 도전을 통해 새로운 미래를 창조함으로써 인류사회의 꿈을 실현합니다.
	핵심가치	1. 고객 최우선 2. 도전적 실행 3. 소통과 협력 4. 인재존중
부서장	리더	조직의 비전과 전략목표를 달성하기 위하여 필요한 인재양성 및 목표 달성을 실행하는 역할
부서원	실무자	개인과 조직의 목표를 조율하고 목표 달성 의지를 바탕으로 조직의 성과를 지원하는 역할

※ **응답 방법**
위 표를 참조하여 아래 역량표에 **중요도를 고려하여 1, 2, 3, 4순위 까지 우선순위**를 부여 하세요.
- 핵심역량 : 비전과 미션 그리고 핵심가치를 달성하기 위해 가장 필요한 역량
- 임원, 부장, 팀원 : 각 직책별로 역할 수행을 위해 가장 필요한 역량

구분	핵심역량	부서장	부서원
실행력	예) 1		
책임감			
도덕성	4		
주인의식			
창의적 사고	3		
분석적 사고			
문제해결	2		

...

(3) 검토 및 확정

구성원들의 설문조사 결과에 대한 핵심 역량의 검토는 T/F(Task Force)팀이나 인사

---

[26] 시앤피컨설팅 내부 자료

부서에서 <그림 3-9>처럼 핵심 가치나 경영철학 또는 기존 역량과 직원 설문 결과를 포함하여 종합적인 관점에서 진행한다. 핵심 역량은 조직의 성장과 발전, 전략 실행에 중요한 역할을 하므로 선정에 신중을 기해야 한다. 다시 한번 경영층의 의견을 반영하는 절차가 있어야 한다. T/F팀에서 검토된 핵심 역량 항목을 경영층에서 재점검하고 최종 확정한다.

(4) 핵심 역량 모델링

핵심 역량 항목이 확정되면 마지막으로 역량 모델링을 해야 한다. 역량 모델링 작업은 확정된 핵심 역량 항목들을 정의하고 그 정의에 따라 향후 역량평가와 팀원 관리의 기준이 될 행동지표를 도출하는 과정이다. 역량 모델링 설계를 효과적으로 진행하기 위해서는 '역량 키워드 추출 → 역량 정의 → 행동지표 도출 → 측정 가능성 검토 및 확정'이라는 절차가 필요하다. 이러한 절차는 T/F팀 워크숍 형식으로 진행하면 도움이 된다.

우선 각각의 역량 항목에 대해 키워드를 추출해야 한다. 여기서 역량 키워드는 역량의 특징을 나타내는 행동이나 특성을 말한다. 예컨대 실행력이라고 하면, <그림 3-11>에서처럼 목표 지향성, 효과성, 추진성 등의 행동으로 분해할 수 있는데 이렇게 역량의 세부 요소를 분해하여 세부화한 것이 '역량 키워드'이다. 역량 키워드 도출에는 해당 역량 필요성에 대한 이해, 자신의 경험, 직무프로파일, 경영이념, 핵심 가치 등이 도움이 된다.

그다음 단계는 역량 키워드를 조합하여 역량 정의를 내리는 것이다. 역량 정의는 역량 항목의 키워드를 논리적으로 종합하는 작업으로, 각각 키워드의 의미를 조합하여 조직의 지향 행동을 만들어낸다. 예컨대 실행력의 키워드인 '목표 지향성', '효과성', '추진성'을 조합하면 '목표한 효과를 얻기 위해 실제로 일을 추진하는 역량'이라고 실행력이 정의된다(<그림 3-11> 참조). 이러한 역량 정의는 구성원들이 어떤 역량을 갖추어야 하는지에 대한 기준을 제시하고, 행동지표 마련의 방향도 제시해 준다.

세 번째 단계로, 역량 모델링의 핵심 작업으로 행동지표를 설계한다. 역량의 행동지표 설계는 조직이 필요한 행동 특성을 제시하고 이를 측정할 수 있게 만드는 작업이다. 전체 구성원이 행동지표에 제시된 행위를 하게 되면, 비전 달성과 전략 실행이 이루어지고 개인은 우수한 평가를 받게 되는 것이다. 행동지표 도출 작업은 각각의 키워드에 대해 관찰 가능하고 측정 가능한 행동 방식이나 결과물로 나타낸다. 〈그림 3-11〉에서 보듯이, '목표 지향성'은 '명확하고 현실적인 목표와 우선순위를 정하여 실행한다'처럼 실제로 조직이 지향하여 향후 평가가 가능하도록 설계한다. 이때 행동지표를 쉽고 효과적으로 도출하기 위해서는 각각의 키워드에 대해 다음과 같은 질문이 필요하다.

'고성과자는 해당 역량을 성취하기 위해 이 키워드에 대해 어떤 행동을 보일까?'

'이 역량이 잘 발휘된 사람은 이 키워드에 어떤 특징을 보일까?'

'이 키워드를 가장 잘 발휘하려면 어떤 행동을 해야 할까?'

그리고 마지막 단계로, 해당 역량의 측정 가능성을 검토하고 확정하는 것이다. 해당 역량의 측정 가능성 검토는 실제 업무나 상황에서 어떻게 나타날 수 있는지, 관찰이 가능하도록 어떤 동작을 제시하고 있는지, 그리고 그것을 빈도화(늘/자주/간혹/거의 없음) 할 수 있는지를 살펴보아야 한다. 만약 행동지표가 관찰이 곤란하다든지(예, 기획력이 우수하다) 빈도화를 할 수 없다면, 행도 지표를 다시 설계해야 하고 이것이 완성되면 역량 모델링을 확정한다.

〈그림 3-11〉 실행력에 대한 정의 및 행동지표 도출(예시)

역량	키워드	정의	행동지표
실행력	목표지향성	목표한 효과를 얻기 위해 실제로 일을 추진하는 역량	명확하고 현실적인 목표와 우선순위를 정하여 실행한다
	효과성		목표 추진 과정에서 정보확보, 지속적인 대화를 통해 효과적으로 실행한다.
	추진성		방향이 옳다고 판단되면 과감하고 신속하게 추진한다.

2) 계층 역량

조직에는 시니어, 주니어, 본부장, 팀장, 팀원, 사원, 대리, 과장, 차장, 부장, 임원 등 다양한 계층이 존재한다. 이들은 크게 부서장과 부서원 또는 리더와 팔로우 등 2개 계층으로 나누어진다. 그래서 조직의 계층 역량은 부서장·리더에게 필요한 역량과, 부서원·팔로우에게 필요한 역량으로 구분할 수 있다. 하지만 조직에서는 리더의 역할이 워낙 막중하다 보니 계층 역량을 리더십 역량으로만 설계하여 운영하기도 한다. 그래서 계층 역량이라고 하면 리더십 역량으로 생각한다.

리더십 역량은 조직의 비전과 목표를 달성하고 구성원들에게 동기부여 및 열정을 유발하는 등 분명히 중요한 역할을 한다. 그렇지만 조직 운영을 리더십 하나로만 할 수 있는 것은 아니다. 리더가 아무리 방향을 제시하고 문제를 해결하고 혁신을 유도한다 해도 팀원인 팔로워(follower)들이 열정과 관심을 보이지 않고 따르지 않으면 반쪽짜리 리더십에 불과하다. 조직 운영에는 팔로워들이 가지는 팔로십(followership)도 필요하다. 팔로십이 강한 팀원은 조직의 방향성과 목표를 스스로 이해하고, 자신의 역할과 책임을 능동적으로 수행하여 팀의 단합과 성과를 높이고, 리더나 선배들의 성과와 역량 발휘에서 보이는 태도와 행동을 적극 모방하고, 조직의 새로운 방향이나 프로세스도 자발적으로 수용하여 조직의 변화를 주도하기도 한다. 이는 마치 리더가 앞에서 짐수레를 끌 때, 팔로워가 뒤에서 열심히 밀어주면 무거운 수레도 비탈길을 쉽게 오를 수 있는 것과 같다. 팔로십은 단순히 명령과 복종 관계가 아니라 리더에 대한 신뢰와 지지를 바탕으로 지원하고 따르는 것을 말한다. 팔로십이 강한 조직은 비전과 목표들이 쉽게 실행될 수 있음을 알 수 있다. 그래서 계층 역량은 조직 리더십뿐만 아니라 팔로십을 포함하여 설계할 필요가 있다.

계층 역량은 전략 목표 달성을 위하여 사업장의 구성원들을 팀장 또는 팀원 등 직책이나 역할에 따라 일정한 계층으로 분류했을 때 그 계층별 역할 수행에 필요한 역량(지식, 기술, 태도)이다. 예컨대 팀장 계층은 팀의 방향 제시나 부하 육성 역량이 필요하고, 팀원 계층은 목표를 실행하거나 실무 전문가로서 역량이 필요하다. 이러한 계층 구성은 사업장의 여건에 따라 2개 계층(팀장-팀원), 3개 계층(본부장-팀장-팀원), 4개(본부장-팀장-PM-팀원) 또는 5개 계층(임원-부장-차·과장-대리-사원) 등 다양하게 할 수 있다. 대부분의 중소기업은 인력 규모나 역할의 차별성 등을 감안할 때 2개 또는 3개 계층이 적정하다.

계층 역량 설계 프로세스는 통상적으로 〈그림 3-12〉에서처럼 '(1) 계층분류 및 역할 정의 (2) 계층별 역량 목록 구성 (3) 역량 선정 설문조사 (4) 검토 및 확정 (5) 계층 역량 모델링'의 순서로 진행한다.

〈그림 3-12〉 계층 역량 설계 프로세스(예시)[27]

Step1	Step2	Step3	Step4	Step5
계층 분류 및 역할 정의	계층역량 목록 구성	역량 선정 설문조사	계층역량 검토/확정	계층역량 모델링

계층	주요 역할
상위 계층	전략 실행 리더 (본부장)
중간 계층	성과 달성 리더 (팀장)
하위 계층	목표 실행 리더 (팀원)

계층	역량 Pool
본부장	의사결정 / 전략적사고 / 경영마인드 / 조직관리 / 조정력 / 성과관리
팀장	설득력 / 의사결정 / 대인관계 / 명확한업무지시 / 부하육성 / 경청
팀원	솔선수범 / 업무혁신 / 신뢰형성 / 전문성추구 / 창의적 사고 / 팀워크

▸ 계층역량 목록 Pool을 제공하고 설문실시(우선 순위 기재 요구)
▸ 전체 구성원은 자신의 계층은 물론이고 다른 계층의 적정 역량에 대한 우선 순위도 제시
▸ 설문 양식 〈그림 2-9〉 참조

계층	계층역량
본부장	전략적사고 / 조정력 / 조직관리
팀장	의사소통 / 부하육성 / 명확한 업무지시
팀원	솔선수범 / 전문성추구 / 팀워크

핵심역량 모델링 프로세스와 동일

(1) 계층분류 및 역할 정의

계층 역량 모델링을 위한 계층분류는 조직에서 맡은 역할과 책임의 차이를 반영한다. 일반적으로 조직의 계층분류는 조직도나 SME(Subject Matter Expert, 직무 전문가)와 인터뷰를 해보면 어느 정도 파악할 수 있다.

예컨대 조직도상의 CEO 바로 아래에 팀장이 있으면 '팀장-팀원' 등 2개 계층으로 분류하면 되고, 본부장이 있고 그 아래 팀장이 있으면 '본부장-팀장-팀원' 등 3개 계층으로 분류하면 된다. 가장 일반적인 계층 구조는 상위 계층(본부장), 중간 계층(팀장), 하위 계층(팀원) 등 3개 층이다.

계층별 주요 역할은 사업장의 조직 구조, 인력 여건이나 직급 구조 등에 따라 다를

---

27 시앤피컨설팅 내부 자료

수 있지만 〈그림 3-12〉에서처럼 3개 계층을 기준으로 볼 때, '전략 실행 책임(본부장)', '성과 달성 책임(팀장)', '목표 실행 책임(팀원)'으로 나누어 볼 수 있다. 본부장의 전략 실행 책임은 조직의 전략 실행을 위한 목표 설정과 달성 등 환경 조성 및 진행 총괄의 역할을 수행한다. 팀장의 성과 달성 책임은 팀 목표 달성을 위한 실행계획을 수립하며 성과 창출의 역할을 수행하고, 팀원은 조직의 목표 달성을 위해 자신에게 주어진 역할과 책임을 통하여 목표 실행 책임을 완수한다.

(2) 계층 역량 목록 구성

계층 역량 목록은 다음 단계에서 이루어질 직원 설문이나 인터뷰 등을 위해 필요하다. 직원 설문이나 인터뷰를 할 때 역량 목록을 제시하면 직원들의 참여와 함께 충실한 진행이 가능해진다. 계층 역량 목록은 조직 구조, 계층별 역할과 책임, 미션과 비전 그리고 핵심 가치 등을 참고하고 CEO, 부서장 및 직원들과 인터뷰 등을 통하여 마련한다. 계층별 주요 역할이 회사마다 거의 유사하므로 계층 역량 모델 또는 타사의 계층 역량 모델을 벤치마킹하여 역량 목록으로 구성할 수 있다(〈그림 3-12〉 참조). 이렇게 구성한 계층 역량 목록이 부족하거나 현실과 맞지 않는 것은 다음 단계에서 이루어지는 역량 설문조사에서 어느 정도 보완할 수 있다.

(3) 역량 선정 설문조사

계층 역량을 도출하는 방법 역시 핵심 역량처럼 워크숍, 인터뷰, 설문조사 등을 사용할 수 있으나, 이 중에서 전체 직원들을 쉽게 참여시켜 진행할 수 있는 설문조사가 편리하다. 계층 역량 설문조사도 핵심 역량 설문조사와 동일하게, 〈그림 3-10〉에서처럼 구성원들에게 역량 목록을 제시하고 중요성이나 필요성에 근거하여 3~5개 항목을 선택하여 우선순위를 부여하도록 한다. 설문 진행 과정에서 누락되거나 필요한 항목이 있으면 구성원들이 직접 추가하도록 하여 역량 후보 목록의 완성도를 높일 수 있다.

전체 구성원은 자신의 계층은 물론이고 다른 계층의 필요 역량에 대해서도 우선순위를 제시하도록 하여 다양한 계층의 의견도 수렴한다. 예컨대 팀장에게 필요한 역량은 팀원들이나 그 팀장의 상사들이 오히려 객관적인 견해를 가질 수 있다. 어떤 사업장에서 팀장들이 선택한 역량으로 의사결정, 부하 육성, 명확한 업무지시를 꼽았으나 팀원들은 팀장들에게 필요한 역량을 의사결정, 부하 육성, 경청으로 의견을 제시했다. 즉, 팀장들은 명확한 업무지시가 필요하다고 본 반면, 팀원들은 팀장들에게 명확한 업무지시보다 팀원들의 의견 경청이 더 필요하다고 판단했다. 이처럼 동일한 사업장이라고 하더라도 계층 간의 의견 차이가 비일비재하다. 그래서 역량 모델링을 할 때는 다양한 계층의 의견을 수렴할 필요가 있다.

이렇게 여러 계층의 의견을 수렴하여 결과를 종합하면 계층 역량 항목이 설계된다. 이때 설문 결과를 단순히 산술적으로 종합하면, 인원이 많은 계층의 의견대로 항목이 결정되는 문제점이 발생한다. 예컨대 앞의 예에서 팀장의 역량 도출을 위해 계층별 평점을 그대로 합산하면, 다수의 인원인 팀원들의 의견이 팀장들의 의견을 누르게 된다. 그 결과 팀장의 역량을 팀원들의 의견으로 결정하는 우를 범하게 된다. 그래서 이러한 문제점을 막기 위해, 계층 역량은 해당 계층 구성원의 의견을 우선 반영하고 다른 계층의 의견은 참고로 활용하면 된다. 예컨대 팀장의 역량으로 명확한 업무지시를 먼저 고려하고, 팀원들의 의견인 경청에 대해 T/F팀에 다시 안건을 산정, 논의를 통하여 결정하도록 한다.

(4) · (5) 검토 및 확정 그리고 계층 역량 모델링

계층 역량의 선정 검토 단계는 핵심 역량과 동일하게 T/F팀이나 인사부서에서 진행한다. 그리고 검토 결과에 대해서 경영층의 의견을 반영하여 확정한다. 확정된 계층 역량에 대한 역량 모델링을 위해 역량 정의와 키워드 도출 및 행동지표 산출은 핵심 역량 모델링 프로세스와 동일하게 활용하면 된다.

3) 직무 공통 역량

회사 생활의 행복은 직무 역량 보유의 함수이다. 직무는 역할과 책임의 집합이다. 매일 복잡한 지하철로 출근하는 것은 우리에게 주어진 역할과 책임(R&R, Role & Responsibility)을 다하기 위해서이다. 우리의 출근길 발걸음이 깃털처럼 가벼운 것은 그날 수행할 업무의 역할과 책임에 대한 준비가 되었거나 업무가 요구하는 지식이나 기술을 충분히 갖추었기 때문이고, 출근길이 마치 노역장으로 끌려가는 것처럼 무거운 것은 업무에서 요구하는 역할과 책임, 지식과 기술이 부족하기 때문이다. 이처럼 우리의 출근길 발걸음을 가볍게 하는 역할과 책임, 지식과 기술이 바로 직무 역량이다. 직무 역량이 높을 때는 회사 생활이 즐겁고 행복하며, 그렇지 않을 때는 회사 생활도 괴롭게 된다.

직무 역량이란 직무 목표를 달성하기 위해 다양한 업무 상황에서 우수한 직원이 보여주는 지식, 기술, 태도 등의 통합적 행동 특성이다. 직무 역량은 성공적인 직무수행을 위한 행동이다. 즉, 직무 역량은 직무수행을 위한 평균적인 역량이 아니라 최상의 성과를 낼 수 있는 역량이고, 관찰 가능하고 노력 여하에 따라 수준을 높일 수 있는 지식과 기술을 구성 요소로 포함한다는 것이 직무 역량의 특징이다.

직무 역량은 직무 전문 역량과 직무 공통 역량으로 구성된다. 직무 전문 역량은 직무의 내용으로부터 도출되고 직무 공통 역량은 직무 전문 역량을 잘 수행하기 위해 팀원들이 공통적으로 갖추어야 할 역량이다. 그래서 직무 전문 역량이 바뀌면 직무 공통 역량도 바뀌게 되고, 직무 공통 역량은 직무 전문 역량에 종속한다.

직무 전문 역량은 직무수행에 필요로 하는 전문 지식 및 스킬(기술)을 말하며, 이는 직무프로파일의 직무수행 요건 항목을 보면 확인할 수 있다. 예컨대 안전보건관리 직무에 대한 직무 전문 역량은 공정별 위험 요소에 관한 지식, 사고처리 절차서에 관한 지식, 위험성 평가 기법에 관한 지식, 안전 장비 및 설비 활용 기술, 응급조치 및 대응 기술 등이 해당한다. 다시 말해, 이러한 직무 전문 역량은 직무 전문성을 의미하고, 이를 확보하려면 역량 모델링이 아니라 직무프로파일을 마련해야 한다.

이에 반해, 직무 공통 역량은 직무수행 과정에서 부문이나 부서에서 공통적으로 필요로 하는 역량이다. 직무 공통 역량은 모든 직무에 필요로 하는 상황 관리, 업무

관리, 관계(고객, 타 부서, 동료·부하·상사 등) 관리 등과 관련이 있다. 예컨대 현장지원부서의 직무 공통 역량은 현장 지원이라는 업무를 성공적으로 수행하기 위하여 공통적으로 필요한 업무 개선, 효과적 문서 작성, 체계적인 자원 관리, 분석적 사고 등이다. 이러한 직무 공통 역량은 직무프로파일로 확인할 수 없으므로, 별도 역량 모델링 작업을 거쳐서 도출해야 한다.

이러한 직무 공통 역량 설계 프로세스는 〈그림 3-13〉에서처럼 '(1) 직무 역량 모델링 그룹 분류 (2) 직무 역량 목록 구성 (3) 직무 역량 선정 설문조사 (4) 그룹별 직무 역량 검토·확정 (5) 직무 역량 모델링'의 순서로 진행한다.

〈그림 3-13〉 직무 공통 역량 모델링 프로세스[28]

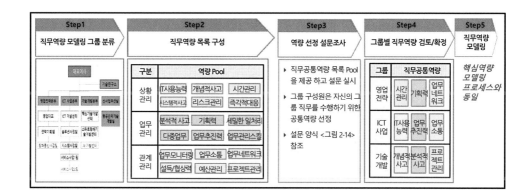

(1) 직무 역량 모델링 그룹 분류

직무 역량 모델링을 위한 첫 번째 단계는 조직에서 직무 역량을 공통으로 사용할 본부나 팀을 그룹으로 묶는 작업이다. 이때 직무 역량은 직무 공통 역량을 말한다. 이 작업은 직무 역량 중심으로 조직 단위로 묶는 작업이므로 회사 조직도를 펼쳐놓고 분류하면 용이하다. 그룹 분류 기준은 유사 직무 전문 역량을 사용하는 조직 단위인데, 이때 세밀한 분류보다는 대단위의 그룹으로 분류하는 것이 유리하다. 왜냐

---

28 시앤피컨설팅 내부 자료

하면 직무 역량 모델링을 대단위 그룹으로 분류해야 구성원들의 효율적인 교육훈련과 인재 양성, 개인 간 또는 부서 간 협력 분위기 조성 등에 유리한 환경을 조성할 수 있기 때문이다.

(2) 직무 역량 목록 구성

직무 역량에서 직무 전문 역량은 직무 전문성으로 조직의 과업마다 다르기 때문에, 그 도출 작업은 직무분석을 통한 직무프로파일 작성 등 전문적인 절차를 거쳐야 한다. 하지만, 직무 공통 역량 도출은 직무프로파일과는 별도로 역량 모델링 작업이 필요하고 이를 효율적으로 진행하기 위해서는 직무 역량 목록을 구성해야 한다. 기업의 대표적인 직무 역량 목록은 국가 직무능력 표준(NCS)에 있는 직업 기초능력이다. 여기에는 의사소통능력, 자원관리능력, 문제해결능력 등 10개 역량과 34개 하위 역량으로 구성되어 있다. 또한 직무 역량 목록 구성에는 <그림 3-14>에 있는 18개 항목도 필자가 컨설팅할 때 직접 사용하는 역량이므로 도움이 될 수 있다. 그래서 52개 역량을 활용하여 직무 전문 역량, 인재상, 핵심 전략 등을 고려하여 20개 내외로 선택하여 직무 역량 목록을 구성하면 된다.

(3) 역량 선정 설문조사

직무 공통 역량 도출도 인터뷰나 워크숍 등 여러 가지 방법을 사용할 수 있으나, 가장 효율적인 방법은 <그림 3-14>처럼 직무 공통 역량 목록을 마련하여 설문조사를 하는 것이다. 직무 공통 역량 선정을 설문조사로 진행할 경우, 설문 대상자 선정에는 두 가지 방법이 있다. 첫째 방법은 설문 대상자를 부서장급 이상으로 하는 것이다. 이들은 각 부서의 책임자이기도 하지만, 대부분 부서에서 직무 역량이 가장 뛰어난 직무 전문가들이기 때문에 이들의 설문 결과가 가장 타당도가 높다고 볼 수 있다. 그다음 방법이 그룹 전체 직원들을 대상으로 설문하는 방법이다. 이는 벤처기업이나 신생 기업 또는 신임 부서장이 부임한 경우에 적당하다. 그래서 조직에서 설문 대상자를 선정하는 방법은 첫 번째 방법을 원칙으로 하고, 신임 부서장이거나 신설 부서 등 부서 사정에 고려하여 두 번째 방법을 보완하여 사용하면 될 것이다.

〈그림 3-14〉 직무 역량(공통) 설문조사(예시)[29]

부서		직책	본부장 / 팀장 / 팀원	성명	

※ 응답 방법
- 직무공통역량은 해당 부서의 직무를 성공적으로 수행하기 위해 공통적으로 필요한 능력과 기술의 조합을 의미하며, 이는 조직 내에서 특정 직무의 목표를 달성하고 업무를 효율적으로 수행하는 데 필요합니다.
- 자신의 직무수행에 공통적으로 필요한 역량을 아래 역량 목록에서 4개를 선택하여 "O"표 하세요.

역량	정의	선택	역량	정의	선택
IT활용능력	기본 업무성과를 향상시키기 위하여 각종 S/W(인터넷, 컴퓨터 등)를 효과적으로 사용하는 역량		업무 관리 스킬	프로젝트 및 업무수행 프로세스와 진척도를 주기적으로 확인, 점검, 기록하며 효율적인 업무수행과 더 나은 성과를 유도하는 역량	
개념적 사고	명확하지 않은 상황의 패턴을 인식하거나 복잡한 상황을 개념적으로 단순화하여 이해할 수 있으며, 복잡한 상황 속에서 숨겨져 있는 핵심 이슈를 파악하는 역량		업무네트워크 형성	원활한 업무수행을 위해 다양한 정보나 자원을 제공해 줄 수 있는 대내외 관계를 구축 및 유지하는 역량	
기획력	업무 추진 타당성 및 목표를 설정하고 자료 수집 및 분석을 통해 세부적인 실행 전략과 업무수행계획을 수립하는 역량		업무추진력	목표 달성의 의지를 가지고 효과적인 업무 추진을 위한 최적의 환경을 조성, 유지, 관리함으로써 일을 계획과 기준에 따라 추진하는 역량	
다중적 업무 수행 능력	다양한 업무를 동시에 수행하면서 내/외부 고객 만족도를 향상시키는 능력		예산관리	조직내 비용 흐름을 이해하고, 과제 혹은 업무 수행이 조직의 예산편성이나 재무에 어떤 영향을 주는지 파악하고 관리하는 역량	
리스크 관리	조직 내외부에 발생 가능한 위협 요인을 신속히 파악하고 이에 대처하는 역량		즉각적 대응	돌발적인 문제 발생 또는 위기상황 시 침착하면서도 신속하게 대처방안을 마련하여 해결하는 역량	
법규이해 활용	업무수행에 필요한 법률적인 지식을 이해하고 제반 법적인 요건을 파악하여 업무에 정확하게 적용하는 역량		프로젝트 관리 스킬	프로젝트의 범위와 산출물을 명확히 정의하고, 이를 효율적으로 수행하기 위한 프로세스를 설계하고 자원을 배분하여 효과적으로 실행하는 역량	
설득/협상력	계획하는 바의 달성을 위해 내외부 이해관계자를 설득하여 쌍방이 만족할 수 있는 방향으로 합의를 도출하는 역량		환경변화 예측력	조직 및 사업영역을 둘러싼 정책 및 현장환경의 다양한 변화를 신속하게 파악하고 정보를 조사 수집하여 업무에 미치는 영향력을 고려하여 미리 대비하는 역량	
세밀한 일처리	업무 결과에 영향을 미치는 부분들을 반드시 확인하고 수차례 점검하여 업무상 오류를 최소화하는 역량		기타 (추가역량기재)		
시간관리	과제의 중요성과 시급성을 고려하여 계획성 있게 업무를 나누고 시간을 배분하여 관리하는 역량				
시스템적 사고	주어진 정보를 세부적으로 분석하고 구조화하여 각각의 연관성이나 전반의 흐름을 파악하는 역량				

(4) · (5) 그룹별 직무 역량 검토 및 확정 그리고 직무 역량 모델링

직무 역량의 선정 검토 단계는 핵심 역량과 동일하게 T/F팀이나 인사부서에서 진행한다. 그리고 검토 결과에 대해서 경영층의 의견을 반영하여 그룹별로 확정한다. 확정된 직무 역량에 대한 역량 모델링을 위해 역량 정의와 키워드 도출 및 행동지표 산출은 핵심 역량 모델링 프로세스와 동일하다.

---

29 시앤피컨설팅 내부 자료

목표 수행은
리더십 역량에 비례

01.
중소기업,
목표는 멀고 지시는 가깝다

전략적 인사평가 시스템은 조직의 전략 실행과 성과 향상을 목적으로 하고, 그 성과 향상의 본령은 목표 수행이다. 조직에서 어떠한 방식으로 목표를 수행하느냐가 전략 실행과 목표 달성 여부를 결정한다. 목표 수행의 가장 바람직한 모습은, 리더들은 구성원들이 목표 수행에 매진하도록 동기부여 및 문제점을 해결해 주고 구성원들은 목표에서 설정한 일정대로 차질 없이 수행하고 부족한 역량은 계발해나가는 것이다. 그리고 회사는 이러한 목표 수행 시스템이 잘 작동되도록 조직 운영의 중심에 목표 수행을 두고, 주간 업무회의나 월간 업무회의 등 경영회의는 목표 진척 사항, 수행 과정에서 발생하는 문제점이나 애로 사항 등을 논의하고 해결하는 자리가 되도록 하는 것이다.

하지만 대부분 중소기업의 목표 수행은 이렇게 진행되지 않는다. 중소기업의 업무 수행은 연초에 설정한 목표보다 CEO의 지시 사항을 우선 이행해야 하다 보니 업무의 우선순위가 목표보다는 상황에 의해 결정되는 경향이 크다. 즉, 중소기업의 업무 환경은 목표 수행과 그리 친하지 않다. 그러다 보니 구성원들은 자신이 당초 설정한 목표 내용을 이행하겠다는 열정과 동기는 사그라들고, 성과 측정 등 평가 결과에 대한 신뢰도와 수용성도 떨어지게 된다. 이는 중소기업 구성원들의 잦은 이직과 전문성 부족 등 취약한 인력풀과 급변하는 경영환경에도 영향이 있지만, 목표 중심의 업무수행 경험이나 코칭 등의 리더십 역량 부족에 기인하는 측면도 크다.

그래서 중소기업은 연초에 수립한 목표가 이행될 수 있도록 하는, CEO를 포함한 리더십 역량 확대가 시급하다. 리더들은 조직 운영의 중심에 목표관리 시스템을 놓고, 구성원들이 자기 주도적으로 목표를 수행하도록 동기부여하고 그리고 목표를 달성할 수 있는 효과적인 업무 환경을 조성해주어야 한다. 조직은 리더들의 이러한 목표관리 활동을 원활히 할 수 있도록 목표 추적관리, 피드백 제공, 성공적인 목표 달성 사례나 경험 공유, 그리고 효과적인 목표 수행 도구 등 영감을 주고 리더십을 배양할 수 있는 제도나 자원에 대한 지원을 아끼지 말아야 한다.

중소기업에서 리더십을 배양하고 효과적인 목표 수행을 위해 참고할 만한 제도에는 상황적 리더십 이론, 성과 코칭, MBO(목표관리제도) 또는 OKR(목표 및 핵심 결과 지표) 등이 있다. 리더는 이러한 제도들을 활용하여 구성원들의 성공적인 목표 수행을 지원하고, 구성원들은 목표 수행에 대한 애로 사항이나 특이 사항에 대해 리더에게 코칭과 피드백을 적극 요청할 수 있다. 이러한 과정에서 리더들은 목표관리 역량을 배양할 수 있고, 구성원들은 동기부여가 되어 조직의 목표 달성과 성과 향상을 이루어낸다.

02.
상황적 리더십이
목표 수행에 중요

한때 세계 최고 기업으로 명성이 높았던 노키아와 코닥, 모토롤라와 같은 기업들이 한순간에 몰락했다. 이들 기업이 몰락한 이유는 구성원들의 나태함이나 노력 부족 때문이 아니었다. 오히려 이들 기업은 구성원들에게 높은 인센티브라는 당근과 채찍을 사용하여 그야말로 밤낮없이 달리게 했다. 그럼에도 왜 이들 기업이 몰락했을까? 경영 사상가인 짐 콜린스는『위대한 기업은 다 어디로 갔을까』라는 책에서 세계 최고 기업들이 몰락하는 이유는 리더십 부재 또는 실패 때문이라고 분석하고 있다.

이는 목표 수행과 무관하지 않다. 리더들은 업무를 무조건 열심히 시키는 것이 아니라, 목표를 수행하는 과정에서 이정표를 확인하고 팀원을 점검하면서 스마트하게 일하도록 해야 한다.[30] 말하자면, 지리산으로 가기로 했으면 가는 도중에 혹시 설악산으로 가고 있는 것은 아닌지 점검하고 동기부여를 해가며 달려가야 한다는 것이다. 열심히 달려갔는데 도착해보니 지리산이 아니고 설악산이었다면 얼마나 억울하겠는가. 이러한 현상이 노키아나 코닥 등 세계 최고의 기업들에서도 발생한다고 하니, 하물며 그렇지 못한 기업들에서는 일러 무삼하리오!

---

30 정학용,『손에 잡히는 교대근무제와 유연근무제』북랩, 2020

〈그림 4-1〉 Hersey와 Blanchard의 상황적 리더십 스타일

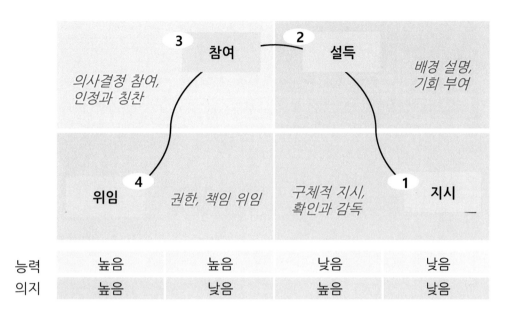

능력	높음	높음	낮음	낮음
의지	높음	낮음	높음	낮음

　그러면 어떻게 하면 스마트하게 목표 수행을 할 수 있을까? Hersey와 Blanchard의 상황적 리더십 이론에서 이 질문에 대한 답을 찾을 수 있다. 이 이론에 의하면, 〈그림 4-1〉에서 보는 것처럼 목표 수행에서 가장 뛰어난 유일한 방법이 별도로 있는 것이 아니라 직원의 여건에 따라 달라야 한다는 것이다. 그것은 직원이 목표를 수행하는 능력과 의지의 보유 관점에서 4가지 유형이 있고, 그 관리 방법도 유형에 따라 다음과 같이 달라야 한다는 것이다.

① **지시형**이다. 직원의 능력과 의욕 모두 부족할 때 목표를 수행하게 하는 방법이 지시형이다. 지시형은 리더가 목표 수행에 대해 언제, 무엇을, 어떻게 할 것인지를 구체적으로 지시하고 이행 상황에 대해 일일이 확인하고 감독하는 방식이다. 직원의 목표 수행 과정에서 상세하고 구체적인 관리가 이루어져야 목표가 차질 없이 수행될 수 있다.

② **설득형** 목표 수행 방법이다. 직원의 능력은 다소 떨어지지만, 의지는 높을 때 적당하다. 설득형은 리더가 목표 수행 이정표를 정하고 이에 대해 직원에게 충분히 설명하고, 부족한 역량은 습득하도록 지원하거나 지침을 제공한다. 직원

이 목표 수행의 과정을 이해하고 필요한 사항에 대한 지원이 이루어지고 나면, 그다음은 자기 주도적으로 목표 달성을 이루어낸다.

③ **참여형**이다. 역량은 있으나 업무 의욕이 부족한 직원에게 적당한 방법이다. 참여형은 직원과 함께 목표 수행 이정표를 설정하면, 그 수행 과정을 일임하고 결과에 대해서만 점검하면서 목표를 수행해나가는 것이다. 특히 참여형에서는 직원에게 목표 수행 과정에서 발생하는 성과에 대한 인정과 칭찬 등 동기부여가 중요하다.

④ **위임형** 목표 수행 방법이다. 이 방법은 역량과 업무 의욕이 모두 뛰어난 직원에게 모든 것을 믿고 맡기는 것이다. 위임형은 직원이 모든 것에 대해 스스로 이정표를 만들어 스스로 책임하에 업무를 추진하고, 그 결과에 대해서도 스스로 책임지게 하여 목표 달성을 이루어낸다.

상황적 리더십 이론은 목표 수행 과정에서 스마트한 리더십 발휘가 중요하다는 것을 알려주고 있다. 리더십에 왕도가 없듯이 목표 수행에도 왕도가 없다. 조직의 상황이나 직원의 여건에 맞추어 목표 수행을 스마트하게 하는 것이 목표를 달성하는 비결이다.

03.
코칭의 핵심은 질문과 경청

구성원의 목표 수행을 돕고 지원하는 것은 리더의 가장 중요한 역할이다. 앞서 상황적 리더십 이론에서 보았듯이, 리더가 조직 구성원들에게 어떤 리더십을 보이느냐에 따라 구성원들의 목표 수행이나 성과 수준이 달라진다. 마치 축구 경기에서 감독의 좋은 리더십이 없으면 승리하기 힘들듯, 목표 수행에서도 리더의 좋은 리더십이 없으면 목표를 달성하기 힘들다. 이에 대한 좋은 사례가 2023 아시아축구연맹(AFC) 카타르 아시안컵에서 위르겐 클린스만 국가대표팀 감독이 보여준 리더십이다. 당시 국가대표팀은 손흥민, 황희찬, 김민재, 이강인 등 역대 최고의 스쿼드를 갖추었고 이번 아시안컵에서 우승을 장담했다. 하지만 막상 경기가 진행되자, 대표팀은 한 수 아래 상대와 매 경기 졸전을 펼쳤고 그 결과 4강에서 무너졌다. 이러한 결과는 클린스만 감독의 전술적 역량 부족, 선수단 관리 실패, 코칭 등 부족한 리더십 때문이었다. 이처럼 목표 달성에는 리더십이 중요한 요소임을 알 수 있다. 이때 리더가 좋은 리더십을 보여주는 방법이 코칭이다.

코칭이란 평소 대상자를 유심히 관찰(모니터링)하여, 적절한 질문을 통하여 스스로 해결 방법을 찾아내도록 하는 방법이다. 코칭의 힘은 상대방에게 문제를 해결할 수 있는 역량이 있다는 것을 환기시키고 상대의 잠재 에너지를 이끌어내는 데 있다. 특히 성과 코칭은 성과 목표를 성취할 수 있도록 자신감과 열정을 충만하게 하고, 능력과 잠재 역량을 최대한 발휘하게 한다. 성과 코칭에서는 전략 목표 달성과 성과에 대한 책임을 강화하는 것이 코칭 포인트이고 여기에는 개인의 목표 달성, 구성원 간 협력관계 구축, 구성원의 역량 향상도 포함한다. 그런데 카타르 아시안컵에서 클린스만 감독은 대표팀을 방임하여 승리를 위한 맞춤 전술 구사나 팀워크를 위한 협력관계 구축, 맞춤 역량 강화 등 성과 코칭이 전혀 이루어지지 않았음이 밝혀졌다.

성과 코칭은 목표 달성과 구성원 역량 개발과 성장을 지향한다. 따라서 성과 코칭을 할 때는 구성원 개개인의 독특한 경험, 가치관, 성격 등을 고려하여 개인별 맞춤형으로 접근해야 하는 것은 당연하다. 이를 위해서 활용할 수 있는 기법은 〈그림 4-2〉에서 보는 것처럼 GROW 기법, 직무프로파일 활용 및 결재 제도 활용 등이다. GROW 기법은 일반적인 코칭 기법이나 목표 수행의 장애물 극복이나 업무 추진 등에도 유용하고, 직무프로파일 활용 방법은 현안 문제해결과 업무 추진에, 그리고 결재 제도 활용은 업무 추진과 변화·혁신 활동에 활용하면 효과적이다.

<그림 4-2> 성과 코칭 기법 및 효과적 활용

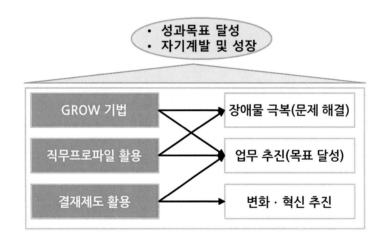

1) GROW 기법

성과 코칭의 과정이 일반 대화와 다른 점은, 코칭의 대화는 구조적으로 진행된다는 점이다. 성과 코칭은 목표 수행 과정의 모니터링을 바탕으로 질문, 대답 그리고 경청, 질문, 대답 식으로 순환하면서 인정이나 축하 멘트를 대화 사이사이에 활용한다. 이러한 구조적 기법으로 성과 코칭을 진행할 때 가장 일반적으로 활용하는 것이 GROW(Goal, Reality, Option, Will) 기법이다. 성과 코칭을 할 때는 〈그림 4-3〉에서 보는 것처럼 'Goal → Reality → Option → Will'의 순서대로 하는 것이 가장 효과적이며, 각 단계별로 활용할 수 있는 질문 내용은 다음과 같다.

(1) Goal: 코칭에서 해결하고자 하는 과제를 확인한다

- 이번 코칭을 통해서 무엇을 얻고 싶습니까?
- 이번 코칭을 마쳤을 때, 어떤 성과를 얻고 싶습니까?
- ★ 이번 분기 매출액 목표가 얼마죠? [→ 100억입니다.]

(2) Reality: 코칭 과제에 대한 현재 상황의 실태를 파악한다

- 현재 프로젝트 성공 가능성은 얼마로 보세요?
- 예상되는 장애물은 무엇입니까?
- ★ 현재 50억 달성했는데, 장애물이 무엇입니까? [→ 고객의 주요 니즈를 읽지 못했습니다.]

(3) Option: 현재 장애물에 대해 가능한 대안을 파악한다

- 그런 장애물을 극복하고 혁신을 달성할 수 있는 방법은 무엇입니까?
- 그중에 한 가지를 선택한다면 무엇입니까?
- ★ 고객 니즈를 읽지 못했다면, 고객 니즈를 읽으려면 어떻게 해야 하죠? [→ 고객을 대상으로 설문조사를 하겠습니다.]

(4) Will: 그 대안을 실행하기 위한 실천계획을 수립한다

- 실행을 위한 첫 행동은 무엇이 될까요?
- 언제부터 어떻게 시작하겠습니까?
★ 고객 설문 실행을 위해 무엇을 먼저 해야 할까요? [→ 우선 설문지를 다음 주까지 만들겠습니다.]

GROW 코칭의 핵심요소는 〈그림 4-3〉에서 보는 것처럼 경청이다. 경청은 질문을 통하여 상대방에게 말을 하게 하고, 그 말을 귀 기울여 듣고 상대가 왜 그렇게 생각하는지 또는 상대방의 의도를 알아내는 과정이다. 그래야 상대방의 속마음과 동기를 알게 되고 제대로 된 코칭을 할 수 있기 때문이다. 이렇게 해야 상대방은 공감을 하면서 자발적인 협력을 아끼지 않게 된다.

〈그림 4-3〉 GROW 기법 코칭과 권위적(지시 명령적) 코칭

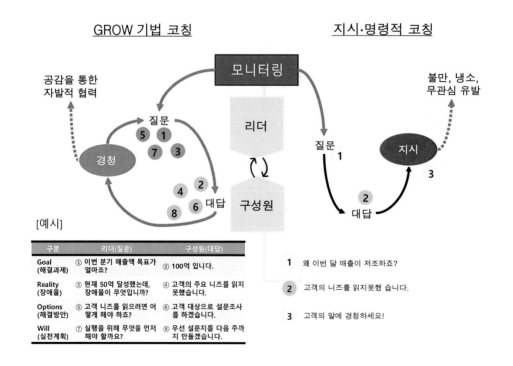

반면 지시·명령적 코칭에는 경청이 없고, 리더는 굳이 팀원의 이야기를 듣지 않아도 답을 안다. 팀원은 그냥 지시에 따르기만 하면 된다. 이런 식으로 업무가 진행되면, 팀원은 리더와 생각이 다를 경우 불만을 가지게 되고, 결국에는 무관심하게 되고 냉소적으로 변한다. 이러한 조직문화에서는 팀원의 창의력이나 아이디어 도출은 고사하고, 리더가 없거나 지시를 하지 않으면 복지부동하게 된다.

그래서 글로벌 기업 리더십 교육은 대부분 코칭 능력 배양에 초점을 두고 있다. 현대 경영학의 아버지로 불리는 피터 드러커도 최고의 커뮤니케이션 능력은 경청이라고 했다. 일본에서 경영의 신으로 불렸던 마쓰시타 고노스케는 초등학교도 제대로 나오지 못한 단점을 극복하기 위하여 어떤 사람이 무슨 말을 해도 주의 깊게 경청한 덕에 일본 최고 경영자의 반열에 오를 수 있었다.

목표 수행 과정에서 별도의 코칭 시간이나 단계가 있는 것은 아니다. 목표 면담 과정이나 새로운 목표를 수행할 때, 또는 목표 수행 과정에서 장애물을 맞닥뜨리는 등 리더십 발휘가 필요할 때는 GROW 코칭 기업이 효과적이다. 코칭 과정에서 중요한 것은 리더의 오픈 마인드다. 리더는 더 깊은 이해를 위해 구성원들의 업무수행 방법이나 애로 사항에 대해 얻을 수 있는 사실과 견해에 귀를 열어야 한다. 경청하고 토의해야 한다. 이러한 경청 프로세스를 통하여 구성원들은 업무 역량을 향상시키고, 더 높은 성과를 성취하게 된다.

2) 직무프로파일을 활용한 코칭

우리가 목표 수행을 할 때, 수행 대상은 목표이지만 목표의 속성은 직무 또는 과업이다. 목표를 수행한다는 말은 직무과 과업 활동을 한다는 말과 다르지 않다. 직무 또는 과업 활동의 내용이나 역할과 책임, 그리고 전문 역량 향상에 필요한 요건을 기술한 것이 직무프로파일이다. 경영 활동에서 직무프로파일은 코칭뿐만 아니라 목표 수립, 조직설계, 채용관리, 인사평가, 임금관리, 교육훈련 등 광범위하게 활용되고 있다. 마치 축구 경기에서 공이 없으면 축구를 하지 못하듯이, 직무프로파일이 없으면 조직 경영을 제대로 할 수 없다.

직무프로파일이 중요한 이유의 비밀은 그 작성 과정에 있다. 직무프로파일은 아무나 작성하지 못한다. 직무프로파일은 조직의 직무나 과업에 대한 해박한 지식과 경험이 있어야 작성할 수 있다. 즉, 직무프로파일은 부서장이나 고성과자들만이 작성할 수 있고, 그 속에는 단순히 업무 프로세스가 나열된 것이 아니라 고성과자들의 업무 노하우가 녹아 있다. 그래서 직무프로파일만 제대로 공부하면 업무에 능통해질 수 있다. 비근한 예로, 산업현장에 가보면 많은 중소기업들이 대기업의 협력사로 활동하고 있다. 이때 중소기업의 부장이나 임원을 상대하는 대기업의 직원은 과장이거나 대리 수준이다. 어떻게 대기업의 과장이 중소기업의 임원들을 상대할 수 있을까? 그것은 대기업의 승진시험에는 직무 지식을 점검하는 항목이 있으므로, 직원들은 승진을 위해서 직무프로파일을 공부할 수밖에 없다. 그 결과 대기업은 주니어라고 해도 직무에 능통하게 되는 것이다.

직무프로파일이 코칭에 활용되는 요소는 직무 목표, 과업의 역할과 책임, KPI, 직무수행 요건 등이다. 직무프로파일을 활용한 성과 코칭 프로세스는 〈그림 4-4〉에서 보는 것처럼 수시 성과 모니터링으로부터 시작한다. 리더는 성과 목표 달성의 저조한 직무를 확인하고 그 직무에 대한 직무프로파일의 역할과 책임, KPI 및 직무수행 요건 등을 점검한다. 그리고 질문과 경청 중심으로 코칭 대화를 진행하고 팀원이 성과 목표를 달성하게끔 지원하는 것이다.

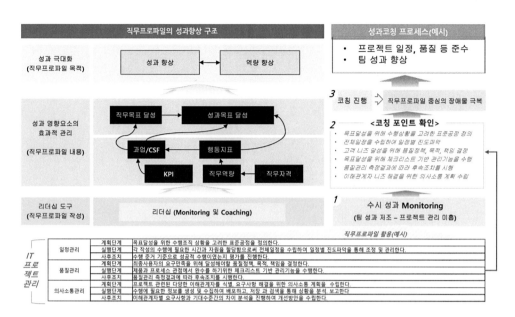

이렇게 직무프로파일을 활용한 성과 코칭의 핵심은, 직무프로파일을 통해서 코칭 포인트를 먼저 확인하는 것이다. 그래야 업무 담당자가 미처 생각하지 못한 다양한 관점의 해결책 제시가 가능하기 때문이다. 예컨대 최근 시스템SW엔지니어링팀은 소프트웨어 품질에 대한 고객사의 이의제기로 인하여 팀의 성과가 크게 하락하였다. 이에 대해 시스템SW엔지니어링팀의 팀장은 어떻게 효과적으로 코칭을 할 것인가? 우선, 팀장은 그 소프트웨어 담당자를 면담하기 전에 시스템SW엔지니어링 직무프로파일에서 소프트웨어 품질에 영향을 미칠 수 있는 요소들을 확인한다. 그리고 담당자와 코칭 면담을 진행하면서 〈그림 4-4〉에서처럼 '목표 달성을 위해 수행 상황을 고려한 표준공정 정의'는 했는지, '전체 일정을 수립하여 일정별 진도 파악'은 제대로 되었는지, '목표 달성을 위해 체크리스트 기반 관리 기능을 수행'했는지, '이해관계자 니즈 해결을 위한 의사소통 계획 수립'은 했는지 등 코칭 포인트를 확인하고, 만약 부족하거나 누락된 사항이 있으면 조치하도록 한다. 다만, 직무프로파일을 활용한 코칭 방법은 직무프로파일이 구축되어 있지 않은 중소기업에서는 활용할 수 없다는 한계가 있다. 따라서 직무프로파일이 없는 기업들은 우선 직무프로파일부터 구축해야 한다.

3) 결재 제도를 활용한 코칭

리더는 늘 바쁘다. 팀 성과를 관리하고, 고객을 만나고, 경영회의에 참석하고, 타 부서와 업무협의를 하는 등 시간에 쫓기며 생활한다. 이러한 활동 중에서 리더가 반드시 구성원을 대면해야 하는 시간이 있는데, 그것은 '결재 시간'이다. 요즘 온라인 결재 방식이 늘어나고 있지만, 대면 결재도 여전히 필요하다. 리더는 어떻게 하면 결재 시간을 효과적으로 활용하여 성과 코칭을 할 수 있을까?

팀의 성과를 좌우할 만큼 조직에서 중요한 의사결정은 결재 시간을 통해 이루어진다. 리더는 결재 시간을 통해 구성원에게 비전과 경영철학을 전달하고, 핵심 전략을 공유하며, 목표 수행 상황을 점검하고, 구성원의 역량이나 태도 그리고 장단점을 파악한다. 그래서 결재 시간은 MBO의 진척 사항이나 문제점, 애로 사항 등을 모니터링하거나 성과 코칭을 하기에 가장 알맞은 시간이다.

그러나 조직에서 이루어지는 결재 시간은 이러한 코칭 활동과 사뭇 다르게 진행된다. 결재 시간에는 부서장의 지시와 지적 등 권위적인 의사소통이 일어나는 자리이고 잘못을 질책하고 책임을 추궁하는 자리이지, 리더가 질문하고 경청하고 긍정적 피드백을 위한 코칭 자리가 아니다. 구성원은 하루 일과 중 권위적인 의사소통이 이루어지는 결재 시간만큼 피하고 싶은 시간도 없을 것이다. 이러한 결재 시간의 권위적 활용 방식은 마치 축구에서 결정적인 슛 찬스를 놓친 것처럼, 리더는 성과 향상과 구성원의 역량 개발을 위한 소중한 찬스를 놓친 것과 같다.

리더는 결재 시간의 소중한 기회를 놓치지 않으려면 코칭 중심으로 운영해야 한다. 리더는 결재 시간을 목표 달성이 가능해지고 자율과 도전, 참여가 이루어지고 팀원들의 역량 향상이 일어나는 자리로 만들어야 한다. 리더가 코칭 중심으로 결재 시간을 운영하는 방법은 의외로 간단하다. 그것은 다음 두 가지 사항을 질문하고 경청하여 피드백하는 것으로 충분하다. 이는 간단한 방법이지만 효과는 탁월하다.

첫째, 리더는 직원에게 결재 시간에 "이 보고서가 지난번 것과 비교할 때, 개선된 내용이 뭐지요?"라고 질문한다. 이것은 개선과 변화를 묻는 질문이다. 이 질문의 효과는 강력하다. 결재 시간에 늘 이 질문을 하게 되면, 조직 구성원들은 보고서를 올릴 때 업무의 변화와 개선을 생각하지 않을 수 없고 또한 역량 개발에 신경을 쓰지 않을 수 없게 된다. 이는 평소에도 변화와 혁신 중심의 사고가 형성되게 하고, 조직에는 변화와 혁신 문화가 싹트게 된다.

둘째, 리더는 직원에게 "권한이 주어진다면 무엇을 변화시키고 싶습니까?"라는 질문을 자주 한다. 이것은 존중하는 조직 분위기와 행복한 직장을 만들기 위한 질문이다. 좀더 구체적으로 "만족스러운 것이 무엇이죠?", "불만 사항은 무엇입니까?"라고 질문할 수도 있다. 그래서 구성원의 의견을 반영하여 불필요한 것은 없애주고 개선하는 모습을 보여준다. 그러면 조직 구성원들은 목표 달성을 위하여 참여와 도전, 헌신과 몰입으로 보답하게 된다.

리더는 결재 시간을 통하여 부서원과 대면하고 중요한 사항에 대해 의사결정을 한다. 이러한 귀중한 자리를, 리더는 추궁하고 부서원은 변명하기에 급급한 모습을 보이며 보내기는 너무 아깝다. 이제 리더는 결재 시간을 조직이 변화하고 성장·발전하는 기회로 활용해야 한다. 결재 시간은 코칭의 시간이 되어야 하고, 그래서 조직의 열정과 에너지를 결집시키는 시간이 되고, 누구에게나 유익한 시간이 되도록 해야 한다.

04.
MBO, 기업의 미래를 결정

목표관리의 핵심은 수립한 목표를 이행하여 성과를 창출하는 것이다. 성과 창출은 목표가 수립되었다고 자연스럽게 이루어지는 것이 아니라 체계적인 이행 활동을 필요로 한다. 성과 창출을 위해서 목표 수립이 반이라면, 나머지 절반은 목표 수행 활동이다. 목표 수행 활동에는 인력이나 예산 등 가용 자원의 효과적인 투입, 중간 점검 활동 및 피드백 등 체계적인 접근이 필요하다. 기업에서 목표 수행을 위해 가장 많이 활용하는 체계적인 접근 방법이 MBO(Management By Objectives, 목표에 의한 관리) 제도이다.

MBO 제도는 〈그림 4-5〉에서 보는 것처럼 리더와 팀원이 함께 협의하여 목표 내용, 측정 기준(KPI), 필요 행동을 설정하고, 팀원은 목표를 수행하며 리더는 이를 코칭 지원하고, 연말에 그 결과를 평가 및 피드백하는 시스템이다. MBO 제도의 핵심은 과정 관리에 있다. 마치 농부가 가을에 풍요로운 결실을 수확하려면 봄에 씨앗을 뿌리는 등 1년 내내 농작물을 관리해야 하듯이, 연말에 탁월한 성과를 거두려면 1년 내내 MBO 활동이 이루어져야 한다.

〈그림 4-5〉 Management By Objectives Process[31]

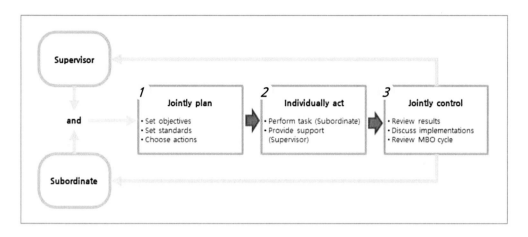

MBO 제도는 목표를 수립하고 이를 수행하고 그 결과를 평가하는 것으로, 그 개념은 단순하고 간단하다. 하지만 이를 사업장에서 실현하기는 생각처럼 쉽지 않다. 리더와 구성원 간 합의를 통해 목표 및 KPI를 정해야 하고, 리더들은 코칭과 피드백을 실시해야 하고 그리고 구성원들이 납득할 수 있는 평가 결과를 내놓아야 한다. 그리고 이러한 과정 관리가 1회가 아니라 주기적·지속적으로 연간 이루어져야 한다.

특히 중소기업은 전문 인력과 경험이 부족하고 경영환경이 수시로 바뀌기 때문에 MBO 제도를 구현하기가 여간 힘든 것이 아니다. MBO 제도 구축을 위해 구성원들과 인터뷰를 해보면, 매일 주어지는 일 처리도 버거운데 목표를 설정하고 KPI를 도출할 시간이 있으면 잠이나 푹 자겠다는 목멘 소리를 듣게 된다. 리더라고 다르지 않다. 리더들은 팀원 관리와 동시에 자신의 전문 업무도 수행해야 하는 상황이다. 그런 리더들에게 팀원들 성과 코칭하고 기록 관리하며 피드백 의무를 부여하는 것은, 마치 마라톤 풀코스를 완주한 사람에게 다시 등산하라고 떠미는 것만큼 내키지 않은 일이다. 중소기업에서 MBO를 제대로 운영하는 사업장을 찾기 힘든 현실이 이를 잘 말해주고 있다.

중소기업이 오늘의 현실이 힘들다고 유행가 가사처럼 '죽어도 오고야 마는 또 내

---

31 Mentor's note(https://www.mentorsnote.com)

일'을 피할 수 있는 것은 아니다. 하지만, 중소기업이 오늘만 살고 내일을 피하는 일은 간단하다. 내일의 목표를 만들지 않으면 된다. 중소기업에서 내일의 목표가 없다는 것은 방향성과 미래가 없다는 것이고 그때그때 주어지는 오늘만 살면 된다. 그렇다면 중소기업의 구성원들은 미래를 포기하기를 원할까. 인터뷰를 해보면 그렇지 않다. 그들 모두가 회사가 발전하고 성장하기를 바란다고 한결같이 이야기하고 있다. 그들도 자신들의 회사가 중소기업에서 중견기업으로, 더 나아가 대기업으로 발전하려면 목표관리가 필요하고 MBO 도입의 필요성을 이야기한다. 마치 '마음은 청춘인데, 몸이 말을 듣지 않는다'라고 하소연하고 있는 것 같다.

그렇다면, 중소기업을 '마음도 청춘, 몸도 청춘'으로 만들려면 어떻게 해야 할까? 즉 어떻게 하면 중소기업이 MBO제도를 운영하게 할 수 있을까? 그것은 중소기업들이 처한 현실을 고려하여 MBO 방식의 장점을 살리면서 간소하게 설계하는 것이다. 중소기업들이 MBO 방식을 손쉽게 활용할 수 있게끔 〈그림 4-5〉처럼 '목표 설정(Plan)-목표 수행(Act)-점검 및 평가(Control)'로 간소하게 리모델링하는 것이다.

여기서는 MBO 프로세스 중, 목표 수행과 중간 점검 중심으로 설계한다. 목표 설정은 앞서 PART 3의 목표 수립 부분에서 설계하였고, 점검 및 평가는 PART 5의 평가 운영 부분에서 다룰 예정이다.

1) 목표 수행

목표가 설정되었으면, 이제 목표를 수행해야 한다. 목표 수행을 위해서는 업무 내용과 추진 일정 등 목표 실행 방법을 설계해야 한다. 조직과 구성원이 목표를 달성하기 위해서는 무엇을, 어떻게, 언제까지 해야 하는가 등 구체적인 계획이 나와야 한다. 이러한 목표 수행 방법 설계에는 미국 뉴욕대 심리학과의 피터 골위치(Peter Gollwizer) 교수의 실행의도(Implementation Intention) 실험이 영감을 주고 있다.[32]

골위치 교수는 학생들에게 크리스마스 연휴가 시작되기 전에 두 개의 과제를 주었는데, 하나는 가족과 식사하기 같은 쉬운 과제였고 다른 하나는 갈등 상황에서의 조정처럼 어려운 과제였다. 그런 다음 학생들을 두 그룹으로 나누어 A그룹에게는 두 개의 과제에 대해 언제, 어디서, 어떻게 할 것인지를 구체적인 계획을 제출하도록 했고 B그룹에게는 구체적인 계획을 요구하지 않았다.

그 후 과제 실행 결과를 파악했을 때 A그룹이 B그룹보다 어려운 과제를 실행한 비율이 훨씬 높았다. A그룹의 66%가 어려운 과제를 수행한 반면, B그룹은 25%만 어려운 과제를 실행했다. 하지만 쉬운 과제에서는 두 그룹 모두 80% 이상의 실행을 보여 별 차이가 없었다. 이 실험으로부터, 목표를 설정할 때 '언제, 어떻게' 등 구체적인 실행계획(실행의도)을 동반할 때 목표 달성에 도움이 된다는 것을 알 수 있다.

따라서 목표 수행 방법을 설계할 때는 기한이나 방법 등을 구체적으로 작성할 필요가 있다. 이러한 방법이 '기한이 있는 PDS(Plan-Do-See)' 기법이다. 조직의 업무를 생산적, 효과적으로 추진하기 위해서는 체계적인 계획으로 진행해야 한다. 즉, 하나의 업무는 실행계획을 수립(Plan)하고, 그 계획에 따라 실행(Do)하고, 실행 결과에 대한 평가 및 피드백 등 마무리 작업(See)으로 추진되는데 이들 각각 단계에 대해 일정을 부여하는 것이 '기한이 있는 PDS' 기법이다. 이러한 '기한이 있는 PDS' 기법을 활용하면 목표 수행을 위한 '업무계획서(<그림 2-7> 참조)'를 단순하지만 효과적으로 작성할 수 있다.

예컨대 '1주 52h 초과자 Zero'라는 목표를 실행하기 위하여 '기한이 있는 PDS' 기법을 적용해보자(<그림 4-6> 참조).

① **Plan 단계**에서는 현황을 파악하고 문제점을 도출한다. 부서별 및 개인별로 근로시간 및 연장근로시간(OT, overtime)의 수준을 파악하고, OT 발생 원인을 부서별 개인별로 분석한다. 이를 1월 말까지 수행한다.

② **Do 단계**에서는 도출된 문제점에 대한 대응 방안을 설계하고 실행한다. 조직 특

---

[32] 유정식, 『착각하는 CEO』, 알에이치코리아, 2013

성에 적합한 유연근무제를 설계하고, 이를 직원들에게 설명하고 피드백을 받고 취업규칙을 개정하고, 설계된 유연근무제를 실행한다. 이를 3월 말까지 완료한다.

③ See 단계에서는 실행된 제도를 평가 점검하고, 발생된 문제점을 개선한다. 유연근무제 시행 이후에 부서별, 개인별 OT 수준을 점검하고 OT 지속 발생 부서에는 인력 채용을 추진한다. 이를 7월 말까지 수행한다.

〈그림 4-6〉기한이 있는 PDS 적용(1주 52h 초과자 Zero 사례)

구분	업무 내용	추진 일정
Plan	• 부서별 개인별 OT 수준 파악 • OT 발생원인 분석	1월 말
Do	• 유연근무제 설계, 직원설명회 개최 • 취업규칙 개정 및 유연근무제 시행	3월 말
See	• 부서별 개인별 OT 점검 • OT 지속발생 부서 인력 채용 추진	4월~7월 말

조직은 이렇게 목표 수행 계획을 수립하고 일정별로 추진한다. 구성원들은 각자가 담당하는 업무들의 목표를 달성하기 위해서 노력하고, 리더들은 구성원들이 자신들의 역량을 발휘할 수 있도록 장애물을 제거해주는 등 코칭하고 동기부여를 한다.

2) 중간 점검

MBO의 점검은 중간 점검(또는 수시 점검) 및 최종 점검이 있다. 통상 최종 점검은 반드시 해야 하는 평가 절차이기 때문에 계획대로 진행하지만, 중간 점검은 코칭 절차이고 그 결과가 눈에 띄지 않으므로 바쁘다는 핑계로 그냥 지나치고 연말에 최종 점검으로 대신하는 경향이 크다. 마치 모로 가도 서울만 가면 된다고 생각하는 듯하다. 하지만, MBO 제도에서 중간 점검을 생략하고 결과를 내면 평가의 공정성을 해칠 우려가 크다. 중간 점검은 목표 수행과 인사평가 절차에서 중요한 의미를 지니므로 이를 빠뜨려서는 안 된다. 중간 점검을 반드시 해야 하는 이유는 다음과 같다.

① 현재의 목표 달성 현황과 당초 목표와의 차이를 분석하고 성과 향상 방안을 모색한다.
② 급격한 외부 환경 또는 내부 조직 환경 변화를 반영하여 공식적으로 목표를 수정할 수 있다.
③ 주기적인 역량 점검 및 관리를 통한 역량 향상을 도모할 수 있다.
④ 향후 인사평가 결과의 수용성을 강화시킨다.

첫째, 중간 점검은 목표 달성 현황과 성과 향상 방안을 모색한다. 중간 면담의 가장 큰 목적은 연초에 설정한 목표의 진행 사항 점검이며, 만약 부진 사항이나 문제점이 있다면 이를 확인하고 극복 방안을 마련하고 목표 달성의 의지를 다지는 것이다. 이때 팀장은 팀원이 보여준 강점을 강조하고 이를 더 많이 사용하도록 격려하고 동기부여하는 것이 중요하다. 중간 점검 때 부족한 부분을 꼬집고 성과를 비판하는 것보다 칭찬과 인정·격려가 성과 향상과 개인의 전문 역량 향상에 더욱 도움이 된다고 한다.[33]

둘째, 중간 점검을 꼭 해야 하는 이유는 목표 수정에 있다. 중소기업은 대기업의 협력업체인 경우가 많은데 원청사(대기업)의 다양한 요구는 목표 수정의 원인이 된다. 조직에서 급격한 외부 환경 또는 내부 조직 환경 변화를 반영하여 연초에 세운 목표를 수정하지 않는다면, 사업장의 MBO 제도는 형해화되어 설 자리를 잃게 된다. 예컨대 당초 해외 시장 진출 목표가 중국이었으나 중도에 인도 진출로 바뀌었다면, 회사의 전략 목표에서 개인 목표까지 연계된 모든 목표를 인도 시장 진출로 수정해야 한다. 이때 중간 점검을 통해 개인 목표를 바꾸는 조치를 하지 않는다면, 사업장의 MBO 제도는 더 이상 역할을 할 수 없게 된다. 따라서 전략 목표 변경이나 조직개편, 내부 일정 지연 등의 사유가 발생하면 중간 점검 기간에 이를 반영하여

---

33 딕 그로테(여민수 옮김), 『성과평가란 무엇인가』, 빅슨북스, 2009

목표 수정 조치를 해야 한다.

셋째, 중간 점검은 팀원의 역량 향상을 지원한다. 중간 면담 과정은 코칭 형식이 되어야 한다. 팀장은 구성원들의 업무수행 방법이나 애로 사항에 대해 귀를 열고 경청하고 토의한다. 팀장은 전략 목표를 달성하는 과정에서 도전 및 실패와 마주하게 되는 팀원에게 새로운 아이디어 시도나 새로운 접근 방식을 코칭함으로써 학습의 기회를 제공한다. 이러한 과정에서 팀원은 자기 계발 경험과 기회를 제공받음으로써 학습하고 성장하게 된다.

넷째, 중간 점검은 연말 인사평가의 수용성을 강화하는 데 중요한 역할을 한다. 구성원들은 자신의 성과에 대해 아무런 피드백이 없으면 자신은 보통 이상으로 업무를 수행하고 있다고 생각한다. 이런 상황에서 연말 인사평가에서 '미흡'으로 평가하여 피드백하면 구성원은 이를 수용하지 않고 반발하게 되고, 급기야 평가 제도를 비판하고 신뢰하지 않게 된다. 중간 점검의 누락은 목표 달성뿐만 아니라 인사평가 제도의 수용성에 치명상을 입히게 된다. 따라서 리더는 구성원의 업무 성과에 대해 정기적으로 또는 수시로 점검하여 면담하고 공과를 피드백해야 한다.

이러한 중간 점검은 리더와 팀원 간의 면담 형식으로 진행된다. 중간 점검의 시기는 목표 수립 후 6개월 이내가 적정하고, 소요 시간은 인당 1시간 수준으로 진행한다. 팀원은 중간 면담을 위하여 목표별 실적, 부진 사유, 개선 방향을 중간 면담 계획서에 작성하여 사전에 팀장에게 제출한다. 팀장은 여기에 평소 모니터링한 내용을 부가하여 중간 면담 준비를 한다.

중간 면담은 리더가 중간 면담 일정을 공지하는 것으로부터 시작한다. 그러면 팀원들은 연초에 설정한 본인 목표 설정 내용 대비 실적 자료 집계하고, 부진 요인, 특이 요인, 요청 사항 등으로 면담 준비한다. 중간 면담 프로세스는 〈그림 4-7〉에서 보는 것처럼 구성원이 자신의 목표 항목들의 진척 사항을 설명하는 것으로 시작하여 부진 요인이나 특이 사항 등을 설명하고, 이에 대해 리더는 그동안 모니터링 내용과 중간 점검을 위해 준비한 사항을 피드백한다. 그리고 그동안의 실적과 부진 요인 등과 개선 방향, 리더의 지원 사항, 목표 수정 필요성 등을 논의하고, 중간 면담 결과를 기록하여 보관하고, 한 부는 인사부서에도 전달한다.

| **1** 피평가자는 목표 내용 대비 진척 사항 및 기타 요인(부진, 특이, 요청 사항 등)에 대해 설명 | **2** 평가자는 피평가자 설명 내용에 대한 본인 의견 및 중간 점검을 위해 준비한 내용을 설명 | **3** 피평가자가 제기한 부진요인, 특이요인, 요청 사항 등에 대해 토의하고, 필요 시 부서장 지원 사항 확인 | **4** 내/외부 환경 변화에 따라 목표 달성이 현실적으로 어려운 경우, 합의에 의해 목표 수정 | **5** 면담 내용 종합 확인 후 중간면담 내용을 기록하여 관리 |

---

34 고용노동부, 공정인사평가모델, 2016

05.
간소한 OKR 제도 설계의 비결은
직무프로파일

요즘 기업에서는 OKR(Objectives Key Results) 제도에 대한 관심이 높다. 구글, 아마존, 페이스북 등 글로벌 기업에서 목표관리를 OKR로 하고 있으니 이들 기업의 성공의 비밀이 OKR에 있는 것으로 착각할 정도이다. 중소기업은 그동안 MBO 방식 도입을 차일피일 미루고 있던 차에 이보다 더 강력한 OKR 제도가 유행하니 이참에 목표관리를 OKR 제도로 갈아타보겠다는 생각이다. 하지만 이것은 마치 100미터 달리기 선수가 우승 상금이 높다고 바로 마라톤 선수로 변신하겠다는 것처럼 위험한 일이다. OKR의 탄생 배경을 보면 그 이유를 쉽게 확인할 수 있다.

OKR은 인텔의 전 CEO 앤디 그로브(Andrew Grove)가 피터 드러커의 MBO 제도를 인텔의 환경에 맞게 수정(iMBO)하여 사용한 것을 존 도어(John Doerr)가 구글에 적용시켜 유명해지게 되었다. 다시 말하면 OKR의 모태는 MBO이고, 목표 중심으로 조직관리가 이루어진다는 점에서 두 제도는 동일하다. 그래서 MBO를 경험한 기업에서는 OKR에 대한 이해도 쉽고 OKR로의 전환도 용이하다. 하지만 MBO 제도조차 도입하기에 버거운 중소기업이 바로 OKR을 도입하여 성공적으로 목표관리를 한다는 것은 쉽지 않다. 이것은 마치 자전거만 운전할 수 있는 실력으로 자가용을 운전하겠다는 것만큼 무모하다. 왜냐하면 연간목표(MBO)를 관리하기도 힘든데, OKR은 분기별로 목표를 세워 관리해야 하기 때문이다. 그래서 중소기업에서 OKR을 도입하려면 많은 준비가 필요하고 시행착오를 감당할 인내심도 있어야 한다.

OKR은 Objective(목표)와 Key Results(핵심 결과)의 합성어로써, 조직의 전략 목표(Objective)와 그 성과(KR)를 분기별로 관리하는 성과 창출 시스템이다. 팀원의 목표는 도전적(60~70% 달성이면 잘함)으로 분기 단위로 작성하고, 그 목표는 철저하게 회사 전략 목표에 맞추어 정렬시킨다(회사 목표 → 팀 목표 → 나의 목표). 이를 통해 조직 전체 구성원의 관심과 에너지를 특정 목표에 집중하도록 하는 것이 OKR의 가장 큰 특징이다.

핵심 결과(Key Results)는 목표 측정 지표로서 정량적으로 작성되어야 한다는 점에서 KPI처럼 결과 지향적이다. 예컨대 전략 목표를 'A제품의 품질을 국내 최고 수준으로 확보'로 잡았다면, Key Results는 '전년 대비 매출액 획기적 증가(정성적 지표)' 또는 '품질 홍보 5회 실시(과정 지표)'보다는 '전년 대비 매출액 30% 증대(결과 지표)'가 바람직하다는 것이다.

이러한 OKR 제도의 성공 여부는 〈그림 4-8〉에서 보는 것처럼 CFR(Coversation, Feedback, Recognition)의 활성화에 달려 있다. 소통(Coversation)은 목표 수립 때부터 리더와 구성원 간의 목표에 대한 공감 등 소통이 필요하다. 그리고 매주, 매월, 매 분기마다 구성원의 핵심 결과를 리뷰한 후 피드백(Feedback)해주고, OKR 성취에 대한 구성원들의 열정이 식지 않도록 작은 성취도 인정(Recognition)하고 공유하면서 동기부여를 해야 한다. MBO의 성과 추진 동력이 코칭이라면, OKR의 성공 열쇠는 CFR의 활성에 있다.

<그림 4-8> OKR 작동 모델[35]

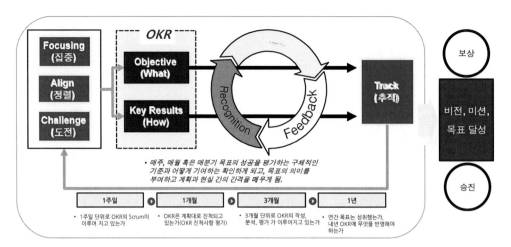

OKR을 도입하면 목표를 달성할 수밖에 없는 특징은 바로 추적(track)에 있다. OKR의 1 Cycle은 분기인데, 이를 세분하여 월 단위로 리뷰하고 또 주 단위로 추적하기 때문에 결과적으로 OKR이 실행될 수밖에 없는 구조이다. 예컨대 이번 분기 OKR을 '인도 시장 개척하기'로 잡았다면, 월요일에는 이번 주에 '무엇을 할 건지'를 말하고 금요일에는 '그래서 무엇을 했다'를 말하는 것이다. 이러한 Cycle이 월 단위로 계속 이어지고, 1분기까지 계속 같은 주제로 리뷰하기 때문에 하기 싫어도 할 수밖에 없는 환경을 만들어낸다(<그림 4-9> 참조).

<그림 4-9> OKR 실행 카드

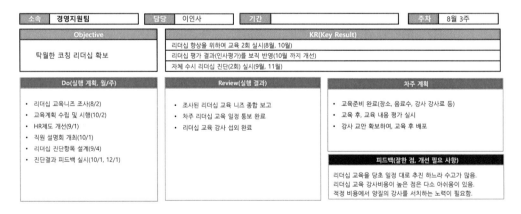

---

35 시앤피컨설팅 내부 자료

이러한 OKR 운영 목적은 조직 목표 달성과 성과 창출 시스템이지, 인사평가와 보상을 위한 것은 아니다. 만약 OKR의 결과를 인사평가에 직접 연계한다면 OKR은 실패하고 만다. OKR은 도전적이고 대담한 목표를 지향하고 실패에 관대하므로 목표 달성률에 크게 연연하지 않는다. 그런데 만약 OKR을 직접 평가에 연계하여 달성률이 높은 직원이 좋은 평가를 받는다면, 아무도 도전적인 목표를 세우려고 하지 않을 것이다. 그래서 OKR은 평가 제도와 분리해서 운영해야 한다. 그렇다고 OKR을 평가에서 완전히 도외시하지는 못한다. OKR 시스템에는 성과, 역량, 열정 등 인사평가에 중요한 정보들이 들어 있기 때문이다. 그래서 인사평가 시에 OKR의 결과를 직접 반영하는 것이 아니라 OKR의 많은 정보를 참고할 수 있다.

중소기업들도 글로벌 경쟁의 불확실한 경영환경으로 인해 도전적이고 실행 가능한 목표관리 시스템에 대한 니즈가 높다. 이것이 요즘 중소기업들에서 OKR에 대한 관심과 도입의 의지가 뜨거운 이유이다. 하지만 이러한 관심 및 의지와는 별개로, 중소기업들이 OKR을 그대로 조직에 적용하기에는 어려운 점이 많다. 예컨대 OKR을 효과적으로 구현하기 위한 전문 인력이나 충분한 시간과 노력 등 자원 부족, 직원들 자신의 목표를 설정하고 추적할 수 있는 여력 부족, 1인 다직무 환경에서 특정 목표에 우선순위 부여 곤란, OKR이 요구하는 투명하고 개방된 의사소통 미흡 등이 그러하다.

그렇다고 OKR의 중소기업과의 관계가 '물과 기름'처럼 완전히 섞이지 않는 것은 아니다. 비록 중소기업에서 전문성 및 경험 부족, 자원 결핍 등으로 OKR의 운영에 한계가 있지만 OKR 제도의 장점 중심으로 간소하고 효과적으로 설계한다면 중소기업에서도 OKR을 성공적으로 운영할 수 있다. 이때 중소기업의 간소한 OKR 설계의 비결은 직무프로파일의 활용에 있다.

중소기업에서는 간소한 OKR 제도를 설계한다고 별도의 자료들을 만들기보다는 직무프로파일을 활용할 수 있고, 그 활용 프로세스는 다음과 같다.

① 분기별 목표를 수립한다. OKR의 작동 첫 단계는 〈그림 4-9〉에서 보는 것처럼 상위 목표에 정렬된 도전적인 목표를 수립하는 것이다. 이것은 연간 사업계획서를 바탕으로 본부별 목표를 수립하고 이를 팀과 구성원의 목표로 연계하

여 설정한다. 그리고 핵심 결과(Key Results)의 경우 과감한 목표는 중소기업 환경에 맞지 않으므로, 평소보다 도전적인 목표를 잡도록 하는데 이것은 직무프로파일상의 KPI을 참고할 수 있다.

② 이렇게 OKR이 설정되면, 이제는 OKR이 실행되도록 추적 시스템을 설계한다. 그것은 목표 달성 여부를 매주, 매월, 매 분기 성찰하고 코칭하는 프로세스이다. 이를 위해 현재 운영하는 주간회의, 월간회의 또는 분기회의를 OKR 중심의 회의로 전환한다. 간소한 OKR 추적 시스템의 핵심은 월간회의이다. 분기 단위로 설정되는 목표(Objective)의 실행은 〈그림 4-10〉에서 보는 것처럼 월간 업무 추진계획서에 의해서 구체화되는데, 이때 월간 업무 추진계획서는 직무프로파일을 그대로 활용하여 작성한다. 그리고 매주 스프린트하는 주간 업무실행은 직무프로파일상에 있는 역할과 책임을 그대로 행동으로 구현하는 것이다.

〈그림 4-10〉 OKR 실행 카드(월간 추진계획서 및 주간 업무실행 카드)[36]

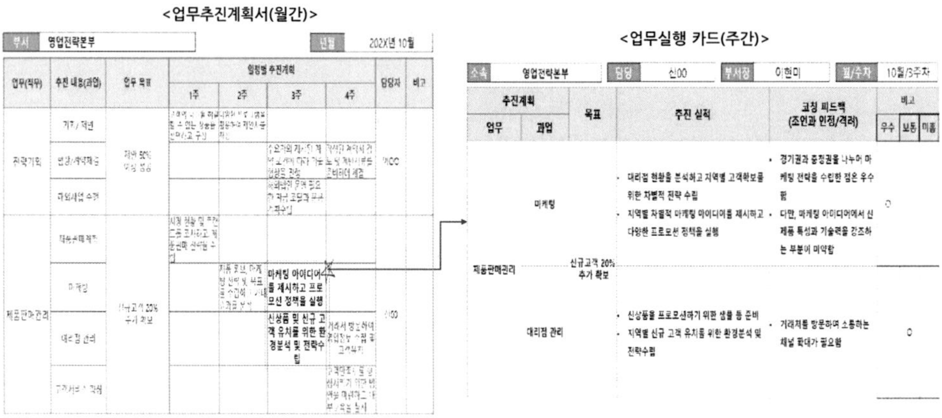

③ 리더들의 CFR 활동을 지속적으로 실시한다. 중소기업 리더들은 대화, 피드백, 인정 등 면담이나 코칭 등에 대한 경험이 부족하다. OKR이 정착되기 위해서

---

36 시앤피컨설팅 내부 자료

는 리더들의 CFR 역량 개선이 필수적이다. 그래서 리더들에게 CFR 역량 향상을 위한 학습과 교육 기회를 제공하고, 우수한 CFR 사례를 공유하고, 경험이 풍부한 리더나 코치로부터 멘토링과 코칭을 받을 기회도 제공한다. 또한 리더가 매주 업무실행 카드에 팀원들에게 피드백하는 것이 부담스러우면, OKR 도입 초기에는 격주 또는 월 단위로 피드백하는 것도 방법이다.

일반적으로 중소기업 리더들의 역할과 책임을 보면, 조직 리더로서의 역할보다 자신의 전문 업무를 수행하는 담당자로서의 비중이 높다. 그러다 보니, 리더들이 리더십을 발휘할 계기가 많지 않고 코칭이나 피드백 등 리더십 역량이 취약하다. OKR 도입 운영의 성공 요소는 코칭이나 CFR 등 리더십이다. 이러한 리더십은 수평적 관계를 요구하므로, 중소기업에서 OKR이 성공적으로 정착하기 위해서는 소통, 코칭, 면담 등 리더십 함양 교육뿐만 아니라 수평적 조직문화 정착에도 노력해야 한다.

PART

05

운영체계가
인사평가 시스템의 질을 결정

01.
인사평가 성찰 활동은
객관적이고 공정한 운영체계 구축으로부터

전략적 인사평가 시스템은 조직의 목표 달성과 역량 개발을 위한 대표적인 성찰 활동이다. 조직이나 개인은 자신의 목표 달성 및 역량 향상을 성찰함으로써 탁월한 성과를 촉진하고 역량 개선을 도모한다. 이러한 성과와 역량의 평가 및 개선 등 성찰 활동은 인사평가 시스템의 운영체계를 통해서 이루어진다.

인사평가의 성찰 활동에서 핵심적 부분은 운영체계이다. 조직은 운영체계를 통해서 목표 수준 달성 여부를 측정하고, 성과 결과를 도출하고, 개인별 강·약점을 확인한다. 인사평가 성찰 활동의 질은 운영체계를 어떻게 설계하느냐에 달려 있다. 아무리 목표를 잘 수립하고 성과관리를 했다고 하더라도 운영체계에서 객관성과 공정성을 잃어버리면 성과 왜곡, 부당한 평가, 성과 개선 기회 상실 등 조직 성장을 저해하게 된다. 마치 1년간 농사를 잘 지었지만, 마지막 갈무리를 잘못하여 수확을 망치는 것과 같다.

인사평가 시스템의 운영체계 구축을 위해서는 〈그림 5-1〉에서 보는 것처럼 평가자 및 평가 시기, 평가 방법 및 평가 실시에 대한 설계가 필요하다. 양질의 성찰 활동이 가능하도록 하려면 객관적이고 공정한 운영체계 구축이 무엇보다 중요하다.

객관적이고 공정한
평가 시스템도 구축

인사평가 운영체계

평가자 및 평가 시기

① 평가자는 누구로 할 것인가?
② 평가시가를 언제로 할 것인가?

평가방법

③ 평가기준은 어떻게 운영할 것인가?
④ 평가방법을 무엇으로 할것인가

평가실시

⑤ 평점(최종 등급) 산출은 어떤 방법으로 할 것인가?
⑥/⑦ 평가 피드백 및 이의제기 절차를 어떻게 구축할 것인가?

02.
평가자는 충분한 관찰이 가능하고
공정한 평가 동기를 가진 사람으로

인사평가 운영체계는 객관적이고 공정하게 운영되어야 한다. 인사평가 운영체계의 객관성과 공정성을 좌우하는 것은 평가자이다. 평가 시스템이 아무리 잘 구축되어 있어도 평가자가 자의적이고 감정적으로 평가하면 평가 제도의 객관성과 공정성은 떨어질 수밖에 없다. 반면, 평가 시스템이 조금 미흡해도 평가자가 공정하게 평가하려는 의도와 역량이 있으면 인사평가의 객관성과 공정성은 확보된다. 예를 들어 회사의 목표 수립 지침이 없더라도 평가자에게 도전적인 마인드가 있으면 직원들의 목표가 도전적으로 설정되고, 회사에서 아무리 객관적이고 공정한 평가를 하라고 강조해도 평가자가 구성원의 성과와 역량보다 지시 순응 여부에 따라 높은 평점을 부여한다면 평가 제도의 신뢰성과 수용성은 떨어지게 된다.

따라서 인사평가 운영체계의 설계에서 '평가자를 누구로 할 것인가'라는 이슈는 매우 중요하다. 만약 평가자를 잘못 선정하게 되면 평가의 공정성과 타당성은 저하되고, 평가 대상자들에게 신뢰를 잃게 되고, 평가의 시스템에 대한 전반적인 수용성을 떨어뜨린다. 그래서 평가자에게서 발생할 수 있는 이슈를 확인하고 이에 대한 사전 대응은 중요하다. 이러한 평가자와 관련한 이슈에는 '평가자를 누구로 할 것인가'와 '평가자를 몇 명으로 할 것인(다면고과)', 그리고 '평가자 오류' 등이 있다.

1) 평가자를 누구로 할 것인가

평가자를 누구로 할 것인가의 문제는 조직의 목표관리와 팀원의 역량 개발을 위해 중요하다. 조직의 목표 달성과 역량 개발에 대한 성찰 활동의 성패는 평가자에 의해 좌우되기 때문이다. 그래서 평가자는 평가 대상자를 객관적이고 공정하게 평가할 수 있는 사람이 되어야 함은 두말할 나위가 없다. 그러려면 평가자로는 다음 두 가지 조건을 충족시키는 사람을 선정해야 한다.

① 평가 대상자를 충분히 관찰할 기회가 있는 사람
② 평가 대상자를 공정하게 평가할 동기를 가진 사람

조직에서 이러한 요건을 충족시키는 사람이 바로 직속 상사이다. 이것이 대부분의 조직에서 직속 상사를 인사평가자로 하는 이유이다. 직속 상사는 평가 대상자들이 어떤 프로젝트나 과제를 어떻게 다루고 있는지, 그리고 어떤 성과를 도출해내는지를 직접 관찰하거나 실제로 같이 경험하기도 한다. 그래서 직속 상사는 평가 대상자의 업무 성과와 수행 역량을 조직 내에서 누구보다도 더 잘 이해하고 있다. 특히, 평가 대상자들은 자신의 성과가 직접적으로 직속 상사의 평가에 영향을 준다는 사실을 알고 있을 때 보다 더 강한 책임감을 가진다. 그래서 직속 상사가 직원의 인사평가를 진행하는 것이 보다 객관적이고 공정한 조치이며, 평가 결과의 신뢰도와 수용성을 높인다.

일반적으로 기업의 조직 구조상 직원들을 관리하는 상사들은 다수 존재한다. 중소기업의 조직구조는 CEO 아래에 팀장만 있는 경우도 있지만 대개 본부장, 팀장 이렇게 2단계로 구성된다. 때로는 부문장, 실장, 팀장 등 3단계 또는 4단계로 구성된 경우도 있다. 이처럼 상사 평가자가 다수인 경우, 각각의 상사가 가진 평가자로서의 역할과 책임이 문제가 된다. 일반적으로 평가자가 2차까지 진행되는 경우 각각 가중치를 달리하여 단독으로 평가하는 방법 또는 1차 평가자는 평가하고 2차 평가자에게 조정·확정하는 역할을 부여하는 방법이 있다.

1·2차 평가자가 단독으로 평가하는 방식은 1차 평가자(팀장)와 2차 평가자(본부장)

가 각각 평가하고, 최종 평점은 각각의 평점에 가중치를 곱하여 도출한다. 평가자의 가중치는 1차 평가자가 큰 것이 일반적이며, 대개 6:4 또는 7:3 수준으로 설정하나, 이때 2차 평가자의 가중치는 관찰 가능성이나 업무 관여도에 따라 점점 높아진다.

한편, 1차 평가자는 평가하고 2차 평가자는 조정·확정하는 방식은 1차 평가자 중심으로 평가가 이루어지고, 2차 평가자는 별도로 평가를 하지 않고 1차 평가자의 평가 결과에 대해 조정하고 확정하는 역할을 한다. 이 방식은 2차 평가자보다는 직속 상사(1차 평가자)의 성과관리 리더십을 향상시키기 위해서 사용하는 방법이다. 다만, 2차 평가자에게 확정권을 부여하는 것은 1인 평가에 따른 평가 왜곡이나 오류 현상을 예방하기 위한 것이다. 3단계 또는 4단계 상사가 존재하는 사업장의 경우 평가자별 가중치를 달리 부여하거나, 2단계 상사까지만 평가권을 부여하고 3 또는 4단계 상사는 평가자에서 제외할 수도 있다. 그 이유는 평가 대상자와 거리가 멀수록 충분한 관찰이 곤란하여 객관적이고 공정한 평가가 어렵기 때문이다.

중소기업의 많은 사업장이 평가자 선정에서 관찰 기회와 공정한 평가 동기와 같은 원칙을 지키지 않고 있다. 대표적인 사례가 사업주가 모든 구성원들을 평가하는 경우이다. 사업주는 공정하게 평가할 동기는 있지만 모든 직원을 충분히 관찰할 수는 없다. 사업주에게 이러한 권한이 주어진 사업장에서는 객관적인 평가가 이루어지기 힘들고, 평가의 신뢰성이 낮을 수밖에 없다. 이와 같은 경우, 사업주는 평소 평가 대상자를 충분히 관찰하는 팀장에게로 평가 권한을 위임하는 것이 바람직하다.

2) 평가자를 몇 명으로 할 것인가(다면평가를 어떻게 설계할 것인가)

조직에서 인사평가는 상사가 부하를 평가하는 하향식 평가가 일반적이다. 인사평가의 목적이 목표 달성과 역량 향상이다 보니, 가장 좋은 평가자는 평가 대상자의 팀장 또는 본부장이 된다. 하지만, 일방적인 하향식 평가에는 팀장 등의 주관적 판단이 개입될 여지가 많고 현재의 성과나 역량 위주의 평가로 미래의 잠재 능력이 도외

시될 수 있다. 이러한 문제점을 보완하기 위하여 다양한 시각에서 평가가 가능한 다면평가 제도를 도입한다.

　다면평가는 상사뿐만 아니라 동료, 부하, 고객 등 다양한 원천으로부터 평가 대상자에 대한 정보를 수집하여 평가하는 방식이다. 이는 각기 다른 시각에서 얻은 결과를 인사평가에 반영함으로써 상사에 의한 일방적 평가를 보완하여 평가의 공정성, 객관성, 신뢰성을 제고한다. 기업들은 다면평가 제도 도입 초기에 동료, 부하 등의 360도 피드백을 통해 리더십 계발에 주로 활용했으나, 제도의 안정화가 진행됨에 따라 승진, 전·배치 등 인사관리상 의사결정의 자료로 활용하고, 이제는 인사고과 및 보상에까지 직접 연계·반영하고 있는 기업들이 늘고 있다.

　다면평가의 인사고과 및 보상과 연계는 SI(System Integration) 및 SM(System Management) 업체에서 많이 일어나고 있다. 이들 기업의 구성원들은 주로 고객사에 파견되어 근무하다 보니 상사보다는 동료나 고객들과 함께 일하는 시간이 많다. 그러다 보니 동료나 고객이 평가 대상자들에 대해 관찰 기회가 많고, 그들의 성과나 역량에 대해 세밀한 정보까지 가지게 된다. 이러한 이유로, SI·SM 업체의 평가 제도는 상사 위주의 하향식 평가보다는 동료나 고객이 참여하는 다면평가에 대한 니즈가 높고, 그 결과도 직접 인사고과에 반영하는 경향이다. 이제는 다면평가가 인사관리의 단순한 참고 자료에서 나아가, 인사관리에 중요한 정보로 활용되고 있다.

　다면평가 제도 설계의 이슈는 주로 평가자 선정과 관련된 부분이다. 다면평가는 글자 그대로 평가를 다면적으로 한다는 것으로, 다수의 평가자들이 다면적으로 참여한다는 데 특징이 있다. 그래서 다면평가 제도 도입의 핵심 부분은 평가 요소나 평가 등급 등의 설계에 있는 것이 아니라 평가자를 설계하는 데 있다. 다면평가의 평가자 설계 관련 주요 이슈는 다음 세 가지이다(〈그림 5-2〉 참조).

　① 평가자의 범주를 어떻게 할 것인가?
　② 평가자별 인원과 그 평가자 선정을 누가 할 것인가?
　③ 평가자별 배점과 평점 산출을 어떻게 할 것인가?

첫째, 다면평가 제도를 설계할 때 평가자의 범주를 어떻게 할 것인가? 다면평가의 평가자 범주는 〈그림 5-2〉에서 보는 것처럼 상사 평가자, 동료 평가자, 부하 평가자 및 고객 평가자 등 4개이다. 평가자 범주와 관련한 이슈는 고객 평가자를 평가자 범주에 넣을 것인가 하는 문제이다. 고객이나 외부 전문가의 평가는 객관적인 시각에서 공정한 평가가 가능하다는 장점이 있으나, 평가 제도에 대한 이해가 낮고 시간과 비용이 많이 든다는 단점이 있다. 고객 평가자의 이러한 단점들이 보정된다면 고객 평가자를 평가자 범주에 포함하는 것이 맞지만, 그렇지 않으면 제외하는 것이 바람직하다. 그래서 일반적인 평가자의 범주는 상사, 동료 및 부하 직원이다.

〈그림 5-2〉 평가자 범주와 평가자 인원 및 배점(예시, 고객 평가 미반영)[37]

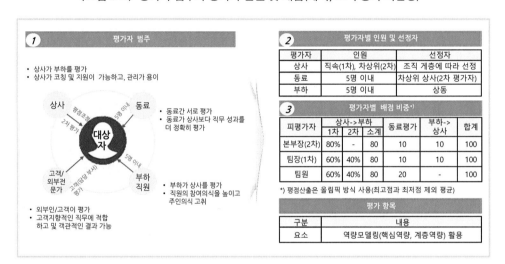

둘째, **평가자별 인원과 그 평가자 선정을 누가 할 것인가?** 평가자별 인원의 산정은 공정성과 효율성의 관점에서 볼 필요가 있다. 평가자가 많을수록 공정성은 높아지지만 효율성은 떨어지는 반면, 평가자가 적을수록 효율성은 높아지지만 공정성이 낮아진다. 이를 감안한 통상적인 평가자 인원은 5~10명 정도인데, 이 정도의 인원은 경험적으로 공정성도 해치지 않고 효율성도 확보할 수 있기 때문이다. 이때 평가자 인원 5~10명은 동료 평가자와 부하 평가자를 말하고, 상사 평가자와 고객 평가자는 별도로 조직 상황에 맞춰 정해진다.

---

37 시앤피컨설팅 내부 자료

한편, 평가자 범주별 평가자를 누가 정하느냐의 문제는 민감한 사안이다. 평가 대상자는 '누가 나의 동료 평가자'이고, '누가 나의 부하 평가자'인지에 대한 관심이 높다. 상사 평가자나 고객 평가자는 사전에 이미 정해지기 때문에 평가자 선정의 문제가 발생하지 않으나, 동료 평가자와 부하 평가자는 평가자를 선정해야 한다. 평가자 선정에는 인사부서에서 일괄적으로 선정하는 방법과 해당 부서장이 선정하는 방법이 있다.

동료 평가자와 부하 평가자 선정을 인사부서에서 일괄적으로 하는 경우가 많다. 인사부서는 직무나 구성원 정보 또는 프로젝트 정보 등을 보유하고 있기 때문에 이를 활용하여 동료 평가자나 부하 평가자를 선정할 수 있다. 인사부서에서 선정하는 방법은 객관성은 높지만 정확성은 떨어진다고 볼 수 있다. 다른 한편, 평가 대상자가 속한 부서장이 평가자를 선정할 수도 있다. 부서장은 부서의 구성원들을 계속 관찰해왔고 업무 흐름과 구성원 상호 간의 관계도 가장 잘 알고 있기 때문이다. 그래서 부서장이 평가 대상자에 대한 동료 평가자와 부하 평가자를 선정하는 기업도 많다. 이때 부서장은 직속 부서장(1차 평가자)보다는 좀 더 객관적인 시각을 가진 차상위 부서장(2차 평가자)을 의미한다(<그림 5-2> 참조). 그래서 다면평가 제도의 동료 평가자와 부하 평가자의 선정을 인사부서에서 할 것인지, 해당 부서장이 할 것인지는 기업의 조직문화, 조직 구조, 인사부서의 전문성, 부서장과 인사부서의 역할, 업무 수행 특성 등을 고려해서 효율적인 방법을 선택하면 된다.

셋째, **평가자별 배점 비중과 평점 산출을 어떻게 할 것인가?** 다면평가에서는 다양한 평가자들이 참여하기 때문에 이들의 의견을 종합하려면, 각 평가자에게 가중치를 부여해야 한다. 이때 가중치는 평가 제도의 목적 구현이나 평가의 공정성과 객관성 확보 동기가 높을수록 높게 부여한다. 상사 평가자는 조직의 목표 달성이라는 책임이 있기 때문에 평가 제도의 운영 목적과 일치하고, 부하 평가자는 부서장의 리더십 고양이라는 평가 동기와 평가 시스템 운영 목적에 부합하기 때문에 평가자로 적절하다. 하지만 동료 평가자는 다양한 시각을 제공한다는 장점이 있으나, 평가 대상자와 호불호 또는 경쟁 관계의 위치에 있을 수 있음으로 평가의 공정성 시비가 있을 수 있고, 또한 고객 평가자는 평가의 공정성과 객관성에 대한 동기가 낮을 뿐만 아니라 평가 제도에 대한 이해도 부족할 수 있다. 따라서 평가자별 배점 비중의 크기는 '상사 평가자 > 부하 평가자 > 동료 평가자 > 고객 평가자'의 순서로 부여하는 것이 합리적이다.

그러면 상사 평가자와 동료·부하 평가자의 배점 가중치는 각각 얼마로 해야 하는가? 우리가 다면평가에서도 간과하지 말아야 할 것은 다면평가 제도하에서도 평가자의 핵심은 상사 평가자이고, 부하·동료 평가자는 보조적이라는 점이다. 즉, 동료·부하 평가자는 협력적이고 수평적인 조직문화 구축이나 상사 평가자의 편파적 또는 주관적인 평가 오류를 최소화하자는 취지에서 참가하는 것이다. 이러한 관점을 반영한다면, 상사 평가자와 여타 평가자 간의 비중은 '8:2, 7:3 또는 6:4' 정도를 생각해 볼 수 있는데, 다면평가 제도가 조직에 연착륙하는 정도에 따라 상사 평가자 비중은 점차 낮추고 여타 평가자의 비중을 높여가는 것이 바람직하다.

한편 평가자와 배점 비중이 결정되었다고 하더라도, 각 평가자별 평점을 그대로 합산할 수는 없다. 다면평가에서는 평가자별 평점 조정이 필요하다. 왜냐하면 다면평가에는 다양한 평가자들의 주관이나 선입견에 따른 평가로 인한 평가자 간 불균형이 발생하는데, 이를 무시하고 바로 합산해버리면 평가의 왜곡을 불러오기 십상이다. 그래서 이를 조정하는 방법은 여러 가지 있지만, 가장 효율적인 방법은 <그림 5-2>에서 보는 것처럼 각 평가자별 최고점과 최저점을 제외하고 나머지 점수로써 평균점을 산출하는 올림픽식 점수 산정이다. 이런 올림픽 점수 산정 방식으로 선정하더라도 평가자의 주관성 문제는 여전히 남아 있으므로, 이를 개선하기 위하여 평가 기준의 명확화, 평가자 교육, 평가 결과의 모니터링 등의 조치를 지속적으로 실시해야 한다.

다면평가를 도입하게 되면 전 직원이 평가자로 참여하게 된다. 평가에 익숙지 않은 하위 직급 직원들은 평소 친분에 따라 관대하게 혹은 가혹하게 평가할 가능성도 있고 단합의 우려도 있다. 이러한 문제점을 최소화하기 위하여 평가 실시 전에 반드시 평가자 교육이 있어야 한다. 다면평가 제도에서 조직 내 갈등을 예방하고 평가의 공정성과 신뢰성을 유지하기 위해, 평가는 기명으로 하지만 평가자 신분은 철저하게 보호해야 한다. 그리고 다면평가 결과는 본인에게 피드백하여 자기 계발에 활용할 수 있도록 한다. 다면평가는 다각적인 측면에서 관찰한 결과이므로 객관적이고 교육 자료로도 활용 가치가 높다. 특히 부서장들의 리더십 개발에는 아주 유용하다.

> ### "부작용이 더 심각" vs "인사행정 퇴행" ··· 원주시 인사 다면평가제 폐지[38]
>
> 원주시 인사 다면평가제가 폐지됐다.
>
> 원주시 인사위원회는 최근 회의를 열고 시가 제출한 인사 다면평가제 폐지 건을 심의, 원안 통과시켰다.
>
> 인사위는 그동안 적용해온 인사 다면평가에 대해 학연, 지연, 인맥 중심의 인기 투표와 담합, 익명성에 기반한 감정적인 악의적 평가 가능성, 다면평가를 의식한 정당한 업무지시 및 교육 주저(하급자 눈치), 성과우수자 승진 제외 사례 발생 등의 부작용이 심각하다고 판단, 이와 같이 결정했다.
>
> 원주시는 다면평가제 폐지로 우려되는 상급자 횡포에 대한 견제 수단으로 상급자의 부당한 지시, 갑질 등을 감사부서의 갑질 조사와 감사로 대응키로 했다.
>
> 이에 따라 강원도 내 자치단체 인사 다면평가제는 원주를 포함한 12곳과 강원특별자치도 등 13곳에서 폐지됐으며 춘천, 동해, 삼척, 횡성, 영월, 정선 등 6개 시군만이 유지하게 됐다.
>
> 그러나 이에 대해 원주시청 공무원 노조는 '인사행정 퇴행'이라며 강하게 반발하고 나섰다. 노조 측은 23일 입장문을 통해 "다면평가는 하향식 평가 방식이 가져오는 시각의 한계를 극복하고 같이 일하는 동료와 하급자 평가를 통한 사람의 능력을 입체적으로 판단하기 위한 것"이라며 "장단점에 대한 종합적 분석과 뚜렷한 대책 없이 성급히 결정한 다면평가 폐지를 즉각 철회해야 한다"고 주장했다.
>
> – 출처: 강원도민일보(http://www.kado.net)

3) 평가자 오류

평가자 오류는 평가자의 주관적 판단, 인식의 왜곡, 선입견 등 업무와 관련이 없는 요소를 반영함으로써 발생하는 판단 실수이다. 예컨대 같은 대학을 나온 후배라고 높은 평점을 부여한다든지, 평소 성실하니까 협동성에도 높은 평점을 부여하게 되

---

38 강원도민일보, 2023. 10. 23.

면 평가자 오류가 발생하게 된다. 이러한 평가자 오류는 인간의 인지적 한계로 인하여 발생하기 때문에 불가피한 측면이 있다.

그래서 평가자 선정에 각별한 주의를 기울이고 평가자 교육 및 공정한 평가에 대해 당부하기도 하지만, 그럼에도 불구하고 평가자 오류는 늘 존재한다. 평가자 오류는 〈그림 5-3〉과 같이 관대화 경향이나 중심화 경향, 현혹 효과 등이 있다. 이에 대해 대응 방법은 평가자가 경각심을 가지고 오류 극복을 위해 노력하는 수밖에 없다. 이를 위한 대표적인 방법이 다음 세 가지이다.

① 평가자가 선입견이나 감정적인 판단을 자제하고
② 평가 기준을 충분히 인식하고
③ 평소 객관적인 자료 확보를 게을리하지 않는 노력

<그림 5-3> 평가 오류 유형과 대응 방안

구분	개념	사례	대응방안
관대화 경향	피평가자를 실제보다 과대평가하는 것	"고생들 하는데 다 잘해줘야지… 뭐"	
중심화 경향	피평가자에 대한 평가점수가 보통 또는 척도상의 중심점으로 집중하는 경향	"다들 중간은 가는 친구들이라서"	• 평가기준을 충분히 이해, 인식하고 평가할 것 • 평소 객관적인 자료를 수집하여 평가 때에 활용할 것
엄격화 경향	관대화 경향과는 반대로, 피평가자의 역량을 실제보다 의도적으로 낮게 평가하는 경향	'특별히 잘한 사람은 없고…'	
논리적 오차	평가요소가 논리적으로 밀접한 관계가 있는 경우 한 요소가 뛰어나면 다른 요소도 뛰어나다고 평가하는 경향	"성실하니까, 협동심도 뛰어날거야"	
현혹 효과	평가자가 피평가자의 특정 요소들로부터 받은 인상에 의거 개개인을 평가하려는 경향	"우수한 대학을 나왔으니, 일도 잘하겠지"	• 피평가자에게 가지고 있던 편견, 선입관, 감정을 배제하고 평가할 것 • 평가항목의 정의, 척도 등에 충분히 숙지하고 평가할 것
대비 오차	피평가자를 여러 명 평가할 때, 우수한 피평가자 다음에 평가되는 보통 수준의 피평가자를 실제보다 낮게, 그리고 낮은 수준의 피평가자 뒤에 평가하는 보통 수준의 피평가자를 높게 평가하는 경향	"우리 팀이랑 참 안 맞는 친구야"	• 피평가자에게 가지고 있던 편견, 선입관, 감정을 배제하고 평가할 것
시간적 오차	평가의 기초가 되는 사실을 쉽게 기억할 수 있는 최근의 실적이나 능력을 중심으로 평가하는 경향	"11월에 큰 건 한 김과장이 역시…"	• 평소 객관적인 자료를 수집하여 평가 때에 활용할 것
상동적 태도 (stereotype)	특정 종교, 사회단체, 특정한 사람 등에 대해 가지고 있는 평가자의 지각이 평가의 결과에 영향을 미치는 경향	"안경을 끼고 있으니깐 분석적 일꺼야"	• 피평가자에게 가지고 있던 편견, 선입관, 감정을 배제하고 평가할 것 • 평가기준을 충분히 이해, 인식하고 평가할 것

평가자 오류는 주로 주관적 평가로부터 발생하고, 이는 객관적 평가자료의 부족이 원인이다. 평가자 오류를 줄이는 방법은 객관적이고 다양한 평가자료의 확보 여부에 달려 있다. 인사평가에 필요한 객관적인 자료는 성과관리 과정에서 발생한다. 평소 구성원의 업무에 관심을 가지고 목표 수준에 대비하여 진척 사항을 점검하고, 부

진 요인이나 특이 사항에 대해 코칭하고, 구성원의 요청 사항에 대해 지원하면서 이를 모두 기록하여 관리해야 한다. 그래서 평소 구성원과의 사소한 대화라도 기록해 두는 습관이 필요하다. 이런 조그만 기록이 모여 연말에는 인사평가라는 어려운 문을 여는 열쇠가 되는 것이다. 나의 조그만 습관이 우리 조직의 운명을 결정하는 셈이다.

03.
평가 시기는 점점 짧아지고 있다

최근 인사평가 운영체계에서 평가 시기의 선택이 중요해지고 있다. 인사평가가 성과 향상과 역량 개발을 위한 성찰 활동이기 때문에 '인사평가를 언제 할 것인가'라는 평가 시기의 선택은 성과 향상과 역량 개발에 직접적인 영향을 미친다. 평가 시기가 짧을수록 성찰 활동이 자주 일어나게 되어 더 많은 성과 결과와 역량 피드백을 받을 수 있는 반면, 시간과 비용이 많이 발생한다. 반대로 평가 시기가 길면 시간과 비용은 절약되지만, 목표 달성이나 역량 개발 등 성찰 활동에는 상대적으로 소홀해질 수 있다. 마치 학생들이 시험을 자주 치르면 들인 노력과 시간만큼 실력 향상에 도움이 되는 것과 같다. 학생들에게 시험 시기가 중요한 문제이듯이, 기업에서 평가 시기 또한 중요하다.

요즘 인사평가 시기에 대해 변화가 일어나고 있다. 대부분 조직에서 인사평가는 1년에 한 번 실시하는데 연초에 목표를 수립하고 이를 주기적으로 점검, 코칭하고 연말에 평가한다. 이처럼 1년 단위 평가 시스템은 개인이나 팀이 특정 목표에 집중할 수 있고 개인과 팀이 성장하고 발전하는 데 충분한 시간과 기회를 부여할 수 있다는 장점 때문에 많은 기업들이 활용하고 있다.

하지만 4차 산업환경의 글로벌 경쟁 시대에 조직을 둘러싸고 있는 경영 패러다임이 수시로 변하고 있어, 기업이 고객과 시장의 변화에 민첩하게 대응하지 못하면 생존조차 할 수 없게 되었다. 이는 중소기업들에게도 예외가 아니다. 이제 고객들은 원하는 상품을 전 세계 기업으로부터 실시간으로 구매할 수 있고, 아무리 우수한 제품과 서비스를 제공하는 기업이라고 해도 언제라도 고객을 빼앗길 수 있다. 그래서 1년 단위로 이루어지는 성과와 역량에 대한 성찰 활동의 주기를 단축시키고 있으며, 그 대표적인 사례가 애자일(agile)한 인사평가 시스템의 설계·운영이다.

애자일 인사평가는 〈그림 5-4〉에서 보는 것처럼 연초에 연간목표를 설정하는데, 이때 목표는 분기 단위 목표와 실행계획으로 이루어지고, 그 성과에 대해 분기 단위로 평가 및 피드백하고, 연말 최종 평가는 이들 자료를 활용하여 이루어진다. 즉, 애자일 인사평가는 에너지를 결집하여 목표 달성을 위해 스프린트한 것에 대해 분기 단위로 정하여 평가가 이루어지고, 목표 진척 상황에 대한 코칭과 멘토링은 월별로 진행한다. 이러한 애자일 인사평가 제도는 글로벌 기업에서 이루어지는 OKR 평가 방식과 유사하다.

〈그림 5-4〉 애자일(agile) 인사평가 프로세스

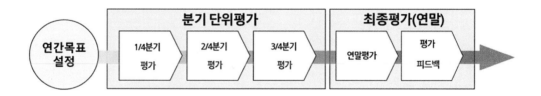

중소기업에서 애자일 인사평가 제도를 바로 도입하기에는 벅차다. 중소기업은 인사평가에 대한 전문성이나 운영, 경험이 부족하고 인사 담당자조차 없는 곳도 부지기수이다. 중소기업에서는 인사 업무를 전담하는 별도의 인사 담당자 없이 총무나 구매, 급여 등 경영지원 업무를 수행하는 직원이 인력 채용이나 노동법 관련 이슈가 발생하면 이를 단속적으로 수행한다. 이러한 중소기업의 인적 자원 여건에서 애자일 인사평가 제도의 도입은 불가능하다.

그래서 중소기업의 인사평가 설계 방향은 단계적으로 접근하는 것이 바람직하며, 인사평가에 대한 전문 역량 확보가 우선이다. 아직 인사평가 시스템이 없거나 불완전한 기업은 연간 단위의 평가 제도를 도입, 운영해야 한다. 연간 단위의 인사평가 시스템 운영을 통해서 평가에 대한 경험과 전문성이 어느 정도 확보되면, 이제는 반기 단위의 평가체제로 전환한다. 반기 단위 인사평가는 원칙적으로 목표 수립은 연간 단위, 평가는 1년에 2회로 7월과 12월에 하지만 7월 평가 내용은 12월 평가에 참고 자료로 삼을 수 있다. 또는 반기 단위로 목표를 수립하고 7월과 12월에 각각 평가하여 합산할 수도 있다. 이는 회사 여건에 맞게 운영하면 되지만, 중소기업의 평가 여건을 고려해서 간소하게 운영할 필요는 있다.

중소기업은 연간 단위 평가 또는 반기 단위 평가를 운영하면서 인사평가 경험과 전문성을 축적하여 코칭과 멘토링, 피드백 등이 원활히 진행되면 그다음에 애자일 평가 시스템으로 전환한다. 그리고 애자일 인사평가가 무리 없이 운영되면 OKR 평가 제도를 도입하는 것이 바람직하다. 이처럼 인사평가 시기의 선택은 단순히 평가 기간의 선택만이 아니라 평가 시스템의 전반적인 변화를 동반한다. 따라서 인가평가 시기는 조직의 특성, 업무 환경, 그리고 평가의 목적에 따라 합리적으로 선택할 필요가 있다.

평가 시기로 인해 발생하는 리스크 세 가지[39]

- 리스크 1: 직원들의 정치적 행동

평소 평가자들이 평가 대상자에 대한 객관적인 평가자료를 수집하기는 쉽지 않다. 그래서 평가 시점에 직원들을 주시할 수밖에 없고, 평가 대상자들은 이러한 기회를 놓치지 않는다. 이제까지 성과가 미흡한 평가 대상자들은 자신의 평가에 유리하도록 만들기 위해서 갖은 방법을 동원한다. 갑자기 성실하고 친절하고 적극적으로 행동하는 등 평소와 다른 모습을 보이게 된다. 자료가 부족한 평가자는 이러한 평가 대상자들의 정치적 행동에 넘어가지 않을 수 없다. 그러면 평가는 공정성을 잃고 리스크를 유발한다.

- 리스크 2: 평가자 오류 발생

평가 근거를 쉽게 기억하지 못하는 평가자들은 시간적 오류를 발생시킨다. "11월에 큰 건 한 김 과장이 역시…"처럼 최근의 실적이나 능력을 중심으로 평가하게 된다. 또한 평가 시기를 지키지 않아 직원들로부터 원성을 사는 리스크를 초래한다.

"저만 시말서를 2개 작성하였고, 저에게만 인사고과를 따로 진행하였습니다."

"작년에 인사고과를 최하로 받았습니다. 올 상반기 고과는 저를 채점할 이유도 없다며 인사평가조차 하지 않았습니다."

- 리스크 3: 1년간 성적 불량을 이유로 취한 인사조치 무효

"원고의 근무 성과가 다른 직원에 비해 저조한 것은 사실이나…업무평가 기간이 1년(2회 평가)에 불과하였던 사정 등을 고려하면 원고가 해고되어야 할 정도로 업무능력이 현저히 저조하다거나 거듭 반복하여 근무성적이 불량하였다고 보기는 어려운 점 등"을 이유로 한 해고 처분은 부당하다고 판시함(대전지법 2015. 1. 8. 선고 2014구합101339).

---

[39] 정학용 외 1인, 『인사노무관리 리스크 매니지먼트』, 간디서원, 2017

04.
평가 기준은 목표 달성의
마일스톤

인사평가 시스템은 전략을 실행하고 목표를 달성하고 역량을 향상시키기 위한 성찰 활동이다. 조직이나 개인은 성장·발전을 위해 성과를 진단하고 살피는 성찰 활동을 반드시 필요로 한다. 구성원들은 자신의 성과가 조직에서 기대하는 수준인지 그리고 자신이 역할을 제대로 수행하고 있는지 늘 궁금해한다. "우리 사업장에서 가장 우수한 S등급을 받으려면 얼마나 노력해야 할까요?", 또는 "제가 지금 발휘하고 있는 역량이 우리 회사에서 요구하는 기대 수준을 충족시키고 있을까요?" 팀장은 구성원들의 이와 같은 질문에 답할 준비가 되어 있어야 한다. 그러려면 평가 대상자의 성과와 역량에 대한 성찰이 있어야 하고, S급이라든지 역량에 대한 평가 기준을 숙지하고 있어야 한다.

평가 기준은 구성원의 성과나 역량을 측정하고 비교하는 데 사용되는 기준이나 규범을 말한다. 인사평가에서 KPI가 잣대라면, 평가 기준은 자의 눈금이다. 이러한 평가 기준은 업무수행 과정에서 마일스톤처럼 동기부여하고 목표 달성을 촉진하는 역할을 한다. 평가 기준에는 조직이 기대하는 목표 수준이나 기대치가 들어 있기 때문이다. 예컨대 회사에서 최고 수준(S등급)의 역량을 '해당 역량 분야에서 최고 전문가 수준으로 누구나 Mentor로 삼고 일을 배우고 싶어 함'으로 정의하면, 구성원들은 최고 수준의 Mentor가 되려고 노력할 것이다. 평가 기준이 이러한 역할을 제대로 수행하려면, 다음 두 가지 이슈를 해결해야 한다.

① 우리 사업장의 평가 기준은 몇 개의 등급으로 운영할 것인가?
② 각각의 평가 등급을 어떻게 정의할 것인가?

첫 번째 질문부터 설계해보자. 일반적으로 기업에서 운영하는 평가 등급은 5개 (S~D)이다. 이것은 과거 학교에서 사용했던 '수, 우, 미, 양, 가'라는 등급과 유사하다. 그래서 평가 등급을 5개로 설계한다면, 구성원들은 "그래, 우리 사업장도 다른 기업처럼 5개 평가 등급으로 하지, 뭐"라며 별로 고민 없이 받아들인다.

그렇다면 사업장의 인사평가 기준, 즉 평가 등급은 어떻게 결정해야 하는가? 여기에는 여러 가지 요인들이 복합적으로 작용하는데, 예컨대 인력 규모가 클수록 구성원들 간의 차별이 필요하므로 평가 등급을 크게 해야 한다. 이처럼 평가 등급에 영향을 미치는 요인에는 조직문화, 조직의 인력 규모, 성과와 역량의 차등 가능성, 인센티브와 연계 계획, 인재상, 인력 운영 전략 등이 있다.

이 중에서 평가 등급 설계에 우선적으로 고려해야 하는 요소는 성과 달성에 대한 조직문화이다. 사업장의 조직문화가 목표 수준 120% 이상 달성(Stretch Goal, 쉽게 도달할 수 없는 도전적인 목표)을 권장하는 조직문화인지, 아니면 목표 수준 100% 달성이면 잘했다고 생각하는 조직문화인지에 따라 평가 등급을 다르게 설정한다. 전자와 같이 도전적 목표가 권장되는 조직에서는 평가 등급을 5개로 설계하여 S(120% 이상), A(110%), B(100%), C(90%), D(90% 미만)로 운영하는 것이 적정하고, 후자의 경우에는 3개 등급으로 설계하여 A(목표 초과 달성), B(목표 달성), C(목표 미달)로 운영하는 것이 합리적이다.

5단계 평가 등급과 3단계 평가 등급은 각각의 장단점을 가지고 있다. 5단계 등급은 성과를 정규분포로 세분화할 수 있다는 장점이 있는 반면, 100% 목표 달성이 중간 수준으로 인식되어 목표에 대한 좌절감을 유발할 수 있다는 문제점이 있다. 3단계 등급은 성과를 3단계로 분류하기 때문에 신뢰성이 높은 반면, 진정으로 탁월한 직원을 구분하지 않으므로 탁월에 대한 동기부여가 낮다는 문제점이 있다. 중소기업들의 평가 등급은 인력 규모가 크지 않고, 성과와 역량 차이도 적고, 대기업의 협력업체로서의 역할이 많기 때문에 탁월한 성과를 내기가 힘든 경영여건 등을 고려한다면, 3단계 설계가 합리적일 수 있다.

그다음은 각 평가 등급의 정의를 설계한다. 각 평가 등급을 정의하는 방법은 〈그림 5-5〉에서 보는 것처럼 3개 type이 대표적이다. type 1은 모든 목표에 동일한 평가 기준을 적용하는 방법이고 type 2는 목표별 특성을 반영하여 평가 기준을 적용하는 방법으로, 이 두 유형은 성과 목표를 평가하는 기준으로 사용된다. type 3은 역량 평가처럼 정성적 대상을 평가할 때 사용한다. type 1은 평가 기준을 모든 목표에 동일하게 적용하기 때문에 기준 설계가 간소하다는 장점이 있는 반면, '중대재해사고 zero' 목표나 '1주 근로시간 52h 초과자 zero' 목표처럼 목표 수준을 100% 초과 불가능한 목표에는 사용할 수 없다는 문제점이 있다. 이처럼 목표 수준을 100% 초과할 수 없는 경우에는 type 1에서처럼 평가 기준을 추가(예, S등급: 목표 95% 달성)하여 해결할 수 있다.

동일한 평가 기준 적용으로 발생하는 문제점을 해결할 수 있는 방법이 type 2이다. type 2는 목표 수준별 난이도를 고려하여 목표별로 평가 기준을 설계하는 방식이다. 그러다 보니 각각 목표 수준의 난이도를 반영하여 기준을 설정할 수 있다는 장점은 있지만 설정된 등급별 기준의 타당도에 문제가 발생할 수 있다. 예컨대 〈그림 5-5〉의 type 2에서 S등급인 '근로시간 1주 52h 초과자 3명'과 '기술핵심인력 12명'이 같은 수준인지 확인하기가 곤란하다. 그래서 type 2의 방법은 각각의 평가 기준에 대해 전사적 관점의 조정 작업(leveling)이 필요하고, 이 때문에 중소기업에서 이 유형을 사용하기는 부담스럽다. 그래서 중소기업에서 가장 바람직한 방법은 성과 목표에 대한 평가 기준은 type 1을 원칙으로 설계하고 특별히 난이도 조정이 필요한 목표에 대해서는 예외적으로 개별 평가 기준으로 보완하도록 하는 것이다.

Type 1 : 동일 평가기준 적용

업무구분	목표내용	평가기준				
		S 매우초과 120%이상 95% 이상	A 목표초과 110 이상 90 이상	B 목표달성 100 이상 80 이상	C 현상유지 90 이상 70 이상	D 현상악화 90 미만 70 미만
1주 52h 체제에 대응	1주 52h 초과자 Zero					
기술 핵심인력 유지	기술핵심인력 확보					
중대사고 대응방안 마련	법률 리스크 Zero					

Type 2 : 개별 평가기준 적용

업무구분	목표내용	평가기준				
		S	A	B	C	D
1주 52h 체제에 대응	1주 52h 초과자 Zero	3명 이하	6명 이하	12명 이하	18명 이하	18명 초과
기술 핵심인력 유지	기술핵심인력 확보	12명 이상	11~10명	9명	8~7명	6명 이하
중대사고 대응방안 마련	법률 리스크 Zero	0건	-	1건	-	2건 이상

Type 3 : 역량평가의 빈도 평가기준 적용

구분	평가요소		평가기준				
	항목	행동지표	S (평상시 늘 실천 한다)	A (자주 실천 한다)	B (실천하는 편이다)	C (간혹 실천 한다)	D (거의 실천 않는다)
핵심역량 (30%)	책임감	특별한 지시를 하지 않더라도 업무목표를 달성하기 위해 계획적으로 행동한다. 주어진 업무의 결과에 대한 책임을 타인에게 전가하지 않는다. 수행과정에 어려움이 있더라도 자신에게 부여된 일을 끝까지 완수한다.					
	실행력	말로 정의하는 것보다 실질적인 행동을 우선시한다. 명확하고 현실적인 목표와 우선순위를 정하고 이를 사명감을 가지고 실행한다. 방향이 옳다고 판단되면 과감하고 신속하게 목표한 바를 혼신의 힘으로 추진한다					

그리고 평가 기준 type 3은 역량평가에 주로 사용한다. 역량평가는 〈그림 5-5〉에서 보는 것처럼 평가 대상자가 행동지표에 해당하는 행위를 얼마나 자주 보여왔는지를 평가하는 것이 최적의 방법이다. 이렇게 평가하는 대표적인 방법이 BOS(Behavioral Observation Scale, 행위빈도고과법) 방식이다. BOS 방식은 type 3처럼 행동지표에 나타난 행위를 관찰하여 그 발현 빈도를 감안하여 평가 기준을 적용하는 것이다. 역량평가에는 BOS 방식 외에 BARS(Behavior Anchor Rating Scales, 행위평정척도법) 방식이 있다. 이 방식은 평가 등급별로 개별 평가 기준(type 2와 유사)을 설계하고 그 평가 기준에 맞는 행동을 할 때 등급을 부여하는 방법으로, 설계가 어렵고 평가 등급 간 타당성을 확보하는 것도 쉽지 않기 때문에 많이 사용되지 않는다.

평가 기준은 구성원들에게 목표나 역량에 대한 기대 수준이나 요구하는 행동을 공개한 것이고, 구성원들은 자신의 성과와 역량에 대한 평가와 피드백을 평가 기준으로 집계한 결과를 제공받는다. 그래서 평가 결과에 대해 공정성과 수용성을 가지려

---

[40] 시앤피컨설팅 내부 자료

면 평가 기준이 공정하고 타당해야 한다. 평가 기준이 공정하고 타당하지 않으면 평가 결과에 대한 수용성뿐만 아니라 평가 시스템 전반에 대한 불신을 불러온다. 따라서 중소기업은 공정하고 타당한 평가 기준의 중요성을 인식하고 회사 특성에 맞춰 간소하게 설계, 운영할 필요가 있다.

05.
상대평가냐 절대평가냐, 조직 특성을 반영해서 선택해야

"회사에서는 절대평가 제도를 운영하고 있는데 관대화, 중심화 경향이 심합니다. 이 문제를 쉽게 해결할 수 없어 고민입니다."

"우리 팀원은 총 5명인데, 팀원 전원이 최고의 인사고과 등급을 받아야 할 업무능력과 의욕을 가지고 있고 성과도 높습니다. 그럼에도 불구하고 5명 중 누군가는 C, D 등급을 받아야 하니까요. 인사고과를 차등해서 주어야 하기에 고민에 고민 중입니다."

이 고민들은 흔히 조직에서 인사평가 방법과 관련하여 부딪치는 문제들이다. 전자는 절대평가의 고민을, 후자는 상대평가의 고민을 보여주고 있다. 평가 방법은 최종 평가 등급이나 평가 점수를 산출할 때의 기준으로, 대체로 〈그림 5-6〉에서 보는 것처럼 상대평가, 상대평가+절대평가, 그리고 절대평가의 3가지 유형이 있다. 상대평가는 업무 성과를 평가 대상자 간 비교로 상대적으로 평가하고, 절대평가는 평가 대상자의 성과나 역량을 객관적인 기준에 근거하여 평가하고, 상대평가+절대평가는 상대평가 방법과 절대평가 방법을 혼용하는 방법으로 예컨대 상대평가를 원칙으로 하고 일부 등급에 대해 절대평가를 하는 방식이다.

Type 1 : 상대평가

등급	S	A	B	C	D
인원 배분	10%	20%	40%	20%	10%

Type 2 : 상대평가 + 절대평가

등급	S	A	B	C	D
인원 배분	절대평가	10%	80%	10%	절대평가

Type 3 : 절대평가

등급	S	A	B	C	D
업적 지표	110% 이상 (목표 또는 전년도 실적)	110%미만~100%이상 (목표 또는 전년도 실적)	100%미만~90%이상 (목표 또는 전년도 실적)	90%미만~80%이상 (목표 또는 전년도 실적)	80%미만 (목표 또는 전년도 실적)

일반적으로 HR 인프라가 취약한 중소기업에서 사용하는 평가 방법은 상대평가이다. 상대평가 방식의 설계는 〈그림 5-6〉의 Type 1에서 보는 것처럼 직원들 간의 성과를 서로 비교하여 등수에 따라 등급을 부여하는 방식이다. 최종등급은 〈그림 5-6〉처럼 5개가 일반적이지만, 3개 또는 4개 등급을 활용하는 기업도 많다.

이러한 상대평가 방법으로 가장 성공을 거둔 사람이 GE의 전 CEO였던 잭 웰치(Jack Welch)이다. 잭 웰치는 상대평가 제도(Vitality Curve, 활력곡선)를 도입하여 구성원들을 3개 등급(A Player 20%, B Player 70%, C Player 10%)으로 구분하고 A Player에게는 많은 보상과 승진의 기회를 제공하였고, C Player는 정리해고 대상으로 관리했다. 잭 웰치는 재직 동안 GE의 시가총액이 26배 증가하는 등 성공적인 기업인이 되었고, 그의 활력곡선(Vitality Curve)은 당시 글로벌 기업들의 경영 모델이 되었다.

이러한 상대평가 제도의 장점은 직원들 간의 경쟁을 매개로 높은 성과를 유도하고, 조직의 한정적인 자원에 대해 효율적 분배를 가능하게 하고, 개별 평가자의 주관적인 평가편향을 줄일 수 있다는 점이다. 반면 아무리 열심히 하더라도 우수한 직원들이 있는 조직에서는 열등한 등급을 받을 수 있으므로 절망감을 체험할 수 있고, 개인의 성과를 다른 직원들과 비교 평가하기 때문에 전체적인 성과 향상이 어려울 수 있다는 단점이 있다. 이러한 상대평가의 단점을 보완하기 위한 방법이 상대평가+절대평가와 절대평가 제도이다.

상대평가+절대평가 제도는 상대평가에 절대평가를 가미하는 제도이다. 이 제도는 〈그림 5-6〉에서 보는 것처럼 원칙적으로는 상대평가 제도로 운영하고, 최고 등급과 최저 등급은 절대평가로 운영하는 식이다. 최고 등급을 절대평가로 운영하는 이유는, 상대평가에서도 그냥 1등 정도에서 안주하지 말고 자신의 잠재 역량을 발휘하여 120% 이상의 성과를 달성하도록 동기를 부여하기 위한 것이다. 그리고 최저 등급의 절대평가는 상대평가에서는 아무리 열심히 해도 해고 대상인 최하위 등급을 피할 수 없다는 무력감을 막고, 비록 우수 집단 사이에서 등급은 낮을지라도 최소 점수만 초과하면 최저 등급은 면하게 하기 위한 것이다. 그리고 법원에서도 상대평가 제도에서 최저 등급으로 인한 해고는 부당해고라고 판결[41]하고 있어, 상대평가만 사용하던 기업들도 절대평가 방법을 가미하고 있다.

상대평가의 또 다른 대안은 절대평가이다. 절대평가 방법은 4차 산업혁명에서 필요한 역량인 협업이나 문제해결력 또는 팀워크를 제고할 수 있어 최근 경영 트렌드에 부합하는 제도이다. 절대평가 방법은 구성원들의 성과 수준과 자신의 성과를 비교하여 상대적인 등수를 매기는 것이 아니라, 객관적인 기준에 근거하여 등급을 부여하는 평가 방식이다. 이러한 절대평가의 장점은 자신의 성과를 객관적으로 평가하고 분석할 수 있기 때문에 개인의 성장과 발전의 기회를 제공하고, 자신의 목표와 성과 기준을 충족시키면 그에 따른 보상도 받을 수 있어 조직의 목표 달성에 집중할 수 있다. 이러한 장점으로 인하여 많은 기업들이 절대평가 제도를 도입하고 있다.

하지만 완벽한 제도는 있을 수 없고, 모든 제도에는 약점이 있다. 절대평가 제도의 이러한 장점에도 불구하고 치명적인 약점도 있다. 그것은 절대평가의 관대화 경향이다. 부서장들은 자신이 평가한 결과가 구성원들의 연봉이나 승진에 지대한 영향을 미친다는 것을 알기 때문에 가급적 관대한 평가를 하려는 경향이 있다. 이렇게 되면 인사평가 시스템이 유명무실해지고 성찰 활동으로써의 역할을 할 수 없게 된다. 그렇다고 이런 이유로 장점이 많은 절대평가 방법을 포기할 수는 없다. 그래서 일반적으로 사용하는 방법이 운용 시스템을 엄격하게 설계하는 것이다. 목표 수립할 때부터 평가 등급을 엄격하게 설정하고, 목표 실행 과정에서도 직원들의 목표 수행 내용에 대한 코칭 활동들을 철저히 기록 보관하게 하고, 평가 결과에 대해서도 모터링하여 관대화 경향이 높은 부서장에게는 인사상 불이익을 주는 등의 조치를

41 　서울행정법원 2004. 12. 28. 선고 2003구합39306 판결

통하여 절대평가 방법의 문제점을 극복하고 있다.

또한 제도상으로도 절대평가 방법을 보완하여 설계할 수 있는데, 그것이 상사 평점 공유제를 활용하는 것이다. 상사 평점 공유제는 동일 조직에 있는 구성원들은 모두 그 조직의 공과를 공유해야 한다는 개념이다. 어떤 부서의 성과는 부서장의 성과이면서 그 부서원들이 노력한 결과물이다. 즉, 부서장의 성과는 부서원들 성과의 합과 같다. 예컨대 A팀의 직원들은 A팀의 역할과 책임을 분업으로 수행하고 있고, A팀장의 역할과 책임은 A팀 직원의 역할과 책임의 합이다. A팀의 성과 관점에서 보면, 'A팀 성과=A팀장 성과=ΣA팀 직원 성과'와 같은 등식이 성립한다.

이러한 개념으로 상사 평점 공유제하에서 개인의 평점은 직속 부서장의 평점과 공유한다. 최고 상위 부서장의 평점이 단계별로 적용(cascading)되어, 〈그림 5-7〉에서처럼 '본부장 평점 → 팀장 평점 → 팀원 평점'으로 전달되어 팀원까지 영향을 미치게 된다. 다만, 이때 부서원의 평점은 부서장의 점수와 공유할 뿐이지 동일하지는 않다. 이는 상사 평점 공유제의 문제점인 무임승차 행위를 막기 위해서 부서장은 부서원에 대해 목표 달성 기여도 평가(절대평가)를 하기 때문이다. 그래서 부서원의 평점은 부서장보다 클 수도 있고, 같을 수도, 작을 수도 있다. 이러한 상사 평점 공유제 도입을 위한 프로세스는 다음과 같다.

① 본부장 평점을 산정한다. 본부장 평점은 회사(인사위원회 등)에서 회사의 전략 목표 달성에 대한 본부별 성과(본부 KPI 달성도)를 평가한 것이다.
② 팀장 평점을 산정한다. 팀장 평점은 '본부장 평점 × 기여도 평가'이며, 이때 기여도 평가는 본부장이 본부 KPI에 대한 각 팀의 기여도(팀 KPI 달성도)를 평가한 것이다.
③ 팀원 평점을 선정한다. 팀원 평점은 '팀장 평점 × 기여도 평가'이며, 이때 기여도 평가는 팀장이 팀 KPI에 대한 각 팀원의 기여도(개인 KPI 달성도)를 평가한 것이다.

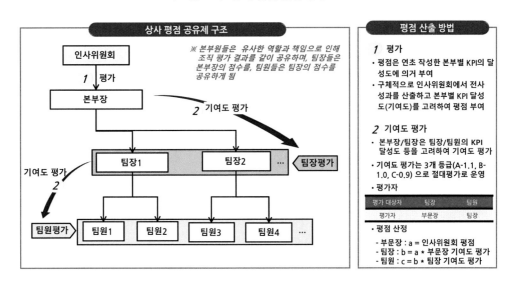

먼저 본부장이 예하 팀장들을 대상으로 본부 KPI 달성에 대한 기여도(팀 KPI 달성도)를 평가한다. 이때 기여도 평가는 절대평가(예, 3개 등급별 가중치, A-1.1, B-1.0, C-0.9) 방식으로 이루어지고, 팀장의 평점은 '본부장 평점 × 기여도 평점'으로 계산된다. 그 결과, 팀장의 평점은 본부장과 같을 수도 있고 다를 수도 있다. 본부장들의 팀장 평가가 끝나면 이제 팀장이 소속 팀원들에 대해 기여도 평가를 한다. 팀장의 기여도 평가 방법은 본부장의 기여도 평가 방법과 동일하다. 다만, 팀원의 평점은 '팀장 평점 × 기여도 평점'으로 계산된다. 상사 평점 공유제가 절대평가 방법인 이유는 본부장이나 팀장이 하는 기여도 평가가 절대평가로 이루어지기 때문이다.

그러면 '우리 회사도 인사평가 시스템을 절대평가로 설계해야만 하는가?'라고 물으면, 답은 '반드시 그렇지는 않다'이다. 조직에서 MBO 등 성과관리 시스템이 없다고 한다면 절대평가 방식을 도입하기 곤란하다. 절대평가 방식의 관대화 경향을 극복하기 위해서는 평가에 대한 많은 정보나 자료가 요구되고, 이러한 정보를 확보하기 위해서는 MBO 등의 제도가 필요하기 때문이다. 인사평가 시스템 초기에는 상대평가 방식을 우선 도입하고, 이로 인해 발생하는 문제점에 대해서 일부 절대평가

---

42 시앤피컨설팅 내부 자료

방식으로 보완할 수 있다. 실제 기업들의 인사평가 구축 초기에는 상대평가 방식을 도입했다가 나중에 절대평가로 변경한다. 그리고 절대평가로 운영하다가 문제점이 보이니 다시 상대평가로 전환한다. 실제로 대부분의 조직은 3~4년을 주기로 인사평가 제도를 '상대평가 → 절대평가 → 상대평가 → 절대평가 → …'로 전환한다. 마치 인사평가에도 유행이 있는 것처럼 말이다.

인생에 정답이 없듯이, 모든 조직에 꼭 맞는 이상적인 인사평가 제도는 없다. 그것은 조직에서 MBO 등 성과관리 체계를 운영하고 있는지, 핵심 가치가 협업인지 경쟁력인지, HR 제도는 서로 연계하여 운영되고 있는지, 코칭 등 관리자 경험과 역량은 충분한지 등 조직의 특성을 고려하여 선택해야 한다. 그리고 평가 제도를 한번 정했다고 끝까지 운영하는 것이 아니라 구성원들과 소통하면서 우리 조직에 적합한 평가 방식으로 지속적으로 발전시켜나가야 한다.

06.
최종등급 산출은
각자 평가 그룹에서 이루어진다

평가 방법에 대한 설계가 끝나면 최종 평가 등급을 산출하는 방법을 설계해야 한다. 만약 평가 방법을 상대평가로 설계했다면, 평가 등급은 해당하는 등급을 부여하면 된다. 하지만 최종등급 산정 방법을 절대평가나 상대평가+절대평가의 방법을 사용한다면, 최종 평가 등급을 확정하기 위한 절차가 필요하다. 이를 위해서는 다음과 같이 4가지 프로세스가 필요하다.

① 1차 평가자(팀장) 및 2차 평가자(본부장) 점수에 대한 조정
② 평가 대상별 가중치 설정
③ 최종 평가 등급별 부여를 위한 평가 그룹 구분 및 등급별 인원 비중
④ 인사위원회(Calibration Session)에서 최종 결정

최종 평가 등급을 확정하기 위한 첫 단계는 평가자별 점수에 대해 조정 조치를 하는 것이다. 1차 평가자와 2차 평가자의 평가 방법을 상대평가로 진행한다면 별도의 평점 조정 방법이 필요 없지만, 절대평가로 운영한다면 평가자별 관대화 또는 가혹화 등의 평점 오류를 조정해야 한다. 관대화 경향 또는 가혹(엄격)화 경향을 보이는 평가자에게 평가를 받은 평가 대상자는 상대적으로 이득 또는 손해를 볼 수 있으므

로 평가의 공정성 확보를 위해 평가 결과를 보정할 필요가 있다. 이때 많이 사용하는 방법이 평균 일치법, 평균·편차 조정법이다.

<그림 5-8> 평가 요소별 비중(예시)[43]

구분	평균일치법	평균/편차 보정법
산식	(원점수 * (피평가자 전체 평균/평가자 평균)	전체평균+(개인점수-평가자 평균) X (전체 표준편차/평가자 표준편차)
장점	• 평가자별 평균을 동일 구성 • 원래의 평가와 일치 • 산식에 대한 이해가 쉽고 적용하기에 용이	• 평가자별 평균의 차이와 편차를 표준화 시킴 • 정규분포 곡선을 나타냄
단점	• 당초 평가 왜곡현상 잔존 • 평가 결과 피드백에 대한 책임 소재 불명확	• 산식에 대한 이해가 어려워 적용하기가 곤란함 • 평가 결과 피드백에 대한 책임 소재 불명확

평균 일치법

분류	평균점수	부서원A 50점		부서원B 60점		부서원C 70점	
A본부	60점		58.3		70.0		81.7
B본부	70점	보정 후	50	보정 후	60	보정 후	70
C본부	80점		43.8		52.5		61.3
평균	70점						

평균편차 조정법

분류	평균점수	표준편차	부서원A 50점		부서원B 60점		부서원C 70점	
A본부	60점	7		57.1		70.0		82.9
B본부	70점	8.2	보정 후	48.0	보정 후	59.0	보정 후	70.0
C본부	80점	11.8		47.1		54.7		62.4
평균	70점	9.0						

평균 일치법은 각 팀의 평균점을 전체 평균점과 일치하도록 보정하는 방법이다. 이 방법은 <그림 5-8>에서 보는 것처럼 평가자별 평균을 동일하게 조정하는 방법으로, 산식이 쉬워 적용이 용이하지만 평가 왜곡 현상을 없앨 수 없다는 단점이 있다. 평균·편차 보정법은 평가자별 평균점과 편차를 조정하여 평균과 편차의 차이를 표준화시키는 것이다. 그래서 이 방법을 사용하면 평가의 왜곡 현상은 교정할 수 있지만 산식이 어려워 현업에 적용하기 곤란하다는 단점이 있다. 실제 사업장에서는 적용이 용이한 평균 일치법을 많이 활용하고 있다.

둘째 단계는 인사평가 대상별로 가중치가 달라야 한다. 인사평가에서는 <그림 5-9>에서 보는 것처럼 다양한 요소가 사용되는데 이들 각 요소는 조직의 비전 달성이나 성과 목표 성취 등에 미치는 영향도가 다르다. 예컨대 전략을 실행하고 목표를 달성하는 데 업적평가 요소의 영향도는 역량평가 요소보다 크다.

또한 직급별 역할에 따라서도 평가 대상별 가중치를 달리 적용해야 한다. 고직급으로 갈수록 전략의 실행이 중요하므로 업적평가의 가중치가 높아야 하고, 저직급으로 갈수록 목표 달성을 위한 업무수행이 중요하므로 직무 역량 등 역량평가의 가중치가 높도록 설계한다. 즉, 업적평가의 가중치는 회사 KPI 달성에 대한 기여도에

---

43 시앤피컨설팅 내부 자료

비례해야 하므로 '본부장 〉 팀장 〉 팀원' 순으로 높아야 하고, 그 비중은 〈그림 5-9〉에서처럼 대략 40~80% 수준이 적당하다. 역량평가 가중치는 KPI 달성을 위한 전문적인 지식, 기술이나 태도를 필요로 하는 정도를 말하므로 '팀원 〉 팀장 〉 본부장' 순으로 높아야 하며 그 비중은 20~60% 수준이 적당할 것 같다.

그리고 역량별 가중치도 달리 산정해야 한다. 본부장은 실무에 필요한 직무 역량의 필요성이 낮으므로 별도로 반영하지 않는 반면, 핵심 역량과 계층 역량 중심으로 5:5 수준으로 설계하고, 팀장은 리더십 발휘가 중요하므로 핵심:계층:직무 역량 간의 비중을 3:4:3으로 하고, 팀원은 직무 전문성이 중요하므로 핵심:계층:직무 역량의 비중은 3:3:4로 하여 팀장은 계층 역량, 팀원은 직무 역량의 가중치가 높도록 설계한다.

〈그림 5-9〉 평가 대상별 가중치 부여(예시)[44]

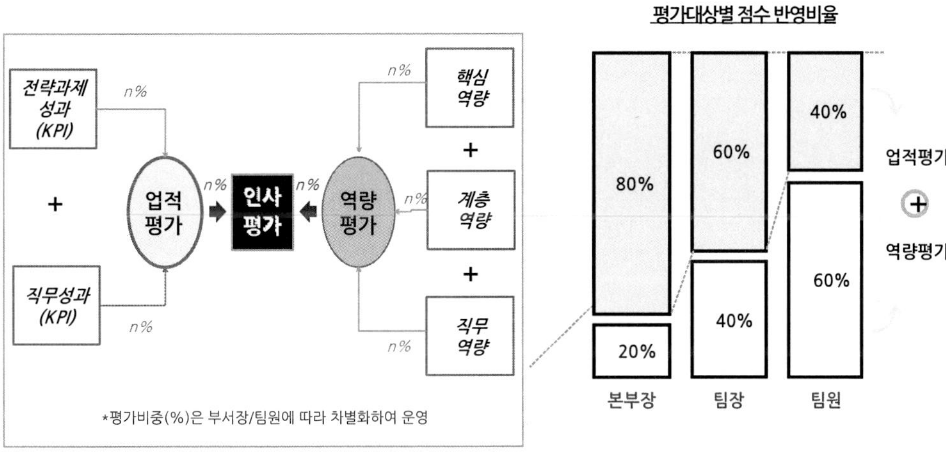

셋째 단계는 최종 평가 등급을 평가 그룹별로 부여하는 것이다. 만약 전체 구성원을 하나의 평가 그룹으로 한다면 차·부장 등 시니어들이 상위 평가 등급을 독식할 것이다. 이러한 불합리를 막으려면 최종 평가 등급은 직급이나 직책을 고려한 평가 그룹별로 나누어서 부여해야 한다. 이는 권투에서 체급별로 챔피언을 뽑는 것과 같

---

[44] 시앤피컨설팅 내부자료

은 이치이다. 그래서 각각의 평가 요소에 대한 평점 산정은 직급과 무관하게 진행하지만, 최종 평가 등급은 직급 등을 고려한 평가 그룹별로 진행해야 한다.

평가 그룹 선정의 1차 기준은 〈그림 5-10〉에서 보는 것처럼 보직자 여부, 2차 기준은 조직 내 역할로 한다. 1차 기준인 보직자는 비보직자들을 평가하는 위치에 있으므로 보직자와 비보직자로 분리하여 보직자들은 보직자들만으로 평가 그룹을 편성한다. 이때 보직자 평가 그룹 내에서도 본부장과 팀장 등 평가자와 평가 대상자로 다시 나누어진다면 이들도 나누어 본부장 평가 그룹, 팀장 평가 그룹 등으로 재분류하여야 한다. 그래서 팀장의 평가 등급은 팀장 평가 그룹 내에서 경쟁한 결과이다.

비보직자들 간에는 평가 그룹 편성의 2차 기준인 조직 내 역할을 적용하여 평가 그룹을 구분한다. 비보직자들 간에도 과장 이상 시니어 그룹은 경험이나 전문성, 역량에서 주니어 계층을 코칭하고 멘토링할 수 있는 위치에 있다. 그래서 비보직자들은 시니어 평가 그룹과 주니어 평가 그룹으로 나누어 최종 평가 등급을 부여한다.

〈그림 5-10〉 평가 그룹 산정(예시)[45]

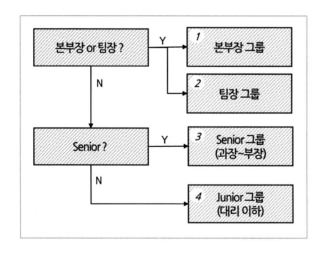

넷째 단계는 인사평가 결과인 최종 평가 등급 산정의 마지막 절차로, 이제까지 진행해온 평가 결과를 놓고 최종적으로 다시 한번 검토하는 단계이다. 최고 의사결정

---

[45] 시앤피컨설팅 내부 자료

자들이 모인 인사위원회(Calibration Session)를 개최하여 평가 그룹별로 상대평가 혹은 절대평가 결과를 놓고 최종 평가 등급을 재검토하여 확정한다. 인사위원회 방식은 부서장들이 모여 그룹 토의를 거쳐서 개인별 최종등급을 결정하는 방식으로, 이는 평가자 오류를 최소화하고 평가 결과에 대한 구성원들의 수용성을 높이고 토의 과정에서 인재 발굴 및 육성에 대한 논의도 할 수 있다는 장점이 있다.

최종 평가 등급 검토를 위한 인사위원회를 성공적으로 개최하기 위해서는 다음과 같은 프로세스가 필요하다.

① 인사부서는 평균점 조정 등의 절차를 거쳐서 개인별 예비 등급표를 작성하여 인사위원들에게 송부하여 사전 검토하게 한다.
② 인사위원들은 사전에 예비 등급표를 검토하고, 최고 및 최저 등급자나 특이 사항에 대해 구체적인 근거 자료들을 미리 준비한다.
③ 인사위원회를 개최하여 예비 등급표의 내용을 심의한다. 인사위원회의 심의 순서는 〈그림 5-11〉에서 보는 것처럼, 평가 그룹별로 B등급 → A/C등급 → S등급 → D등급으로 하여 최종 평가 등급을 확정한다. 이때 평가 그룹별로 최고 등급(S등급)과 최저 등급(D등급) 부여 대상자는 철저한 검증 논의와 신중한 선정이 필요하다. 그래서 이러한 평가 심의 과정을 통해 평가자는 본인이 부여한 평점 소명도 하고 그 근거도 제시해야 한다. 이러한 절차는 최종 평가 등급에 대한 구성원들의 수용성을 높이고 평가 제도의 공정성을 확보하는 데 매우 중요한 역할을 한다.

〈그림 5-11〉 인사위원회 최종 평가 등급 확정 순서

평가등급	S	A	B	C	D
배분비율	절대평가 or 인사위원회	10%	80%	10%	절대평가 or 인사위원회
등급 확정	③	②	①	②	④

07.
피드백은 성과 면담이자, 평가 결과에 대한 피드백이고 피드포워드 활동이다

전략적 인사평가 시스템은 전략을 실행했는지, 올해 목표를 달성했는지, 역량 향상이 이루어졌는지 등에 대한 성찰 활동이다. 이러한 성찰 활동의 마무리는 평가 결과에 대한 피드백이다. 평가 피드백 활동은 MBO의 마지막 단계이자 인사평가 시스템의 마무리 절차이다. 평가자가 하는 인사평가 시스템의 마무리 활동은 〈그림 5-12〉에서 보는 것처럼 3단계 조치, 즉 성과 면담, 평가 결과 피드백 그리고 성과 향상 피드포워드이다. 그래서 평가자는 인사평가 시스템의 한 사이클을 마무리하기 위해서 평가 대상자와 3번 정도 더 만남을 가져야 한다.

우선 평가자는 평가 대상자와 성과 면담을 해야 한다. 성과 면담은 지난 1년간 목표 대비 실적을 성찰하기 위한 것으로, 당초 수립했던 성과 목표와 실적 확인, 우수한 성과와 아쉬운 결과 및 개선점 논의, 자신이 잘했던 부분과 부족했던 부분 논의 등으로 진행된다. 성과 면담의 핵심 부분은 평가자와 평가 대상자 간의 관점이 다른 부분을 확인하고, 이에 대해 평가 대상자의 의견을 충분히 경청하는 것이다.

평가자는 성과 면담의 결과를 가지고 최종 평가를 진행하고, 그리고 그 최종 평가 결과를 피드백하는 자리를 만들어야 한다. 피드백은 구성원 성과 및 역량에 대한 평가 결과를 설명하고 합의하는 절차이다. 여기서는 현행 평가 제도 내용을 설명하여 공유하고, 이번 평가의 특성과 평가 배경을 설명하고, 평점 및 등급 합의 그리고 구성원의 장단점을 설명하고 이에 대한 의견 청취가 이루어진다. 평가 결과 피드백의 핵심 부분은 어떻게 하면 구성원에게 평가 결과를 객관적인 근거 자료로써 설명하느냐이다.

〈그림 5-12〉 최종 점검 프로세스[46]

성과 면담	평가 결과 피드백	성과향상 피드포워드
목적 1년간 목표 대비 실적 성찰	성과 및 역량 평가 피드백	장래 성과 향상 및 역량 개선
성공요인 ▪ 연초에 작성한 목표 기준, 그동안 제공한 피드백, 사전 평가 초안 작성 등 철저한 준비성	▪ 평가 결과에 대한 다른 의견에 대해 근거를 가지고 차분히 설명할 용기	▪ 내년에 목표를 성취할 성과와 역량 향상 방향에 대한 합의
주요 면담내용 ▪ 당초 수립했던 성과목표와 실적 확인 ▪ 우수한 성과와 아쉬운 결과 논의 ▪ 아쉬운 결과에 대한 개선점 논의 ▪ 자신이 잘했던 부분과 부족했던 부분 논의	▪ 현행 평가제도 내용 공유 ▪ 이번 평가의 특성과 평가배경 설명 ▪ 평점 및 등급 피드백 ▪ 구성원의 장단점을 설명하고 이에 대한 의견 청취	▪ 구성원의 성과와 역량 향상 방안 논의 ▪ 다음년도에 도전하고 싶은 목표 및 역량강화 방안 논의 ▪ 중장기적으로 경력관리 방안 ▪ 리더의 지원 요청 사항

인사평가 시스템의 마지막 단계는, 평가자가 평가 대상자에게 성과 향상 피드포워드를 하는 자리이다. 피드포워드에서는 미래 성장을 위한 성과 및 역량 향상을 위하여 구성원의 성과와 역량 향상 방안을 논의하고, 다음 해에 도전하고 싶은 목표 및 역량 강화 방안이나 중장기적으로 경력관리 방안을 논의하고, 기타 리더의 지원 요청 사항 등을 확인하게 된다. 일반적으로 성과 면담과 결과 피드백 절차는 거치지만, 성과 향상 피드포워드 단계는 생략하는 경우가 많다. 하지만 인사평가가 성찰 활동이므로 성과 향상 피드포워드도 수행해야 한다.

사실 중소기업에서 평가자와 평가 대상자가 1번도 만나기가 쉽지 않은데, 3번을 만난다는 것은 현실적이지 못하다. 중소기업의 인사평가 시스템은 간소해야 하고 구성원들에게 가해지는 부담을 최소해야 한다. 인사평가 마무리 프로세스도 평가자와 평가 대상자가 1번 만나는 것으로 간소하게 설계할 필요가 있다. 말하자면, 인사평가 마무리 3단계를 1단계로 압축 설계하는 것이다.

---

46 시앤피컨설팅 내부 자료

그래서 중소기업의 평가 마무리 절차는 피드백 절차 중심으로 압축 설계한다. 우선, 성과 면담을 위한 만남의 시간을 절약할 수 있다. 성과 면담의 핵심이 당해 연도 성과에 대한 사실 확인이므로, 이는 만나지 않고 이메일을 통해 확인할 수 있다. 이렇게 확인된 사실을 바탕으로 인사평가 최종 작업을 진행하고, 최종 평가 등급이 나오면 평가자는 그 자료를 바탕으로 피드백 면담을 진행한다. 피드백 면담의 내용은 평가 제도 공유, 평점 및 평가 등급 통보, 장단점 등 〈그림 5-12〉에서 나온 내용 중심으로 진행하고 여기에 내년도 성과와 역량 향상 방안과 도전하고 싶은 목표 등 평가 피드포워드 부분도 포함한다. 평가자가 이러한 내용으로 평가 피드백을 준비한다면 1번을 면담하더라도 3번의 면담 효과를 낼 수 있다.

그런데 중소기업에서는 면담은 고사하고 평가 결과조차 알려주지 않는 곳도 많다. 이는 평가 결과를 차별적 보상의 목적으로만 활용하고, 성과와 역량 향상을 위한 성찰 활동으로 활용하지 않기 때문에 발생한다. 하지만 인사평가는 구성원의 성과와 역량에 대한 성찰이고, 사업장의 성과 향상과 역량 개발을 위해 존재하는 것이고, 평가 결과에 따른 연봉 인상 등은 부수적인 부산물에 불과하다. 이러한 관점에서 볼 때, 최종 결과의 피드백 자리는 인사평가 프로세스에서 가장 중요한 부분이다. 이 자리에서 올해의 성과 목표 대비 실적의 우수한 점과 개선점을 합의하고, 내년에 더 좋은 성과를 내기 위해 무엇을 해야 할지 등을 성찰하기 때문이다. 인사평가 제도의 성공적 운영은 실적에 대한 올바른 성찰과 면담 결과에 대한 구성원들의 수용성에 있으므로, 평가 결과의 피드백 면담의 중요성은 아무리 강조해도 지나치지 않다.

한편 피드백의 성공 요인은 평가 대상자와 의견 차이가 있는 부분을 근거로써 차분히 설명할 평가자의 용기라고 한다. 인사평가에는 평가자의 가치관이나 주관적 판단이 개입하게 되고, 그러면 평가 대상자의 입장에서 수용하지 못할 부분이 분명히 발생하게 된다. 이때 평가자에게는 불편하고 어려운 상황이지만 직원의 성장과 발전을 위하여 용기를 발휘하여 건강한 대화를 이끌어내야 한다. 비록 평가자와 평가 대상자의 의견이 경합할 때는 '평가자가 늘 옳다'라는 말이 있지만, 평가자는 공정한 평가 제도 구축을 위해 평가 대상자의 말에도 귀 기울이고 충분히 설명하는 노력을 해야 한다.

그리고 공정하고 수용성 높은 평가 제도 설계를 위해서는 평가 대상자가 평가 결과에 대해서 부당하게 느끼는 부분에 대해서는 스스로 소명할 수 있도록 해야 한다. 이러한 제도가 바로 이의제기 절차이다. 이의제기 절차의 사전적 개념은 어떤 결정이나 평가의 결과나 내용에 불만이나 의문을 제기할 수 있도록 하는 것이다. 이는 모든 평가 대상자에게 평가 결과에 대한 자신의 의견을 표현하고 불만을 제기할 수 있도록 하고, 이에 대해 제3자(인사위원회)가 평가자의 평가 결과를 전반적으로 검토하면서 부당하거나 잘못된 점을 찾아내 수정한다는 점에서 평가의 객관성과 공정성 확보에 중요한 역할을 한다.

〈그림 5-13〉 평가 피드백 및 이의제기 절차[47]

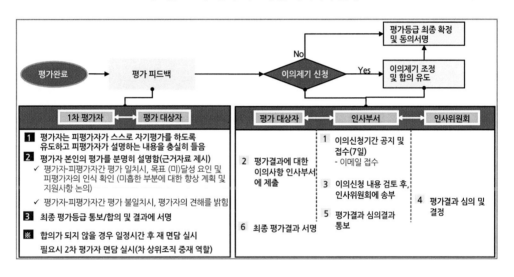

　인사평가 시스템의 이의제기 절차의 설계는 평가 결과의 공개로부터 시작한다. 평가 대상자가 평가 피드백에 대해 차상위 상사(2차 평가자)까지 면담을 했음에도 수용할 수 없는 경우에는 평가 결과 공개 이후 1주일 이내 기간을 정하여 이의를 제기할 수 있도록 한다. 평가 대상자의 이의제기는 〈그림 5-13〉에서 보는 것처럼 이의제기 신청 기간 동안에 인사부서를 통해서 진행한다. 평가 대상자가 이의제기 사유 및 근거를 첨부하여 인사부서에 제출하면, 인사부서는 이를 근거를 인사위원회를

47　시앤피컨설팅 내부 자료

소집하고 평가 결과를 심의하게 한다. 이때 평가자와 평가 대상자가 모두 참석하게 하고, 충분한 소명 기회를 부여한다. 그리고 빠른 시일 내에 결론을 도출하여 평가 대상자에게 통보하고 평가 절차를 마무리한다.

PART

06

**평가 활용은
우수 인재 확보와 유지에 중요**

01.
평가 활용은
보상, 승진, 저성과자 관리가 핵심

인사평가 시스템은 전략 실행과 성과 향상, 역량 개발을 위한 성찰 활동이다. 이러한 성찰 활동은 연초에 설정한 목표 수준의 달성 여부와 이러한 목표 달성에 필요한 역량 정도를 진단하고 개선하는 과정에서 이루어진다. 성찰 활동의 질에는 평가자들의 코칭이나 피드백 등 리더십이 중요하지만, 그에 못지않게 평가 결과를 어떻게 활용하는가도 중요한 영향을 미친다. 기업에서 평가 결과를 어떻게 활용하느냐에 따라 목표 수준이나 역량 개발에 성공할 수도 있고, 실패할 수도 있기 때문이다.

평가 결과의 활용이 조직성과에 영향을 미친다는 이론적 근거가 기대이론이다. 기대이론은 구성원들의 동기부여와 고성과를 달성하게 하는 메커니즘을 설명하고 있다. 구성원의 목표가 노력하면 달성 가능한 수준이고, 그 수준을 달성하면 그에 합당한 보상이 이루어지고, 그리고 그 보상에 대해 구성원이 만족한다면, 그는 동기부여를 받아 한층 더 높은 성과를 달성하려고 노력한다는 것이다. 예를 들면 '감나무에 달린 감을 따려는 노력은, 감이 딸 수 있는 높이에 달려 있고, 감을 좋아한다면, 감을 한 개라도 더 따려고 노력할 것이다'라는 것과 같은 이치이다. 이때 보상에는 임금과 같은 외재적 보상뿐만 아니라 승진이나 교육훈련 같은 내재적 보상도 모두 포함한다.

일반적으로 조직 구성원들은 자신의 성과에 대한 공정한 인사평가와 그에 따른 보상을 기대한다. 그런데 사업장에서 인사평가 결과를 보상과 연계하지 않으면, 구성원들의 동기는 저하되고 성과를 중시하지 않게 된다. 특히 우수한 인재들은 자신의 성과에 대한 기대가 충족되지 않을 경우 적절한 보상이 주어지는 다른 조직으로 이탈할 가능성이 높다.

인사평가 결과와 보상을 연계시키는 것은 조직의 성과 향상뿐만 아니라 우수 인력 유지에도 중요한 역할을 한다. 만약 조직에서 인사평가 결과를 보상과 연계하지 않으면 구성원들은 인사평가의 진정성을 의심하게 된다. 이러한 이유로 많은 기업들이 인사평가 결과와 보상을 연계하고 있다. 인사평가 결과의 보상과 연계는 〈그림 6-1〉에서 보는 것처럼 보상, 승진, 저성과자 관리 분야에서 주로 이루어지고 있다. 뿐만 아니라 인사평가 결과는 교육훈련, 배치 이동, 포상, 채용의 타당성 확인에도 활용된다.

〈그림 6-1〉 인사평가 결과 활용

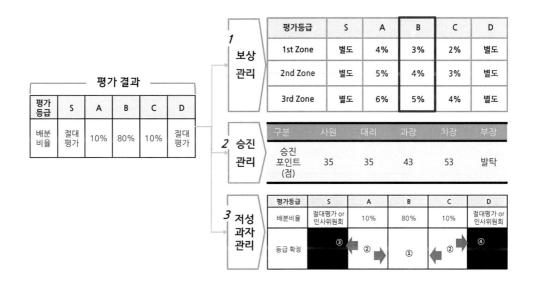

02.
보상관리는 종합평가 결과에 연계하여 공정하게

성과에 대한 보상이 조직의 목표 달성에 효과적이라는 것은 대기업이든 중소기업이든, 오래된 기업이든 신설 기업이든 거의 모든 조직에서 공통적이다. 그래서 인사평가 시스템 초기에는 성과관리보다는 평가와 보상관리와의 연계를 중시한다. 조직 구성원들은 목표 달성에 대해 공정하고 효율적인 보상이 이루어질 때 동기부여가 되고 더욱 성과 향상과 역량 개발을 위해 노력하게 된다.

보상관리의 핵심은 공정한 보상이다. 공정한 보상은 조직성과 창출에 대한 기여도를 기준으로 차등 보상하는 것이다. 이러한 공정한 보상은 구성원들의 동기부여와 인재 유입에 중요한 역할을 한다. 특히 임금 경쟁력이 취약하고 고성과자, 고숙련근로자의 유출에 고민이 많은 중소기업에게 절실하다. 공정한 보상관리를 위한 인사평가와 보상 관계의 설계에는 다음과 같은 3가지 이슈가 있다(<그림 6-2> 참조).

① 연봉 인상을 위해, 업적평가와 역량평가를 어떻게 종합할 것인가?
② 종합평가를 기본연봉에 어떻게 연계할 것인가?
③ 종합평가를 성과급(인센티브)에 어떻게 연계할 것인가?

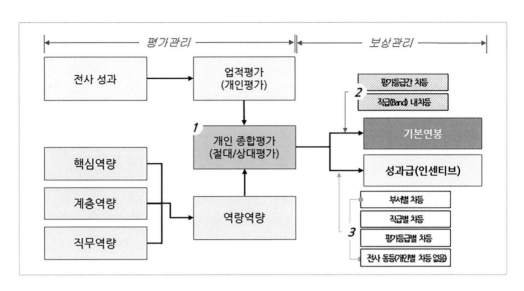

첫째, 연봉 인상을 위한 평가 등급 설계이다. 연봉 인상을 위한 업적평가와 역량평가 결과를 반영하는 방법에는 2가지가 있다. 하나는 업적평가와 역량평가를 모두 종합평가로 산정하여 기본급과 성과급에 반영하는 방법이다. 업무의 성과는 목표 달성과 역량 향상으로부터 발생한다. 구성원의 목표 수준이 높고 전문성이 우수하며 열정적인 태도를 가지고 있으면 성과는 높아질 수밖에 없다. 목표를 달성하고 업무 성과를 내려면 우선 그에 합당한 역량을 갖추어야 하는 것이다. 즉, 역량은 성과의 선행요소이다. 업무성과에 역량의 역할은 중요하므로 기본연봉 및 성과급 지급에도 역량평가 결과를 반영하는 것이다. 그래서 연봉 산정을 위한 평가 등급은 업적평가와 역량평가를 합한 종합평가로 한다.

평가 등급을 결정하는 또 하나의 방법은 업적평가와 종합평가를 별도로 산정한다. 기본연봉에는 종합평가(업적연봉 + 역량평가)를 반영하고 성과급에는 업적평가만을 반영한다. 이는 업무의 성과는 KPI 달성(업적평가)으로 결정되는 것이므로, 성과급에는 업적평가 결과만 반영한다는 논리이다. 그래서 성과가 높은 직원에게 높은 보상을 한 결과, 조직에는 성과주의 조직문화가 형성된다.

---

48 시앤피컨설팅 내부 자료

둘째, 종합평가(평가 등급)을 기본연봉에 연계하는 방법 설계이다. 평가 등급의 기본연봉 연계는 〈그림 6-2〉처럼 '평가 등급 간 차등 방법'과 '직급(pay band⁴⁹) 내 차등 방법'의 설계를 통해서 이루어진다. 먼저 평가 등급 간 차등에는 'add(더하기) 인상' 방식과 'multiple(곱하기) 인상' 방식의 두 가지가 있다. add(더하기) 인상 방식은 평가 등급 간 차등을 위해 일정한 수치를 더하거나 빼서 인상률을 결정한다. 예컨대 〈그림 6-1〉에서 보는 것처럼 B등급 3% 인상이면 A등급 4%(=3+1), C등급 2%(=3-1) 인상으로 정하는 것이다. 더하기 방식의 인상은 보상 재원 관리가 용이하지만, 등급 간 격차가 적다는 단점이 있다. multiple(곱하기) 방식은 평가 등급 간 차등을 일정한 수치로 곱하거나 나누어서 인상률을 결정한다. 예컨대 B등급 3% 인상이면 A등급 4.5%(=3×1.5), C등급 2%(3÷1.5)로 안상하는 방식이다. 이런 곱하기 방식은 평가 등급에 상대적으로 높은 인상률이 적용되어 고성과자에 대한 동기부여는 강화되지만 보상 재원이 많이 소요된다는 단점이 있다. 일반적으로 중소기업의 평가 등급의 기본연봉 연계 방법은 재원 관리가 용이한 더하기 방식을 많이 활용한다.

또한 직급(pay band) 내 차등 방법에도 '직급 내 동일' 방식과 '직급 내 차등' 방식이 있다. 먼저 직급 내 동일 방식은 '동일 직급(pay band) = 유사 역량 = 유사 역할과 책임'의 의미를 지니므로, 동일 pay band 내에서는 동일 인상률을 적용하게 된다. 예컨대 과장 직급 내에서의 B등급은 모두 동일하게 차등 없이 3% 적용하는 식이다. 이 방법은 pay band 관리가 용이하여 직원들의 이해도 및 수용도를 높이는 대신, 직급 내 지속적 고성과자 또는 저성과자는 임금 격차를 심화시켜 임금 outlier⁵⁰를 유발시킨다.

직급 내 차등 방식은 직급(pay band) 내 구간을 설정하여 그 구간에 따라 임금 인상률을 차등 적용하는 방식이다. 예컨대 〈그림 6-1〉에서 보는 것처럼, 과장 직급의 임금수준을 3개 구간(上, 中, 下)으로 나누어서, 동일한 B등급이라도 上 구간에는 2%를 적용하고, 中 구간에는 3%, 下 구간에는 4% 등으로 인상하는 등 구간별로 차등 적용하는 것이다. 즉, 동일 직급 내 임금 수준이 낮을수록 높은 인상률을 적용함으

---

49 직급별 급여의 상한 값과 하한 값의 범위를 나타내는 박스(band)
50 pay band의 범주를 벗어나는 특이자

로써 '동일 직급 = 유사 임금'의 취지를 살려 직급 내 임금 격차를 줄이겠다는 의도이다. 이 방법은 직급 내 임금 평준화에는 기여하지만, 지속적 고성과자의 동기부여가 약하고 pay band 운영을 복잡하게 한다는 단점이 있다.

셋째, 평가 등급과 성과급(인센티브)과의 연계 방법 설계이다. 평가 등급과 성과급의 연계는 〈그림 6-3〉에서 '부서별 차등', '직급별 차등', '평가 등급별 차등', '전사동등' 등 4가지 방법으로 설계할 수 있다. '부서별 차등' 방법은 성과평가를 부서 간경쟁으로 운영하여, 부서 간의 성과급은 차등 적용되지만 부서 내 구성원 간에는 동일 등급을 적용하는 방식이다. 이 방법은 부서원 간 협력 강화 및 수용성 확보의 장점은 있지만, 소속 부서 내 고성과자의 불만 발생 우려가 있다. 이것은 삼성그룹에서 성과급을 지급하는 방식이다.

〈그림 6-3〉 성과급 지급 방법(예시)[51]

부서별 차등				직급별 차등				평가등급별 차등				전사 동등(차등 없음)	
사업부문 사업부	A등급	B등급	C등급	구분	A등급	B등급	C등급	구분	A등급	B등급	C등급	구분	전사 모든직원
A등급	100%	75%	50%	차장 이상	α%	α-1%	α-2%	차장 이상				지급률	기본급의 50%~100%
B등급	75%	50%	25%	과장	α+1%	α%	α-1%	과장	30%	20%	10%		
C등급	50%	25%	-	대리 이하	α+2%	α+1%	α%	대리 이하					

'직급별 차등' 방법은 개인 평가 등급에 대한 성과급 지급률을 직급별로 차등화하는 것이다. 예컨대 동일한 A 등급이라도 과장 직급 7% 인상, 대리 이하 직급 9% 인상하여 배분하는 방식이다. 이 방법은 하후상박(下厚上薄)으로 동일 평가 등급이라도 상위 직급일수록 낮은 등급으로 지급하는 방법이다. 이 방법은 고직급일수록 지급률을 낮게 책정하므로써 하위 직급자의 동기부여 효과가 있는 반면, 상위 직급자들의 동기저하 우려가 있다.

'평가 등급별 차등' 방식은 부서나 직급과 무관하게 개인별 평가 등급에 따라 전사동등 배분율을 적용하는 방식이다. 예컨대 평가 등급이 A이면 직급과 무관하게 기본연봉의 30%를 지급하는 방식이다. 이 방법은 직급별 차등 방법과 반대로 상후하

---

51 시앤피컨설팅 내부 자료

박(上厚下薄)의 효과가 있으므로 직급별 역할과 책임을 반영할 수 있어 상위 직급자의 동기부여가 가능하지만, 상대적으로 하위 직급자의 동기저하가 우려된다.

'전사 동등 지급 방식'은 전사 모든 직원들에게 동등한 성과급 지급률을 반영하는 것이다. 이 방식은 전사의 공동체 의식을 강화하는 효과가 있지만 무임승차자 발생 우려가 있다. 이것은 포스코에서 시행하는 성과급 지급 방식이다.

중소기업은 평가 결과와 보상과의 연계를 간소하게 설계해야 한다. 연봉 인상을 위한 평가 등급 설계는 업적평가와 역량평가 결과를 모두 합한 종합평가로 반영하고, 평가 등급을 기본연봉에 연계하는 방법으로 평가 등급 간 차등 방법은 더하기 방식으로, 직급(pay band) 내 차등 방법은 직급 내 동일 방식으로 설계한다. 그리고 평가 등급과 성과급(인센티브)과의 연계 방법은 직급별로 인원 규모가 크지 않은 점을 고려하여 평가 등급별 차등이 합리적이다.

03.
승진관리는 승진 포인트제로
간소하게

승진은 임금과 함께 인사평가 결과와 연계되는 대표적 부문이다. 조직 구성원들이 목표를 달성하고 역량을 육성하는 궁극적인 목적은 다양한데, 어떤 직원에게는 연봉 인상에 있고 어떤 직원에게는 승진에 있다. 승진이란 조직에서 직무 또는 직위의 상승을 의미한다. 승진은 조직에게는 인재 확보의 계기를 만들어주고, 구성원에게는 자기 발전의 기회를 제공한다. 조직 구성원들의 동기부여는 승진, 즉 성장 욕구가 충족될 때 최고조가 되고 최고의 성과와 생산성을 만들어낸다.

구성원들이 승진 제도에 대한 관심이 많은 만큼, 공정한 승진관리에 대한 기대도 크다. 공정한 승진관리는 학력이나 근속 등 연공적 요소를 폐지하고 성과와 역량 중심으로 상위 직위에 보임하는 것이다. 우리 경제가 저성장 시대로 접어들고 또한 IT 기술발달 등의 영향으로 조직은 축소되고 인력은 고직급화되는 등 많은 기업들이 승진정체 현상을 겪고 있는 상황에서 공정한 승진관리 시스템 구축은 중요하다.

중소기업에서도 승진 제도는 중요하다. 중소기업의 승진 행태를 보면, 구성원 간 승진차이가 크지 않고 차이가 나더라도 1~2년 정도이며 대부분 순차적으로 승진하게 된다. 구성원들 간 업무 여건이 유사하고, 역량 차이로 인한 우열을 가리기가 쉽지 않고, 대부분 승진 기준이 연공서열이다. 또한 매번 회사 경영층은 승진관리에 많은 시간과 에너지를 쓰고 있음에도 구성원들로부터 승진에 대한 불만이 높다. 따라서 중소기업의 승진 제도는 공정해야 하지만, 간소하게 설계할 필요도 있다.

기업에서 공정하고 간소한 승진 제도를 구축하는 방법은 승진 포인트제(또는 마일리지 제도)를 도입하는 것이다. 이 제도는 연공보다는 개인의 역량이나 업적을 우선하여 승진에 필요한 제반 요소를 점수(point)화하고, 일정 점수를 획득하면 직급별 승진 연한에 구애 없이 승진 또는 승진심사 대상이 되도록 하는 것이다. 이러한 승진 포인트제 설계를 위한 핵심 이슈는 다음 3가지이다.

① 승진 포인트의 항목을 무엇으로 할 것인가?
② 항목별 전환 점수는 어떻게 부여할 것인가?
③ 승진 포인트 도달 시 승진시킬 것인가? 아니면 승진 자격을 부여할 것인가?

먼저 승진 포인트 제도에서 포인트를 부여할 항목을 정해야 한다. 포인트 부여 항목은 조직의 미션·비전과 전략 목표 달성에 기여할 수 있고 또는 상위 직급 수행에 필요한 역량이나 전문성 중심으로 구성한다. 기업들의 사례를 보면 포스코, 삼성 등 글로벌 기업은 물론이고 많은 공·사기업에서도 승진 포인트제를 운영하고 있다. 승진 포인트 주요 항목은 〈그림 6-4〉에서 보듯이 인사평가, 교육, 외국어, 사회봉사, 포상 등으로 구성하고 있으며, 그 중심에는 인사평가 제도가 있음을 알 수 있다.

〈그림 6-4〉 승진 포인트 운영(예시)[52]

구 분	POSCO	삼성	SK 하이닉스	농어촌공사
항 목	승진시험, 어학, 통섭교육, 인사고과, 제2외국어	인사고과, 외국어, 정보화, 6시스마, 표창	인사평가 결과를 점수로 환산	CDP, 자기개발, 성과관리, 사회봉사, 표창 등
승진 포인트[1]	○ (매니저 승진)	○ (과장 승진까지)	○ (인사 마일리제도)	X
승진 자격 포인트[2]	○ (시니어 매니저~)	○ (차장~)	X	○

1) 승진 포인트 : 승진 포인트 요건 충족 시 바로 승진 조치
2) 승진 자격 포인트 : 승진 포인트 요건 충족으로 승진 자격을 취득하게 되고, 승진 여부는 별도 심의를 거쳐 실시

52 인터넷 기사 활용 자료

둘째, 승진 포인트 항목별 점수 부여 기준을 설계해야 한다. 승진 포인트 제도 설계의 핵심은 각 요소별 공정한 점수 부여이다. 상위 직급의 승진일수록 높은 기준이 요구되듯이, 승진 포인트 점수도 상위 직급으로 갈수록 높은 점수를 부여한다. 예컨대, 부장 승진 포인트에는 인사평가 S등급 중심으로, 과장 승진 포인트에는 A등급 중심으로 승진 포인트 점수를 부여한다면 합리적일 수 있다(〈그림 6-5〉 참조). 다만 승진 포인트를 부여할 때 인사평가 S등급을 10점으로 할 것인지, 20점으로 할 것인지 등은 사업장 여건을 고려하여 자율적으로 정하면 된다.

〈그림 6-5〉 승진 포인트 운영(예시)[53]

직급		표준 연한	승진 포인트 내역			승진 포인트 점수				비고
			인사평가	교육훈련	상벌	인사평가[1]	교육훈련[2]	상벌	소계	
차장-〉부장		5년	S-1회 A-2회 B-2회	4과목/년	대표이사 (1회)	38	10	5	53	• 포상(5점) : 대표이사상 • 포상(3점) : 본부장상 • 중징계(-3점) : 정직, 감봉 • 경징계(-1점) : 견책, 경고 ※ 기타 : 우수 논문상 등 외부에서 회사 브랜드를 고양시킨 경우에 별도 승진 포인트 부여
과장-〉차장		4년	S-1회 A-1회 B-2회	4과목/년	대표이사 (1회)	30	8	5	43	
대리-〉과장		4년	A-1회 B-3회	3과목/년	본부장(1)	26	6	3	35	
사원-〉대리	대졸	1년	B-1회	2과목/년	-	6	1	-	7	
	전문졸	3년	B-3회	2과목/년	-	18	3	-	21	
	고졸	5년	B-5회	2과목/년	-	30	5	-	35	

1) 인사평가 등급별 포인트 : S등급 10점, A등급 8점, B등급 6점, C등급 4점, D등급 0점
2) 교육훈련 포인트 : 1과목 당 0.5점으로 환산(연 최대 2점까지 부여)

셋째, 승진 포인트를 취득했을 때 바로 승진시킬 것인지 아니면 승진 자격만 부여할 것인지를 결정해야 한다. 이것은 사업장에서 승진에 따른 역할과 책임 부여, 임금 상승이나 혜택의 정도에 따라 다를 것이다. 그래서 일반적으로 하위 직급 승진에서는 승진 포인트 취득 시 바로 승진을 시행하지만, 상위 직급으로 갈수록 승진 포인트로는 승진 자격만 부여하고 승진 여부는 별도의 승진 심의를 거쳐서 결정한다. 이는 상위 직급으로 갈수록 기술적, 지식적 역량 외에 사업에 대한 통찰력, 비전과

---

53 시앤피컨설팅 내부 자료

전략을 제시하는 역량 등의 리더십이 필요하고, 따라서 상위 직급으로 승진 후에도 이러한 리더십을 성공적으로 수행할 수 있는지를 신중하게 판단하기 위한 것이다.

중소기업의 승진 포인트제는 공정하고 간소하게 설계되어야 한다. 승진 포인트 항목은 인사평가, 교육훈련, 상벌 중심으로 구성하고 모든 직급에서 해당 승진 포인트 도달 시 승진 자격을 부여하는 것이 아니라 바로 승진할 수 있도록 한다.

04.
저성과자에게 올바른 기회가 부여될 수 있도록 프로그램 마련

기업의 인사평가는 조직의 성과와 역량에 관한 대시보드(dashboard, 계기판) 역할을 한다. 인사평가가 조직의 강점이나 개선이 필요한 부분 또는 구성원들의 성과나 역량 수준에 대한 정보를 제공하기 때문이다. 그래서 기업은 인사평가를 통해 획득한 정보를 바탕으로 구성원들을 스타급 인재(A-Player), 보통의 인재(B-Player) 및 저성과 직원(C-Player)으로 구분하여 자신의 강점과 약점을 코칭·피드백하고 필요한 부분은 개선토록 한다. 조직에서 구성원들의 구분은 가변적이다. 구성원들은 자신의 열정이나 노력 여하에 따라 'C-Player → B-Player → A-Player'로 변할 수도 있지만, 역으로 B-Player가 C-Player로 추락할 수도 있다. 그래서 조직은 저성과 직원(C-Player)들의 변화 가능성에 주목하고 이들의 성과와 역량 향상에 노력하고 있다.

조직 내 저성과자라고 함은 자신의 역할과 책임을 수행하기 위한 역량이 부족하여 조직이 요구하는 성과를 창출하지 못하는 직원이다. 이러한 저성과자의 존재는 자신에게 주어진 역할과 책임을 동료들에게 전가하여 부서의 성과 하락과 불만족을 유발시킨다. 특히 저성과자가 부서장인 경우에는 팀과 팀원을 잘못된 방향으로 관리·코칭할 수 있으므로 조직에 심각한 문제를 발생시킬 수 있다. 그래서 조직의 성과 향상과 개인의 전문 역량 향상을 위해서 저성과자 관리 방안 설계는 필수적이다.

이러한 저성과자 관리 방안 설계를 위한 핵심 이슈는 다음 3가지이다.

① 우리 조직에서 누가 저성과자인가?

② 저성과자 육성을 위해 어떤 교육 프로그램을 운영할 것인가?

③ 저성과자 대상자들을 어떻게 관리할 것인가?

먼저, 조직에서 '누가 저성과자인지'를 정하는 기준을 마련해야 한다. 만약 어떤 직원이 저성과자로 선정되었다고 통보를 받게 되는 상황을 가상해보면, 그 직원은 그것을 마치 '저성과자 낙인'으로 받아들여 자신의 업무에 흥미와 보람을 잃고 회사에 배신감을 가지게 될 것이다. 그래서 저성과자 선정 기준은 중요하며, 구성원들이 납득할 수 있도록 객관적이고 공정해야 한다.

일반적으로 저성과자 선정 기준으로 인사평가 결과를 활용한다. 저성과자는 인사평가 최하위 등급에 속하는 직원이다. 예컨대 인사평가 최종등급이 5개 등급(S~D) 또는 3개 등급(A~C)인 경우, D등급 또는 C등급에 해당하는 직원이 저성과자가 된다. 그러면 D등급을 받을 때마다 저성과자로 분류할 것인가, 아니면 2년 또는 3년 단위로 연속 D등급일 때에 저성과자로 분류할 것인가 하는 점이 문제가 될 수 있다. 최근 대법원 판례[54]에 따르면, 회사에서 3년간 2회 이상 최저 등급을 받은 직원을 저성과자로 분류한 것을 타당하다고 보았다. 따라서 저성과자 선정 기준은 '최근 3년간 인사평가 2회 이상 최저 등급을 받은 직원'으로 하는 것이 법적 정당성이나 직원들의 납득에도 무리가 없을 것으로 보인다.

다음은 저성과자 육성 프로그램을 설계해야 한다. 일반적으로 저성과자를 관리하는 방법에는 육성 접근법과 퇴출 접근법이 있다. 육성 접근법은 교육 기회를 제공하거나 별도의 도전과제를 부여하여 C-Player를 B-Player로 육성하는 방법이고, 퇴출 접근법은 그럼에도 불구하고 개선의 여지가 없다고 할 때는 전직을 유도하는 방법이다. 저성과자 육성 프로그램은 저성과자 관리 방법 중 육성 접근법의 관점이다.

저성과자 육성 프로그램은 저성과자들의 부족한 역량을 실질적으로 향상시킬 수 있는 맞춤형으로 설계해야 한다. 저성과자 육성 프로그램은 〈그림 6-6〉에서 보는

---

54 대법원 2023. 1. 12. 선고 2022다281194 판결

것처럼 저성과 원인에 대한 진단 및 분석으로부터 시작한다. 인사부서 주관으로 면담을 통하여 저성과 원인을 분석하고 희망 교육 프로그램과 저성과 원인 극복을 위한 특별과제를 선정한다. 육성 프로그램은 공통과정과 직무과정을 포함하고 각각 최소 3개 이상의 과정을 온라인 또는 오프라인으로 수강하도록 한다. 그리고 저성과 관리 기간 동안 수행하는 특별과제는 인사부서에서 매주 활동을 점검하고 특별과제의 최종보고서는 향후 연말 인사평가 시에 반영한다.

〈그림 6-6〉 저성과자 육성 프로그램(3개월 과정, 예시)

구분	진단 분석	공통과정	직무과정	특별과제 수행
내용	• 저성과 원인 분석 • 희망 교육과정 선정 • 특별과제 수행 주제 선정	• 핵심역량 해당 내용 • 성과창출 과정 • 역량향상 과정	• 직무역량 향상 해당 과정 • 보고서 작성 등 업무 Skill 개발 과정	• 저성과 원인 극복을 위한 특별과제 수행 • 최종보고서 제출
방법	인사부서 면담	온라인/오프라인 교육 수강		자율적 수행(활동 점검)
기간	1주	1개월		2개월

한편, 저성과자에게 전직을 유도하는 퇴출 접근법이 무조건 나쁜 것은 아니다. 퇴출 접근법은 고통과 스트레스 속에서 생활하고 있는 저성과자에게는 하루라도 일찍 본인에게 맞는 조직이나 직무를 구하도록 돕는 측면이 있다. 이에 대해 잭 웰치는 다음과 같은 조언[55]을 하고 있다.

"나는 처음에 이러한 정책을 실행하는 것이 정말 옳은 것인지에 대해 많은 고민을 했다. 하지만 하위 10% 인력을 회사에 묶어둠으로써 다른 직업을 선택할 수 있는 기회조차 빼앗고, 나이 들어 회사를 그만두게 하는 것이 더 잔인한 것이 아닌가."

저성과자 퇴출 접근법의 가장 바람직한 형태는 지속적인 면담을 통해 자발적 퇴직을 유도하는 것이다. 이 경우에 구직 기간 동안 경제생활을 지원하는 차원에서 위로금(희망 퇴직금, 명예 퇴직금 등)을 지급한다든지 또는 실업급여 수령이 가능하도록 권고사직 조치를 하는 것도 방법이다. 퇴출 접근법의 마지막 단계인 해고는 가급적 피해야 하지만, 불가피할 수도 있다. 이 경우 법률적 리스크 최소화를 위하여 해고 예

---

55   잭 웰치(이동현 옮김), 『끝없는 도전과 용기』, 청림출판, 2008

고, 해명 기회 부여 등의 조치도 취해져야 한다.

저성과자 관리의 마지막 이슈는 저성과자 관리 프로세스 설계이다. 우선 인사부서에서는 최근 3개년의 인사평가 결과를 바탕으로 저성과자 해당 여부를 검토하고 인사발령 조치를 하고, 해당 부서장은 저성과자의 부재에 대비하여 부서 업무를 조정한다(〈그림 6-7〉 참조). 그리고 인사부서는 진단 분석 면담을 실시하고, 매주 육성 프로그램 활동 결과를 점검한다. 저성과자는 육성 프로그램에 따라 교육 과정을 수강하며 특별과제를 수행하고, 마지막으로 최종보고서를 제출함으로써 저성과자 육성프로그램을 종료한다. 그 후 인사부서에서는 저성과자를 최종 면담하고 현업 복귀 또는 부서 변경을 결정하게 되고, 현업 부서장은 복귀한 저성과자에게 다시 업무를 부여하고 성과 향상과 역량 강화가 이루어지도록 관리한다.

〈그림 6-7〉 저성과자 관리 PDCA(예시)

구분	Plan	Do	Check	Action
인사부서	프로그램 준비, 대상자 통보	진단 분석 면담	매주 활동 결과 점점	최종 면담
저성과자		육성 프로그램 활동	최종보고서 제출	현업 복귀
부서장	저성과자 부재에 따른 업무조정			업무 부여 및 코칭 실시

PART

07

인사평가, 사용자의 권한이지만
정당한 행사 필요

01.
객관적이고 공정한 평가 시스템은
법률적 리스크 관리 면에서 중요

때때로 조직의 인사결정이 진정이나 소송의 대상이 되기도 한다. 구성원이 직위해제, 저성과로 인한 해고, 기간제 근로자 근로계약 갱신 여부 등의 인사처분이 부당하다고 고용노동부 진정이나 소송을 제기하면 조직은 이에 대해 소명을 해야 한다. 특히 부당한 임금 지급과 해고에 대한 처분에 대한 진정이나 법원 소송은 잦다. 조직은 해고 등 대부분의 인사처분을 인사평가 결과를 바탕으로 결정한다. 만약 인사평가 시스템이 객관적이고 공정하게 설계·운영된다면 인사처분에 법률적 정당성이 확보되지만, 그렇지 못하다면 부당한 인사처분이 되어서 벌금 등의 재제를 받게 된다. 따라서 인사평가 시스템의 정당한 설계·운영은 법률적 리스크 관리를 위해서 중요하다. 이러한 사실은 대법원 판례[56]에서도 인용되고 있다.

"근로자에 대한 인사고과는 원칙적으로 인사권자인 사용자의 권한에 속하므로 업무상 필요한 범위 안에서는 상당한 재량을 가진다고 할 것이나, 사용자는 근로자의 근무실적이나 업무능력 등을 중심으로 객관적이고 공정한 평정의 기준에 따라 이루어지도록 노력하여야 하고 그것이 해고에 관한 법적 규제를 회피하고 퇴직을 종용

---

[56] 대법원 2015. 6. 24. 선고 2013다22195 판결(해당 판결은 1심인 수원지방법원 2013. 1. 29. 선고 2012나6377 판결 인용)

하는 수단으로 악용되는 등의 불순한 동기로 남용되어서는 아니 된다고 할 것이다. 이와 같이 사용자의 인사고과가 헌법, 근로기준법 등에 위반되거나 객관적이고 공정한 평정의 기준을 현저하게 위반하여 정당한 인사권의 범위를 벗어난 때에는 인사고과의 평가 결과는 사법심사의 대상이 되어 그 효력을 부인할 수 있다."

인사평가는 승진과 더불어 사용자의 대표적인 인사권한으로, 사용자는 인사평가의 기준이나 방법 등을 결정하는 데에 상당한 재량을 가지고 있다. 그래서 단순히 인사평가 결과를 놓고 사용자에게 쉽사리 자의적이라거나 권한 남용을 했다고 단정할 수는 없다. 다만, 인사평가가 현저히 객관적이고 공정한 기준을 위배하여 정당한 인사권의 범위를 벗어나는 경우에 사법심사의 대상이 될 수 있음을 알 수 있다. 예컨대 '특정 노동조합의 조합원이라는 이유로 다른 노동조합의 조합원 또는 비조합원보다 불리하게 인사고과하여 상여금을 적게 지급하는 불이익을 준 경우'[57]나 '근로자가 4회 연속 최하위 등급의 인사고과를 받았다는 사정만으로 징계면직한 것'[58]은 사용자의 인사권을 남용한 것으로 가혹한 처분이라고 판결하고 있다.

따라서 사업장은 인사평가 시스템을 설계할 때 인사권을 남용하지 않도록 유의해야 한다. 즉, 인사평가 제도는 〈그림 7-1〉에서 보는 것처럼 평가 요소나 평가 기간, 평가 방식 등 운영체계에서 객관적이고 합리적으로 설계되어야 하고, 연봉 반영이나 승진 제도 연계 등 사후관리도 공정하고 합리적으로 이루어지도록 해야 한다.

〈그림 7-1〉 인사평가 시스템의 정당성 구조

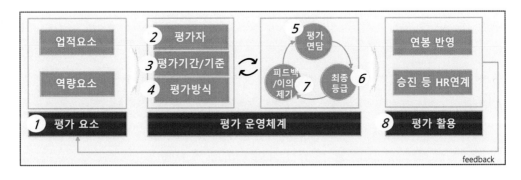

---

57   대법원 2018. 12. 17. 선고 2017두47311 판결
58   대법원 2007. 2. 9. 선고 2006두18287 판결

02.
평가 요소는 다양하고 구체적으로

인사평가 시스템의 평가 요소는 기업의 성과 향상 및 역량 개발과 밀접한 연관이 있다. 일반적으로 평가 요소는 업적 요소와 역량 요소로 구성되고, 합리적인 인사평가 시스템은 업적평가와 역량평가로 이루어진다. 만약 평가 요소가 업적 요소나 역량 요소와 관계없다거나 '성실한 직원' 또는 '조직 순응자'처럼 다의적이고 포괄적이라면, 평가의 합리성이나 객관성은 저하되고 평가의 정당성 또한 확보하기 어려울 것이다.

"원고가 2008년 직군평가에서 상급자평가 최하점을 받은 이유는 **원장의 업무지시 거부, 경영설명회 불참 내지 국민의례 거부** 때문으로 보이는데, 앞에서 본 바와 같이 위 각 사유는 원고에 대한 근무실적을 우수하지 않다고 평가할 합리적인 이유가 되기는 어렵다"라고 판결[59]하여 합리적인 평가 요소가 평가 제도의 정당성에 중요한 요소임을 알 수 있다.

한편, "원고를 비롯한 일부 근로자들에 대하여 전직명령 사유로 삼은 이른바 '근무 부적응'은 다의적, 포괄적 개념으로 그 자체로 이 사건 전직대상자 선별을 정당화할 만한 객관적 평가 기준으로 채용하기 어려운 한계가 있는데다가, 이와 같이 다의적,

---

[59] 서울남부지방법원 2010. 5. 14. 선고 2009가합21769 판결

포괄적 평가 기준은 인사권자의 자의적 판단을 허용하는 수단으로 악용될 소지가 높아 이를 적용하는 데 신중을 기할 필요가 있다 할 것이고, 원고에 대하여 근무 부적응 평가의 근거로 제출된 자료들 역시 소속 부서장의 주관적이고 추상적인 평가에 기초한 것이어서 도저히 전직대상자 선별을 정당화할 만한 근거로 사용할 수 없으므로 원고에 대한 이 사건 전직명령은 자의적인 인사권의 남용으로서 무효라고 판단된다"라고 판결[60]하여 '근무 부적응자' 등 포괄적 평가 요소는 평가의 정당성에 부정적인 영향을 끼치는 것을 알 수 있다.

따라서 노동법에서 요구하는 정당한 평가 요소의 설계를 위한 핵심 이슈는 다음 2가지이다.

① 평가 요소가 성과 향상과 역량 개발과 밀접한 연관이 있는가?
② 평가 요소가 다양하고 구체적인가?

무엇보다 평가 요소는 사업장의 성과 향상과 역량 개발 목적에 부합되도록 설계해야 한다. 앞선 예처럼 근무실적 평가에서 경영설명회 불참이나 국민의례 거부 등을 평가 요소로 구성한다면 평가의 객관성과 합리성을 얻기 어려울 것이다. 그래서 평가 요소는 직무프로파일로부터 확보한 KPI, 핵심 전략을 달성하기 위한 전략 목표가 되어야 하고 그리고 핵심 가치나 직무 전문성을 실현하기 위한 핵심 역량이나 직무 역량으로 구성해야 한다.

그리고 평가 요소는 다양하고 구체적이어야 한다. 평가 요소를 다양하고 구체적으로 설계할 경우, 평가자의 자의성을 최소화하고 다각적인 관점의 평가가 가능하여 평가의 객관성과 합리성이 높아진다. 예컨대 IT 역량을 평가하고자 할 때, 'IT 프로젝트관리'로 포괄적으로 평가하기보다는 '일정관리', '품질관리', '의사소통관리', '성과관리' 등으로 구체적으로 세분화하여 평가 요소를 설계하는 것이 평가의 객관성과 공정성을 높일 수 있다.

---

[60] 서울행정법원 2009. 11. 5. 선고 2009구합18271 판결

03.
평가자는 복수로,
평가자별 가중치는 직속 상사를 높게

평가 제도의 정당성이 확보되거나 훼손되는 그 중심에는 평가자가 있다. 평가자가 인사평가에 대해 어떤 의식을 가지고 어떻게 평가하느냐에 따라 평가의 정당성은 달라진다. 즉, 평가자가 주관적 판단을 최소화하고 성과 기록 등에 의한 객관적 평가를 하려고 한다면 평가의 정당성을 확보할 수 있는 반면, 평가자가 평가 요소를 무시하고 자의적으로 평가하거나 성과 기록을 등한시하고 주관적으로 평가한다면 객관성과 공정성이 결여되어 정당성을 확보할 수 없고 사법심사의 대상이 될 수도 있다.

이렇게 평가 제도 설계에서 '누구를 평가자로 하느냐'는 평가의 정당성 확보에 매우 중요하다. 판례에서도 여러 평가자의 평정 결과를 종합하는 것이, 1인이 평가하는 것보다 객관성과 공정성이 보다 쉽게 인정되고 있다.

"원고는 평가자 1인의 주관적인 평가를 방지하기 위해 수업평가는 수업에 참관하는 주임강사 1인의 수업참관에 의존하지 아니하고 다른 주임강사들의 의견을 종합해 이뤄지고, 근무태도-업적평가 역시 주임강사 4명과 교육본부장, 교육운영과장, 강사관리담당, 각 프로그램을 맡고 있는 행정직원 등의 의견을 종합해 이뤄진 점 등 제반사정에 비추어 보면, 원고가 참가인에 대해 행한 2007년도 근무평정은 객관적,

합리적으로 이뤄졌다고 보인다"고 판결[61]하여 다수의 평가자 존재가 평가 제도의 정당성을 강화하고 있다.

노동법에서 요구하는 정당한 평가 제도를 위하여, 평가자의 설계를 위한 핵심 이슈는 다음 3가지이다.

① 평가자를 몇 명으로 할 것인가?
② 평가자별 평가 가중치는 어떻게 가져갈 것인가?
③ 다수의 평가자는 독립적으로 평가할 것인가, 아니면 하위 평가자의 평가 결과를 참고하여 평가할 것인가?

노동법에서 요구하는 평가자의 관점은 다수의 평가자를 지향하고 있다. 그래야 평가자의 주관적 판단을 최소화하고 평가 결과의 객관성을 최대한 확보할 수 있기 때문이다. 또한 공정한 평가를 위한 평가자 선정은 평가 대상자를 충분히 관찰할 기회가 있고, 공정하게 평가할 동기를 가진 사람이 되어야 한다. 그래서 평가자는 평가 대상자와 위계 구조상 가까운 상사들이 되어야 하고, 그것도 직속 상사 한 사람보다는 다수의 상사가 포함되는 것이 합리적이다. 왜냐하면 1인 평가자는 인간관계나 정치적 요인에 의해 평가 오류 발생 가능성이 높기 때문이다. 따라서 평가자의 수는 회사의 규모나 업무 특성에 따라 다를 수 있지만, 2단계 평가(팀장-본부장)가 합리적일 수 있으나 필요에 따라 3단계 평가(팀장-본부장-부문장)까지도 가능하겠다. 다만, 4단계 이상의 평가자가 존재하면 공정하게 평가할 동기는 있다고 할지라도 평가 대상자를 충분히 관찰할 시간이 부족하게 되므로 평가의 객관성과 공정성을 해칠 우려가 있다.

이렇게 평가자가 다수인 경우에 평가자별 가중치가 문제가 된다. 평가의 목적이 성과 향상과 역량 개발이므로, 평가 대상자에게 이러한 영향을 미치는 정도를 고려하여 가중치가 부여되어야 한다. 통상적으로 상사의 위치가 평가 대상자와 가까울수록 이러한 영향이 크므로 가중치가 높아야 한다. 예컨대 평가 대상자의 직속 상사

---

61 서울행정법원 2009. 4. 14. 선고 2008구합40479

(1차 평가자)와 차상위 상사(2차 평가자)의 가중치를 7:3 또는 6:4 등으로 하여 직속 상사의 비중을 높게 설계해야 정당성이 높아진다.

　다수의 평가자가 있는 경우, 평가 방식을 독립적(각각의 평가 양식 사용)으로 할 것인지, 아니면 상위 평가자가 하위 평가자의 결과를 참고하여 평가(1장의 양식에 함께 평가)할 것인지가 문제가 된다. 각각 독립적으로 평가하게 되면 각자의 관찰과 객관적인 자료에 따라 평가할 수 있다는 장점이 있으나 평가 대상자의 관찰이나 밀접도가 낮은 상위 평가자의 객관적인 평가가 곤란할 수 있다는 단점이 있다. 반면 하위 평가자의 평가 결과를 참고하는 방법의 경우, 평가자들이 각자 독립적인 평가는 할 수 없지만 상사들의 자의적이고 정치적인 평가를 줄이는 등 평가자 오류를 최소화할 수 있다는 장점이 있다. 어떤 방법을 사용할 것인가는 사업장의 조직문화, 조직 구조, 인력 규모, 1차 평가자와 2차 평가자의 역할과 책임 등을 참고하여 결정하면 된다. 어떤 방식을 사용하든 다수의 평가자가 각자의 의견을 충분히 제시할 수 있도록 해야 정당성이 높아진다.

04.
정성적 평가의 오류는
성과 기록으로 극복해야

인사평가의 객관성과 공정성은 성과 기록의 양에 달렸다고 해고 과언이 아니다. 자신의 평가에 대한 구성원들의 객관성과 수용성 인지는 평소 평가자의 성과 기록의 양과 비례한다. 평가자가 성과 기록을 하지 않는다면 주관적인 평가, 편파적인 평가로 불공정한 평가가 될 가능성이 높다. 그래서 '기억은 기록을 이기지 못한다'라는 말만큼 인사평가자에게 와닿는 말도 드물 것이다. 인사평가자는 늘 인사평가 시즌이 되어서야 평가 데이터나 자료가 부족함을 절감하고, 평소 성과 기록을 게을리한 점에 대해 후회하곤 한다.

인사평가의 두 가지 기준은 정량적 평가와 정성적 평가이다. 정량적 평가는 매출액, 영업이익, 생산량, 우수고객 수 등 성과를 객관적 수치로 측정할 수 있는 지표이며, 평가가 용이하고 평가 결과의 객관성과 수용성이 높다. 반면 정성적 평가는 협력, 고객 만족도, 태도, 신뢰 등 성과를 객관적인 수치로 측정할 수 없는 지표이며 평가 과정에서 평가자의 자의성 평가나 관대화 경향 등 평가자의 오류 발생 가능성이 농후하다. 그래서 정성적 평가 요소에서 평가에 대한 구성원들의 이의제기가 많다.

그렇다고 모든 평가 기준을 정량적 요소로써만 구성할 수는 없다. 사업장에서 정량적인 결과를 내기 위해서는 정성적인 요소가 필요하기 때문이다. 예컨대 매출액을 올리기 위해서는 고객의 니즈에 맞는 제품 출시가 필요하고, 이를 위해 타 부서와의 협력이나 고객 관계 등 정성적인 요소가 필수적이다. 사업장에서 협조성이 뛰어나고 고객 관계가 우수하며 신뢰성이 높고 적극적인 태도를 지닌 직원이 매출이 높고 생산성이 높은 등 우수한 성과를 낼 수밖에 없다.

그래서 기업에서는 정량적 평가와 더불어 정성적 평가가 필수불가결하다. 마치 새가 날려면 양 날개가 필요하듯, 인사평가 요소에도 정량적 요소와 정성적 요소가 필요하다. 하지만 정성적 평가에는 평가자의 주관적 오류 가능성이라는 치명적인 약점이 있다. 이 약점은 자칫 판례[62]에서 말하는 '객관적이고 공정한 평정'을 저해하고 '불순한 동기의 남용'이라는 오해를 일으킬 수 있다.

"인사고과제도의 목적과 성질 등에 비추어 사용자는 근로자의 근무실적이나 업무능력 등을 중심으로 **객관적이고 공정한 평정이 이루어지도록 노력**하여야 하고 그것이 **불순한 동기로 남용**되어서는 아니 된다고 할 것이므로, 만일 이러한 기준에 위배되어 사용자의 인사고과가 이루어진다면 당해 근로자에 대하여 사법상 구제절차가 요구되고 그 인사고과평가 결과 또한 사법심사의 대상이 된다고 할 것이다."

따라서 인사평가의 설계 시, 정성적 평가에 대한 법률적 리스크를 최소화하기 위한 조치가 필요하다. 해결책은 정성적 요소를 성과의 행동으로 나타내는 단어로 기술하는 데 있다. 먼저 해당 분야에서 전문가 수준으로 성과를 수행하는 사람이 보여줄 만한 행동을 기술한다(<그림 7-2> 참조). 이렇게 기술된 내용을 평가자에게 제공하고, 개개인이 얼마나 자주 표현된 방식대로 작업을 수행했는지 평가하도록 한다.[63]

<그림 7-2> 정성적 평가 요소 설계(예시)[64]

평가요소			비중	평가기준					평가자	
항목	정의	행동지표		S (항상시 불 실천한다)	A (자주 실천한다)	B (실천하는 편이다)	C (간혹 실천한다)	D (거의 실천 않는다)	1차 (점수부 여)	2차 (점수부 여)
책임감	자신의 역할과 책임을 충분히 인식하고 최선을 다해 끝까지 업무를 수행하는 역량	특별한 지시를 하지 않더라도 업무목표를 달성하기 위해 계획적으로 행동한다. 주어진 업무의 결과에 대한 책임을 타인에게 전가하지 않는다. 수행과정에 어려움이 있더라도 자신에게 부여된 일을 끝까지 완수한다. 업무가 종결된 뒤 반드시 그 결과를 확인한다.	15%	95	90	80	70	60		
실행력	목표한 효과를 얻기 위해 실제로 일을 추진하는 역량	말로 정의하는 것보다 실질적인 행동을 우선시한다. 명확하고 현실적인 목표와 우선순위를 정하고 이를 사명감을 가지고 실행한다. 방향이 옳다고 판단되면 과감하고 신속하게 목표한 바를 혼신의 힘으로 추진한다. 지속적이고 잦은 대화를 통해 구성원들의 프로의식을 일으킨다.	15%	95	90	80	70	60		

62 서울행정법원 2011. 7. 14. 선고 2010구합32587 판결

63 딕 그로테(여민수 옮김), 『성과평가란 무엇인가』, 빅슨북스, 2009

64 시앤피컨설팅 내부 자료

그리고 인사평가의 정성적 요소를 평가할 때 평가자는 객관적이고 공정한 평가가 이루어질 수 있도록 노력해야 한다. 이를 위한 최고의 처방은 평가자가 평소 평가 대상자에 대한 성과 기록을 유지하는 것이다. 평가자는 평소 코칭이나 면담 등을 하면서 평가 대상자의 실적, 부진 요인, 개선 방향, 협조 사항, 자신의 의견 등을 기록하고 이를 바탕으로 연말 평가와 피드백에 활용한다. '양이 질을 만든다'라는 말을 실현하는 것이다. 평가자가 스스로 성과 기록에 근거한 평가를 하고자 할 때, 평가자의 오류는 극복되고 객관적이고 공정한 평가 제도가 안착하게 될 것이다.

05.
상대평가와 절대평가의
혼합 방식이 법률적 정당성 확보에 유리

평가 방법은 평가 점수 부여나 최종 평가 등급을 산출할 때의 기준을 말하는 것으로, 여기에는 상대평가, 상대평가+절대평가, 그리고 절대평가 등 3가지 유형이 있다. 상대평가는 평가 대상자 간 비교에 의해 사전에 정해진 평점이나 배분 비율에 따른 등급을 부여하고, 절대평가는 평가 대상자의 성과 등 객관적인 기준에 근거하여 평점 또는 등급을 부여하는 방식이다. 그리고 상대평가+절대평가는 상대평가 방법과 절대평가 방법을 혼합하여 평가하는 방법으로, 평가 원칙은 상대평가를 사용하나 일부 등급(예, 최고 등급 또는 최저 등급)에 대해서는 절대평가를 반영한다. 상대평가는 내부 구성원들 간의 차별화를 통한 보상이나 상여금 및 승진 등에 유용하고, 절대평가는 절대적 기준에 따라 평가하여 개개인의 장단점에 대해 구체적인 피드백이 가능하므로 구성원들의 육성에 유용하다. 상대평가+절대평가 방식은 상대평가의 유효성과 더불어 저성과자 관리, 상대평가의 법률적 리스크를 보완할 수 있다.

인사평가는 평가 방식을 상대평가로 하느냐, 절대평가로 하느냐에 따라 평가의 정당성에 영향을 받는다. 평가의 정당성만을 고려할 때 가장 바람직한 평가 방식은 절대평가이다. 하지만 절대평가 방식에서는 평가의 관대화 현상이 불문가지이다. 이를 피하기 위해 상대평가 방식을 도입해보지만 이 또한 법률적 리스크를 가지게 된다. 상대평가 제도에서는 아무리 노력해도 구조적으로 최저 등급이 나올 수밖에 없으므로 노동법의 정당성 확보에 취약하다. 그래서 평가의 관대화 경향을 극복하면서 정당성을 확보하기 위하여 상대평가+절대평가 방식을 도입하게 된다.

"회사의 인사고과제도는 절대평가 방식이 아닌 상대평가 방식이므로 단지 인사고과에서 최하위 등급을 받았다는 것만으로 근로자의 업무능력이 객관적으로 불량하다고 단정할 수 없는 점, …(중략)… 근로자가 4회 연속 최하위 등급의 인사고과를 받았다는 사정만으로는 근로자의 근무성적이 사회통념상 고용관계를 유지할 수 없을 정도로 객관적으로 불량한 정도에 이르렀다고 보여지지는 않는다"라고 판결[65]하여 상대평가 결과에 따른 인사처분에 대한 정당성을 부정하고 있다.

한편, 또 다른 판례[66]에서는 "평가 등급은 S, A, B, C의 4등급으로 되어 있으며, S, A, B 등급의 경우 일정비율이 주어지지만 C등급은 강제분포가 아닌 임의분포로서 1998년과 1999년의 경우 1,200여 명의 사원 중 C등급을 받은 사원은 각 3명, 2000년 상반기에는 단 한 명도 없었고, 2001년 상반기에 3명, 하반기에 1명에 불과할 정도로 C등급이 부여되는 경우는 거의 없을 정도여서, 인사고과자가 피고과자에게 C등급을 줄 경우 피고과자의 능력이나 업무수행 내용 및 자세 등이 더 이상 어떠한 업무도 수행하기 어려운 상태에 있다는 의미로 받아들여지고 있다"라고 판결하여 상대평가 제도에서 최하등급은 절대평가(임의분포)를 운영하는 경우 정당성을 인정하고 있다.

사업장에서 평가 방식을 절대평가로 설계해야 할까, 아니면 상대평가로 설계해야 할까? 그것은 회사의 핵심 가치나 조직문화에 따라 다르다. 협업과 팀워크가 중요하고 공동체적인 조직문화가 강조될 때에는 절대평가가 유리하고, 한 사람의 구성원이 수백 명을 먹여 살릴 수 있는 업종에서는 차별적인 보상과 경쟁 지향적인 조직문화 형성을 위하여 상대평가가 적합하다. 다만 상대평가 방식으로 설계할 경우 평가의 정당성을 인정받기 위해서 다음과 같은 추가 조치가 필요하다.[67] 첫째, 상대평가

---

65 서울행정법원 2006. 1. 27. 선고 2005구합23879 판결

66 서울행정법원 2004. 12. 28. 선고 2003구합39306 판결

67 강혜원, 「인사평가의 노동법적 쟁점에 관한 연구」, 고려대학교 석사학위 논문, 2022

를 하면서도 최하등급을 강제 할당하지 않고 임의분포로 하여 절대평가 방식으로 보완하는 방안, 둘째, 평가자 수 확대, 평가 내용 및 항목의 합리적 설계, 기준과 절차의 투명한 운영, 다면평가 등을 통해 상대평가로 인한 평가의 오류를 방지하는 방안, 셋째, 상대평가 외 평가 대상자의 업무능력 등을 판단할 수 있는 정당성 요소 구성 및 운영을 고려해볼 수 있다.

06.
평가 면담은 공정성과
수용성을 향상시킨다

인사평가 시스템은 성과 향상과 역량 개발에 대한 성찰을 위해서 면담 활동을 수반한다. 평가 면담은 평가자와 평가 대상자간의 목표 달성을 위한 대화이고, 강점과 약점에 대한 소통이고, 성과 향상과 역량 개발을 위한 성찰이다. 그래서 평가 면담의 실시는 평가 제도의 수용성과 공정성을 향상시킨다. 평가 대상자는 평가 면담을 통하여 목표를 확정하고, 목표 추진 과정에서 발생하는 장애물을 극복하고, 자신의 강점과 약점을 파악하고 발전시킨다.

이러한 평가 면담을 생략하면 평가 제도의 공정성을 확보하기가 어렵다. 예컨대 평가 대상자의 성과 목표를 평가자가 일방적으로 제시한다거나, 목표 달성 과정에서 발생한 장애물 극복에 적절한 도움을 받지 못한다거나, 또는 피드백 과정에서 면담 없이 일방적으로 결과만 통보한다면 구성원들은 그 결과를 신뢰하지 않고 납득하지 않을 것이다. 따라서 평가 제도의 정당성 확보를 위해서는 적재적소에서 평가 면담을 하는 것이 중요하다.

"근로자가 2001년 하반기와 2002년 상반기 2회 연속 인사고과에서 최하위 등급인 C를 받은 점과 인사고과규정에서 1차 고과자가 1차 고과등급 산출 후 별도의 양식에 고과등급을 기재하여 피고과자에게 배부하고 피고과자가 1차 고과등급에 대한 의견, **면담요청 의사 여부를 표시하여 제출하도록 규정**하고 있는 점, …(중략)… 근로자가 주장하는 여러 사정을 감안한다 하더라도 사용자가 위와 같은 사유로 근로자에 대한 징계로 해고를 선택하였다고 하더라도 그 징계 양정이 과중하여 징계권을 남용하였거나 일탈한 것이라고 볼 수 없다"라고 판결[68]하여 평가 면담 유무가 인사처분의 정당성에 영향을 미친다는 것을 알 수 있다.

따라서 평가 제도의 정당성 확보를 위해서는 평가 면담 절차를 반드시 설계해야 한다. 정당한 평가 제도를 위한 평가 면담에는 평가 면담 시기, 면담 방법과 내용에 대한 설계가 필요하다. 평가 면담 시기는 평가자와 평가 대상자 간의 소통이므로 코칭 과정에서 수시로 평가 면담이 이루어져야 하나, 1년에 최소한 3번 이상, 즉 목표 설정 시, 중간 면담 시, 평가 결과 피드백 시에는 반드시 평가 면담이 있어야 한다(평가 면담의 방법과 내용은 앞서 기술한 MBO 제도나 피드백 제도 참조).

---

68 서울행정법원 2004. 12. 28. 선고 2003구합39306 판결

07.
평가 등급 산출은
업무 특성에 맞게 합리적으로

인사평가의 최종 모습은 그 결과를 승진이나 연봉에 반영하는 것이다. 인사평가 결과를 승진 등 인사제도와 연계하기 위해서는 인사평가 결과를 최종평점 또는 등급으로 도출해야 한다. 일반적으로 최종등급의 도출 과정은 '평가 요소별 가중치 반영 → 평가자별 가중치 반영 → 평가 등급(점수)별 인원 배분'으로 진행된다. 사업장에서 평가 요소별 가중치를 얼마나 가져갈 것인지, 평가자별 비중을 어떻게 할 것인지, 또는 평가 등급별 인원 배분을 어떻게 할 것인지 등 인사평점 산출은 내부 문제로서 상당한 재량권이 인정된다.

하지만 인사평가 결과가 해고, 저성과자 관리, 감봉 등 인사처분에 활용될 때는 인사권에 한계가 발생할 수밖에 없으므로 평가 등급 산출 기준은 평가목적이나 개인 업무 특성을 반영하여 합리적이고 타당하게 설정되어야 한다. 예컨대 평가 대상자의 업무와 무관한 평가 요소에 높은 가중치를 반영한다든지 1차, 2차, 3차 평가에서 평가 대상자의 관찰이 불가능한 3차 평가자에게 지나친 가중치를 부여한다든지 하게 되면 평가의 수용성이나 공정성이 떨어질 수밖에 없다.

"근로자의 개인종합평가 총평점 75.53점의 평가 비중이 다면평가 40%, 인사평점 40%, 고객관리 19%로서 그 배점비율의 근거가 없을 뿐 아니라, 원고 직원들의 기준 연봉 결정을 위한 개인업적 평가 기준의 평가비율인 다면평가 20%, 인사평점(부서장

평가) 30%, 고객관리(개인별 영업실적) 50%와는 다른데다가 **다면평가의 비중이 고객관리 (영업실적)의 비중보다 훨씬 높아 영업직인 참가인에 대한 평가 기준으로는 불합리하다**고 할 것이고, 그 각 평가 요소에 관한 자료가 제출되지 않아 평가 결과조차 제대로 된 것인지 여부도 알 수 없다 할 것이다. 따라서 원고의 참가인에 대한 위 상담역 전보조치는 정당하다고 보기 어렵다"라고 판결[69]하여 영업직을 평가하면서 객관적인 영업실적(고객관리)보다 내부 직원의 다면평가 비중을 훨씬 높게 하는 경우 등은 정당성을 상실한 것으로 보고 있다.

따라서 평가 제도의 정당성 확보를 위하여 평점 산출 기준은 합리적이고 타당하게 설계해야 한다. 평가 요소별 가중치는 평가의 목적, 미션·비전·전략 목표 등과의 연관성, 구성원들의 역할과 책임 등을 고려하여 설정해야 한다. 예컨대 비전 달성을 위해서는 업무실적의 가중치를 역량활동보다 높게 설계하고, 상위 직책으로 갈수록 전략업무에 대한 가중치를 높이고 하위직으로 갈수록 고유업무 비중을 높게 설계해야 한다.

평가자별 가중치는 평가자의 평가목적, 업무유관 정도, 평가 정보의 양과 질, 직원 육성에 대한 책임 등을 고려하여 적절히 설계해야 한다. 예컨대 일반적으로 업무 밀접도가 높은 직상위 상사인 1차 평가자에게 평가 가중치를 높게 부여하는 것이 합리적이다. 여기서 주의할 점은 직급이나 직책이 높다고 해서 평가 가중치를 높게 부여하지 않도록 해야 한다. 특히 대표이사가 임원들 평가에는 최고의 가중치를 부여해야 하지만, 팀원 평가에까지 최고 가중치를 부여하는 것은 평가의 합리성과 타당성을 저하시키게 된다.

인사평점 산출의 최종단계는 구성원에게 평가 등급(또는 점수)을 부여하는 것이다. 절대평가 제도에서는 평가 등급의 가중치가 문제되지 않으나, 상대평가제에서는 평가 등급별 가중치(인원 배분)를 설계해야 한다. 기업에서 가장 일반적으로 사용하는 평가급별 인원 배분은 정규분포로 부여한다. 예컨대 평가 등급이 5개인 경우, S등급(10%), A등급(20%), B등급(40%), C등급(20%), D등급(10%) 등으로 인원을 배분한다. 이러한 방식은 상당히 합리적으로 보이지만, 사업장 구성원의 역량구조 현실과 맞

---

69 서울행정법원 2004. 9. 17. 선고 2003구합23769 판결

지 않다. 애시당초 사업장은 기업에서 요구하는 전문성과 역량 등을 갖춘 인력을 채용한다. 사업장에서 인력 채용을 할 때 역량이 떨어지는 사람부터 역량이 뛰어난 사람까지 정규분포에 들어맞게 골고루 하지 않는다. 따라서 직원들 간의 역량 차이는 그다지 크지 않을 것이다. 즉, 분포를 그려보면 절대 정규분포가 될 수 없고 오히려 멱함수[70]의 모습을 띠게 된다.[71]

"어니스트 오보일 주니어와 허먼 아귀니스는 정규분포에 대한 사람들의 맹목적인 믿음이 틀렸음을 지적한다. 그들은 학술연구자, 연예인, 정치인, 아마추어 및 프로 운동선수 등 다섯 분야의 총 63만 3,263명을 대상으로 수행한 연구를 통해 사람들의 성과는 정규분포가 아닌 멱함수에 가깝다는 사실을 규명했다."

사업장에서 평가 등급별 인원 배분을 정규분포로 하는 것은 구성원들의 역량분포를 왜곡하는 것이다. 사업장의 현실은, 대부분의 구성원들은 평균 이상의 성과를 내고 소수 직원들만 저성과를 낸다든지 아니면 고성과 직원은 소수이고 대부분 직원들은 평균 또는 그 이하의 성과를 낸다는 것이다. 따라서 평가 등급별 인원 배분 설계는 임금예산을 고려하지 않을 수 없으므로 정규분포 모습에다 일부 멱함수의 논리를 반영할 필요가 있다. 예컨대 S등급과 D등급은 절대평가로 하고, A등급(20%), B등급(70%), C등급(10%) 등으로 상대평가하는 방법이다. 아이러니하게도 이것은 그동안 비판을 많이 받아온 잭 웰치의 활력 곡선(Vitality Curve)이 조직의 현실을 잘 반영하고 있다고 볼 수 있다.

---

70   분포가 중앙값에 몰려있지 않고, 대부분 적은 값을 갖고 있으나 때때로 거대한 값들이 나오는 경우로서, 오른쪽으로 갈수록 급격히 줄어드는 '니은(ㄴ) 자' 모양의 그래프
71   유정식, 『착각하는 CEO』, 알에이치코리아, 2013

08.
피드백은 이의제기 절차와
함께 충실하게

인사평가를 성과 향상과 역량 개발을 위한 성찰 활동이라고 볼 때, 피드백은 성찰 활동의 핵심이다. 피드백은 평가자가 평가 대상자의 행동을 관찰하고 사실(fact) 중심으로 현재 행위에 대해 강점이나 개선 필요 사항 등에 대해 조언하는 활동이다. 평가 대상자는 피드백을 통해 목표 달성 수준, 직무 역량, 업무수행 활동 등에 대한 정보를 평가자로부터 제공받는다. 따라서 조직 구성원들은 피드백을 통해 성과나 역량 수준에 대한 개선의 기회를 가진다. 이러한 피드백이 내실 있게 진행되려면 평가 결과에 대한 공개와 더불어 이에 대한 이의제기 절차를 포함해야 한다. 즉, 평가 피드백은 평가 정보 공개와 이의제기 절차를 포함하는 활동이다.

따라서 정당한 피드백 절차를 설계하기 위해서는 평가 결과에 대한 공개와 이의제기 절차를 동반해야 한다. 평가 결과를 공개하는 것을 마치 학생들의 시험 성적을 통보하는 것처럼 당연한 것으로 생각할 수 있으나, 아직 공개하지 않는 기업들도 많다.[72] 이는 사업장 평가 제도의 낙후성에도 원인이 있지만, 아직도 인사평가 결과를 인사 기밀로 생각하는 전근대적 사고가 남아 있기 때문이다. 이것이 사업장에서 인

---

72 설문조사 기업 중 54.3%가 평가 결과를 공개하지 않음(정도관 외 4인, 「인사평가 제도 현황과 발전방안에 대한 연구」, 한국노동연구원, 2015)

사제도의 발전을 더디게 하고 평가 제도에 대한 신뢰를 저하시킨다. 따라서 정당한 피드백 설계를 위해서는 평가 결과의 공개가 필요하다. 이를 판례[73]를 통해 확인할 수 있다.

"근로자가 2001년 하반기와 2002년 상반기 2회 연속 인사고과에서 최하위 등급인 C를 받은 점과 인사고과규정에서 1차 고과자가 1차 고과등급 산출 후 별도의 양식에 고과등급을 기재하여 피고과자에게 배부하고 피고과자가 1차 고과등급에 대한 의견, 면담요청 의사 여부를 표시하여 제출하도록 규정하고 있는 점, …(중략)… 근로자가 주장하는 여러 사정을 감안한다 하더라도 회사가 위와 같은 사유로 해고를 선택하였다고 하더라도 그 징계 양정이 과중하여 징계권을 남용하였거나 일탈한 것이라고 볼 수 없다"라고 하여 평가 결과를 배부한 것이 정당한 인사처분의 요소가 됨을 알 수 있다.

평가 결과를 공개했다면, 이제는 이에 대한 의견을 듣는 등 이의제기 절차를 마련해야 한다. 이의제기 절차는 평가 대상자가 평가 결과에 대해서 부당하게 느끼는 부분에 대해 스스로 소명할 수 있는 제도이다. 이의제기 절차는 평가 결과를 전반적으로 검토하면서 부당하거나 잘못된 점을 찾아내 수정한다는 점에서 평가의 객관성과 공정성 확보에 중요한 역할을 한다. 이의제기 절차 준수는 평가의 정당성 확보에 중요한 역할을 한다는 것을 판례[74]에서도 확인할 수 있다.

"평가자의 주관적인 판단에 의하여 원고가 최하위 등급인 D등급을 받았다는 의심의 여지는 있지만 인사고과의 비계량 평가는 평가자의 피평가자에 대한 주관적인 판단에 기초할 수밖에 없는 점, 2007년 이전 인사고과에서 다른 직상급자도 원고에 대하여 비계량항목에서 낮은 점수를 주었던 점, 회사가 인사고과의 공정성을 확보하기 위하여 **인사고과에 대한 이의절차를 두고 있으며**, 평가 대상자가 2007년 인사고과에 대하여 **이의를 제기하여 기각된 점** 등을 감안하여 볼 때, 평가 대상자에 대한 인사고과는 타당성과 객관성을 결여한 불합리한 평가라고 볼 수 없다"라고 하여 인사평가에 대한 이의제기 절차의 유무가 인사평가 정당성 확보에 중요한 요소임을 알 수

---

73 서울행정법원 2004. 12. 28. 선고 2003구합39306 판결
74 서울행정법원 2009. 10. 29. 선고 2008구합46477 판결

있다.

한편, 평가 결과에 대한 직접적인 피드백 제공은 구성원의 성과와 역량 향상에도 중요하지만, 평가의 정당성 확보에도 중요한 영향을 미친다.

"이런 이유로 매년 인사고과에서 **업무수행능력 및 지식을 향상시키라는 지시를 받았음**에도 개선되지 않고 오히려 인사고과 결과가 지속적으로 저하되고 있다는 점을 비춰보면 비록 해고로 인해 근로자가 받을 불이익이 적지 않다 해도 지나치게 가혹하거나 징계권을 남용한 것이라고 보기 힘들다"라고 판결[75]하여 업무능력 등에 대한 지속적 피드백이 근로자 본인에 대한 귀책사유를 높이고 인사처분의 정당성을 높일 수 있음을 알 수 있다.[76]

평가 제도의 정당성 확보를 위한 평가 제도 설계에서 피드백 절차의 유무는 중요하다. 피드백 과정을 거쳐서 평가 대상자가 자신의 평가 점수나 등급을 확인하고 개선점을 찾음으로써 평가에 대한 신뢰성과 수용성이 높아진다. 따라서 평가 제도의 피드백 절차를 설계할 때는 평가 결과를 공개하고 부당한 점에 대해 소명하게 하는 이의제기 절차를 부여하는 것이 필요하다. 그리고 피드백을 할 때는 평가 점수나 평가 등급을 단순히 기재하기보다 목표 대비 성과 달성 수준, 역량 개발을 위한 개선 기회 등 구체적인 근거를 함께 제시함으로써 평가의 신뢰성과 수용성을 제고할 수 있다.

75 서울고등법원 2003. 9. 26. 선고 2003누3316 판결
76 강혜원, 앞의 글

09.
평가 활용은
취업규칙 등에 합당하게

인사평가의 한 사이클은 그 결과를 연봉이나 승진에 반영함으로써 마무리된다. 인사평가의 결과는 연봉 산정, 훈련 및 개발, 승진 결정, 인력 채용 등 전반적인 인사관리뿐만 아니라 징계, 해고, 직급 강등, 저성과자 관리 등 개별적인 인사처분에도 활용된다. 인사평가 결과를 인사관리와 연계하는 데는 어느 정도 재량권이 인정되나, 징계나 해고 등 인사처분 행위와의 연계는 노동법이나 회사 정책 및 규정에 부합해야 하고 공정한 절차에 따라 이루어져야 정당성을 인정받을 수 있다.

인사평가 결과와 보상을 연계시키는 것은 조직의 성과 향상뿐만 아니라 우수 인력 유지에도 중요한 역할을 하기 때문에 많은 기업들이 인사평가 결과와 보상을 연계하고 있다. 이때 사업장은 인사평가 결과를 연봉 등에 연계하기 위해 급여규정, 인사평가 지침과 연봉규정 등 규정이나 지침을 제정하거나 개정한다. 규정이든 지침이든 이런 사규는 보수 등 근로조건을 규정하고 있기 때문에 근로기준법상 취업규칙에 해당한다. 인사관리나 인사처분 행위의 정당성 판단의 기준은 관련 사규 준수 여부이므로, 우선적으로 규정 등 취업규칙 제정이나 개정이 정당하게 이루어져야 한다. 이와 관련하여 근로기준법은 취업규칙의 제정과 개정과 관련하여 다음과 같이 규정[77]하고 있다.

---

[77] 근로기준법 제94조 제1항

"사용자는 취업규칙의 작성 또는 변경에 관하여 해당 사업 또는 사업장에 근로자의 과반수로 조직된 노동조합이 있는 경우에는 그 노동조합, 근로자의 과반수로 조직된 노동조합이 없는 경우에는 근로자 과반수의 의견을 들어야 한다. 다만, 취업규칙을 근로자에게 불리하게 변경하는 경우에는 그 동의를 받아야 한다."

여기서 주의할 점은 취업규칙을 근로자에게 불리하게 변경하는 경우에는 그 동의를 받아야 한다는 것이다. 징계나 해고 등 인사처분 행위는 근로자에게 불리한 경우라고 명백하게 해석되지만, 평가 결과 임금의 증가와 삭감이 동시에 이루어지는 경우가 문제이다. 이에 대해서는 불리한 변경이라는 판례와 사회통념상 합리성이 인정된다는 판례가 존재한다. 먼저 평가 결과에 따른 임금의 삭감이 근로자에게 불리하다는 대법원 판결[78]은 다음과 같다.

"교원업적평가에 따라 당해 교원의 업적 결과가 현저히 저조한 경우 성과연봉 지급연도의 연봉을 감액하여 지급할 수 있으며, 연봉 감액에 대한 구체적인 사항은 별도로 정한다'고 정하고 있는 사실을 인정할 수 있다. 위와 같이 신설된 규정에 의하여 ○○대학교의 교원은 **업적평가 결과에 따라 보수가 삭감될 가능성**이 생겼으므로, 위 연봉 감액 제도의 도입은 **근로자에게 불리한 취업규칙의 변경**이라고 보아야 한다"라고 판결하여 연봉 감액 규정은 불리한 변경이라고 판결하였으며, 이 경우에 근로자의 집단적 동의를 받아야 인사평가 규정의 효력이 인정된다.

한편, 불이익변경에 해당하므로 근로자의 과반수의 동의를 얻어야 하나 동의를 얻지 못하였다 하더라도 바로 무효로 볼 것이 아니라 사회통념상 합리성 판단 요소를 고려하여 판단할 필요가 있다. 특히 근로자에게 차별 없이 공정한 기회를 보장하는 임금 제도를 도입하면서 합리적이고 공정한 평가 제도를 통해 어떤 근로자도 일정한 성과를 내면 임금이 높아질 수 있는 기회가 보장되어 있다면 사회통념상 합리성이 인정될 수 있다.[79] 이에 대해 대법원이 제시하는 사회통념상 합리성의 인정 요건을 보다 구체적으로 살펴보면 다음과 같다.[80]

---

78 부산지방법원 동부지원 2014. 5. 20. 선고 2013가단21019 판결
79 고용노동부, 취업규칙 해석 및 운영 지침, 2016. 1. 22.
80 부산지방법원 동부지원 2014. 5. 20. 선고 2013가단21019 판결

"① 교원업적평가에서 2년 연속 최하위 등급인 B등급을 받은 교원에 대해서만 연봉을 감액하고 교원업적평가에서 한 번이라도 최하위 등급을 벗어나게 되면 본래의 연봉으로 회복되도록 정하여 교원을 불이익을 최소화하는 한편 ② 향후 10년 이내에 대학 신입생의 수가 급격하게 감소하여 상당수의 대학이 퇴출될 것으로 예상되는 현 시점에서 대학의 경쟁력을 확보하고자 소속 교원들에게 자기 계발과 역량 강화를 독려할 필요성을 부인할 수 없는 점 ③ 전체 연봉액이 아닌 총 상여금 중 일정 비율만큼 연봉을 감액하는 방식을 취하여 교원의 기본급을 보장하고 자기 계발의 유인이 상대적으로 강하지 않은 정년 보장 교원을 연봉 감액 대상자로 한정함으로써 교원에 대한 불이익의 정도를 최소화하고자 한 점 ④ 피고는 연봉 감액 대상자들의 연봉 삭감분 전액을 오로지 다른 교원들의 성과급으로 지급한 점 ⑤ 피고는 연봉 감액에 관한 교원연봉제 규정이 신설된 후 약 8년이 지난 시점에 이르러 비로소 연봉 감액을 시행한 점 등을 종합해보면 교원들의 불이익을 고려하더라도 교원연봉제 규정은 사회통념상 합리성을 가진다"라고 판결하여 취업규칙이 불이익하게 변경되더라도 사회통념상 합리성이 있으면 근로자 집단의 동의가 없더라도 취업규칙의 효력을 인정하고 있다.

인사평가 결과와 연봉 삭감의 연계는 근로자에게 불리한 경우이므로 근로자 집단의 동의를 받아야 한다는 판결과, 사회적 통념상 합리성이 인정되므로 근로자 집단의 동의 없이 의견 청취만 있으면 된다는 판결이 공존한다. 인사평가 결과를 연봉 삭감과 연계하려는 사업장의 입장에서 혼란스럽다. 한편 사업장이 인사평가에 의한 연봉 삭감의 효력에 대한 사회통념상 합리성을 인정받으려면 판례에서 제시하는 5가지 요건 수준과 유사한 근거를 제시해야 하는 등 엄격한 절차가 요구된다. 따라서 인사평가 결과에 따른 연봉 삭감 제도를 도입하려는 기업은 보수적인 입장을 취할 필요가 있다. 즉, 기업은 연봉 삭감 부분을 불이익한 변경으로 보아 취업규칙 변경 시에 근로자 집단의 동의를 받는 것이 여러모로 안정적이다. 어차피 사업장에서 인사평가 제도를 성공적으로 운영하려면, 직원들의 적극적인 참여와 협조가 필요하기 때문이다.

부록

KPI 목록
(고용노동부, 공정인사평가모델, 2016)

구분	부서	핵심과업(Key Task)	핵심성과지표(KPI)	산식
1	기획	경영혁신	업무 표준화 수준	업무 표준화 수준에 대한 직원 설문
2	기획	경영혁신	업무 효율화 수준	업무 효율화 수준에 대한 직원 설문
3	기획	경영혁신	ISO 준수도	ISO 준수도에 대한 직원 설문
4	기획	경영혁신	발생 이슈 해결 건수	이슈 해결 건수
5	기획	경영혁신	변화 관리 준비도	변화에 대한 직원들의 준비도 설문 조사
6	기획	경영혁신	제안 채택률	업무개선 제안 채택건수/업무개선 제안건수
7	기획	경영혁신	혁신 및 개선 문화 지수	혁신 및 개선문화에 대한 직원대상 설문조사
8	기획	경영회의	의사결정 지원의 적시/적절성	각 사업부장이 의사결정 지원의 적시/적절성에 대한 Overall Rating
9	물류	물류기획	매출액 대비 총비용율	(총비용/매출액)*100
10	물류	물류기획	매출원가율	(매출원가/매출액)*100
11	물류	물류기획	매출총이익 증가율	{(당기 매출총이익-전기 매출총이익)/전기 매출총이익}*100
12	물류	물류기획	영업이익 증가율	{(당기 영업이익-전기 영업이익)/전기 영업이익}*100
13	물류	물류기획	표준원가비율	(표준원가/매출액)*100
14	물류	물류기획	개포장율	개포장물량/(개포장 가능 반품물량 + 자체 파손물량)* 100
15	물류	물류기획	물류 단가 절감률	(전기 물류 단가 – 당기 물류 단가)/전기 물류 단가* 100
16	물류	물류기획	배송단가	배송 운반비/배송 물량
17	물류	물류기획	유통가공율	(실제 유통가공물량/유통가요청물량)* 100
18	물류	물류기획	자체 파손율	파손물량/(배송물량+적송물량)* 100
19	물류	물류기획	적기 납품률	(적기배송물량/전체배송물량)X 100
20	물류	물류기획	적송단가	적송 운반비/적송 물량
21	물류	물류기획	직송단가	직송 운반비/직송 물량
22	물류	물류기획	구매/물류 서비스 만족도	각 사업부에 구매/물류 업무 Interaction 직원 설문 조사
23	물류	물류 센터 관리	관리 가능비	물류비 – 관리 불가능비
24	물류	물류 센터 관리	업무 표준화 수준	업무 표준화 수준에 대한 직원 설문
25	물류	물류 센터 관리	업무 효율화 수준	업무 효율화 수준에 대한 직원 설문
26	물류	물류 센터 관리	제품 재고 과부족률	(실재고 – 전산재고)/재고물량* 100
27	물류	물류 센터 관리	ISO 준수도	ISO 준수도에 대한 직원 설문
28	물류	물류 센터 관리	System 만족도	System 구축 수준에 대한 직원 만족도
29	물류	물류 센터 관리	물류 센터 관리 비용 절감율	(전기 비용 – 당기 비용)/전기 비용 X 100
30	물류	물류 센터 관리	인 당 생산성	(취급 물량/Man Day) X 100
31	물류	물류 센터 관리	장비 당 생산성	(취급 물량/Machine Day) X 100
32	물류	물류 센터 관리	협력업체 계약 이행 적정성	계약조건을 고려하여 이행 수준을 Overall Rating
33	물류	물류비 관리	물류 단가 감소액	전기 물류 단가 – 당기 물류 단가
34	물류	물류비 관리	비용집행 분석 평가 적정성	비용집행 분석 및 평가의 적정성을 Overall Rating
35	물류	배송관리	납품 적시성	(적기 납품 건수/전체 납품 건수) X 100
36	디자인	디자인 개발	디자인 계획 준수도	계획 대비 작업 진행 상황을 Overall Rating
37	기획	관리회계	서비스 만족도(조직별)	제공하는 서비스(기획)에 대한 조직별(팀 단위) 내부고객 만족도 Survey
38	기획	예산 수립	각 사업부 예산편성 대비 실적 수준	(예산 책정액 – 실제 집행액)/예산 확정액* 100
39	기획	예산 수립	전사 예산편성 대비 실적 수준	(예산 책정액 – 실제 집행액)/예산 확정액* 100
40	기획	조직성과 관리	경상이익 증가율	{(당기 경상이익-전기 경상이익)/전기 경상이익}*100
41	기획	조직성과 관리	경제적 부가가치(EVA)	세후순영업이익-(가중평균자본비*투입자본)
42	기획	조직성과 관리	공헌이익 증가율	{(당기 공헌이익-전기 공헌이익)/전기 공헌이익}*100
43	기획	조직성과 관리	당기순이익	법인세 차감 전 순이익 - 법인세
44	기획	조직성과 관리	매출수익률(ROS)	(당기순이익/매출액)*100
45	기획	조직성과 관리	매출액 대비 총비용률	(총비용/매출액)*100
46	기획	조직성과 관리	매출총이익 증가율	{(당기 매출총이익-전기 매출총이익)/전기 매출총이익}*100
47	기획	조직성과 관리	사업부 매출액 증가율	{(당기 매출액-전기매출액)/전기매출액)*100
48	기획	조직성과 관리	사업부 시장점유율	(매출액/시장 전체 매출액)*100
49	기획	조직성과 관리	영업이익 증가율	{(당기 영업이익-전기 영업이익)/전기 영업이익)*100
50	기획	조직성과 관리	자산수익률(ROA)	(당기순이익/자산총액)*100
51	기획	조직성과 관리	총자본수익률(ROE)	(당기순이익/총자본)*100
52	기획	조직성과 관리	기대 이익 달성률	(실제 이익/예측 이익)* 100
53	기획	조직성과 관리	조직성과관리 제도 만족도	조직성과관리 제도 만족도에 대한 직원 설문
54	기획	조직성과 관리	사업부 정착 수준 Survey	사업부제 정착 수준에 대한 직원 설문 조사
55	기획	신규사업	신규사업/투자 사업성 분석의 적정성	신규사업/투자 사업성 분석의 적정성 수준을 Overall Rating

구분	부서	핵심과업(Key Task)	핵심성과지표(KPI)	산식
56	기획	정보관리	전사 정보 공유도	정보 공유 수준에 대한 전직원 설문
57	기획	경영혁신	ERP 활용도	각 조직 ERP 담당자 활용 실태 설문
58	기획	경영혁신	System 만족도	System 구축 수준에 대한 직원 만족도
59	기획	사업계획 수립 및 조정계획 수립	사업계획의 적정성	CEO Overall Rating
60	기획	사업계획 수립 및 조정계획 수립	예산편성 대비 실적 수준	(예산 책정액 – 실제 집행액)/예산 확정액 X 100
61	기획	손익관리 및 경영실적 분석	손익마감에 따른 이익차이 비율	(실제 이익/예측 이익) x 100
62	기획	손익관리 및 경영실적 분석	관리회계 일정 준수도	관리회계 일정 준수 정도를 Overall Rating
63	기획	손익관리 및 경영실적 분석	예산범위 내 실적 집행 수준	예산 범위 내 실적 수준에 대한 Overall Rating
64	기획	손익관리 및 경영실적 분석	ROE 증가율	(당기 ROE – 전기 ROE)/전기 ROE X 100
65	기획	손익관리 및 경영실적 분석	ROA 증가율	(당기 ROA – 전기 ROA)/전기 ROA X 100
66	기획	손익관리 및 경영실적 분석	EVA 증가율	(당기 EVA – 전기 EVA)/전기 EVA X 100
67	기획	전략과제 수립 및	전략과제 계획 대비 실행 수준	계획 대비 실행 수준을 Overall Rating
68	기획	신규사업/투자의 사업성 분석	신규사업/투자 사업성 분석의 적정성	신규사업/투자 사업성 분석의 적정성 수준을 Overall Rating
69	기획	신규사업 검토	신규 사업 검토 보고서의 적정성	부서장 다단계 정성 평가
70	기획	및 추진	신규 사업 발굴 건수	건수
71	기획	매출 계획 수립	매출 계획 대비 실적 달성률	실적/매출 계획
72	기획	매출 계획 수립	매출 계획 보고서의 적정성	부서장 다단계 정성 평가
73	기획	정기적인 업무 보고	경영 전략/매출 관련 보고서의 적정성	부서장 다단계 정성 평가
74	기획	경영층 회의체 운영	경영층 회의체 운영 보고서의 적정성	부서장 다단계 정성 평가
75	기획	매출 분석	목표 대비 매출액 실적	매출액
76	기획	성과관리	팀별 KPI 보고서의 적정성	부서장 다단계 정성 평가
77	상품 기획	상품 기획	신규 ITEM 제안/발굴건수	제안/발굴 건수
78	상품 기획	상품 기획	신상품 기획	작성 건수
79	상품 기획	상품 기획	개발일정 관리	실제일정/계획일정
80	상품 기획	상품 기획	신제품 사양 검증	사양변경요청 or 매출기여도
81	상품 기획	상품 기획	고객 승인 (가격, 품질 등)	매출기여도
82	마케팅	신규 브랜드 개발	신규 브랜드 기획/개발 건수	기획/개발 건수
83	마케팅	신규 브랜드 개발	신규 브랜드 목표 매출액 달성도	(실제 매출액/목표 매출액) X 100
84	마케팅	신규 브랜드 개발	신규 브랜드 목표 경상이익 달성도	(실제 경상이익/목표 경상이익) X 100
85	마케팅	신규 브랜드 개발	신규 브랜드 목표 시장점유율 달성률	(실제 시장점유율/목표 시장점유율) X 100
86	마케팅	신규 브랜드 개발	타 브랜드 대비 신규 브랜드 클레임율	(신규 브랜드 클레임 건수/타 브랜드 평균 클레임 건수) X 100
87	마케팅	신규 브랜드 개발	신규 브랜드 고객만족도	고객 만족도
88	마케팅	신규 브랜드 개발	신규 브랜드 인지도	브랜드 인지도
89	마케팅	신규 브랜드 개발	신규 브랜드 침투율	신규 브랜드 취급 매장 수/전체 매장 수
90	마케팅	기존제품	리뉴얼/리런칭 브랜드 건수	리뉴얼/리런칭 건수
91	마케팅	리뉴얼/리런칭	리뉴얼/리런칭 브랜드 목표 매출액 달성도	(실제 매출액/목표 매출액) X 100
92	마케팅	리뉴얼/리런칭	리뉴얼/리런칭 브랜드 목표 경상이익 달성도	실제 경상이익/목표 경상이익) X 100
93	마케팅	리뉴얼/리런칭	리뉴얼/리런칭 브랜드 시장점유율 달성률	(실제 시장점유율/목표 시장점유율) X 100
94	마케팅	리뉴얼/리런칭	리뉴얼/리런칭 브랜드 고객만족도	고객만족도
95	마케팅	리뉴얼/리런칭	리뉴얼/리런칭 브랜드 인지도	브랜드 인지도
96	마케팅	리뉴얼/리런칭	기존 제품 소진율	소진 재고 수량/(소진 재고 수량 + 잔여 재고 수량) X 100
97	마케팅	가격 관리	신규/기존 브랜드 시장 모니터링 횟수	모니터링 횟수
98	마케팅	가격 관리	신규/기존 브랜드 기준 매가 대비 증감률	(현 매가/기준 매가) X 100
99	마케팅	신규 및 기존	신규/기존 브랜드 광고 인지도	광고 인지도
100	마케팅	브랜드 광고, 홍보,	신규/기존 브랜드 SOV 대비 광고 인지도 상승율	광고 인지도/SOV(Share of Voice, 광고점유율)
101	마케팅	판촉 관리	신규/기존 브랜드 매출 증가율	(당기 매출액 – 전기 매출액)/전기 매출액 X 100
102	마케팅	판촉 관리	신규/기존 브랜드 이벤트 목표 참여율	(실제 참여 수/목표 참여 수) X 100
103	마케팅	판촉 관리	신규/기존 브랜드 홍보 아이디어 실행율	(실행 아이디어/홍보 제안 아이디어) X 100
104	마케팅	기존 브랜드 관리	기존 브랜드 목표 대비 매출액 달성율	(실제 매출액/목표 매출액) X 100
105	마케팅	기존 브랜드 관리	기존 브랜드 목표 대비 경상이익 달성율	(실제 경상이익/목표 경상이익) X 100
106	마케팅	기존 브랜드 관리	기존 브랜드 인지도 변화율	(당기 브랜드 인지도/전기 브랜드 인지도) X 100
107	마케팅	기존 브랜드 관리	기존 브랜드 고객 만족도	소비자 만족도
108	마케팅	기존 브랜드 관리	기존 브랜드의 브랜드 파워 Index	브랜드 파워 Index
109	마케팅	브랜드별	광고 및 판촉비 집행의 적정성	광고 및 판촉비 증가율 대비 매출액 증가율을 Overall Rating
110	마케팅	매출/손익관리	신규/기존 브랜드 별 D/C율 적정성	시장 상황을 고려한 D/C율 적정성을 Overall Rating

구분	부서	핵심과업(Key Task)	핵심성과지표(KPI)	산식
111	마케팅	매출/손익관리	신규/기존 브랜드 별 원가율 적정성	원가율 적정성을 Overall Rating
112	마케팅	마케팅	수요예측 정확도	목표대비 달성율
113	마케팅	마케팅	계획대비 수행율	계획대비 실제 수행율
114	마케팅	마케팅	활용가능 아이디어 수집건수	목표대비 건수
115	마케팅	마케팅	목표 이익률 달성도	계획대비 이익율
116	마케팅	마케팅	프로모션 계획 준수율	계획대비 준수율
117	마케팅	마케팅	프로모션 아이디어 개발 건수	계획대비 건수
118	마케팅	마케팅	분석자료 활용도	활용 건수
119	마케팅	마케팅	Marketing 실행계획 달성율	체크리스트 작성 달성율
120	마케팅	마케팅	Marketing 실행계획 타당성	관련 평가자 S-D 등급부여
121	마케팅	마케팅	Marketing 실행계획 달성 효과	달성효과/목표효과
122	마케팅	마케팅	Marketing Tool 개발 건수	적용 건수
123	마케팅	마케팅	월별경쟁사 Trend 분석자료 작성	제출 건수
124	마케팅	마케팅	마케팅 전략 수립건수	보고 건수
125	마케팅	판촉 전략	제품홍보 및 설명회	분기별 1회 실시여부
126	마케팅	판촉 전략	언론매체 게재 횟수	게재 횟수
127	마케팅	판촉 전략	판촉전략 수립 타당성	관련 평가자 S-D 등급부여
128	마케팅	판촉 전략	브랜드 인지도	설문조사
129	마케팅	판촉 전략	프로모션 효용성	매출/판촉비용
130	홍보	기업/CEO 이미지	전 언론매체 노출 횟수 게재율	기준 매체 별(종합지,경제지,스포츠지,잡지,전문지) 게재율
131	홍보	홍보	전 언론매체 기사 크기 게재율	기준 매체 별(종합지,경제지,스포츠지,잡지,전문지) 광고단가 기준 기사 크기 정도를 Overall Rating
132	홍보	홍보	전 언론매체 경쟁사 대비 게재율	경쟁사 대비 게재율
133	홍보	대언론 위기관리	가판 체크 후 수정,삭제,보완율	(수정, 삭제, 보완 건수/전체 문제 건수) X 100
134	홍보	대언론 위기관리	정보 보고 건수	보고 건수
135	홍보	광고제작/집행	기업광고 외부기관 수상 건수	수상 건수
136	홍보	광고제작/집행	각종 제작물 발행일 준수도	(기한 내 제작물 발행 건수/총 제작물 발행 건수) X 100
137	홍보	브랜드 PR	신브랜드 기획 기사 언론 보도율	기사 횟수 및 기사 크기 보도율
138	홍보	브랜드 PR	브랜드 일간지 히트상품 수상 건수	수상 건수
139	홍보	브랜드 PR	브랜드별 매출 증가율	(당기 매출/전기 매출) X 100
140	홍보	긍정적	기자 대응 건수	건수
141	홍보	언론관계 구축	목표 매체 기사 게재 건수	건수
142	홍보	홍보자료 배포	보도 자료 배포 건수	건수
143	홍보	사보 발행	사보 만족도	Survey 결과
144	홍보	홍보물 제작	영업 조직 만족도	Survey 결과
145	홍보	홈페이지 관리	홈페이지 만족도	Survey 결과
146	AS	A/S	1년내 재발 건수	전체 처리 건수 중 재발 건수
147	AS	AS	표준 AS 시간 준수율	실제 처리시간/표준AS시간
148	고객만족	민원 감축	업무 매뉴얼 교육 횟수	횟수
149	고객만족	민원 감축	민원 감축 방안 실행 노력도	팀장 5단계 정성 평가
150	고객만족	콜통화성공율	적정인원 유지율	현 인원수/목표인원수
151	고객만족	향상	대화 스킬 전파/교육 충실도	팀장 5단계 정성 평가
152	고객만족	금전사고 예방	업무 매뉴얼 교육 횟수	횟수
153	고객만족	제환급금	업무 매뉴얼 교육 횟수	횟수
154	고객만족	대고객서비스	고객 상담 지식 전파/교육 충실도	팀장 5단계 정성 평가
155	고객만족	향상	서비스 전문 인력 자격증 이수 인원 비율	자격증 이수 인원/전체 상담 인원
156	고객만족	고객불만처리	고객불만처리 경과기간	실제 처리일수/목표 처리일수
157	고객만족	고객불만처리	고객만족도조사 회수율	분기별 실시여부
158	고객만족	고객불만처리	고객만족도조사 평가점수	고객만족도 조사 결과점수
159	고객만족	고객불만처리	고객대응서비스 교육실시	교육횟수
160	고객만족	고객불만처리	품질평가 합격율	실제합격율/목표합격율
161	고객만족	고객불만처리	제품 정보인지	배포 건수
162	고객만족	고객불만처리	고객불만 발행 건수	발행 건수
163	고객관리	수주관리	신규고객 매출액	신규고객 매출액/총매출액
164	고객관리	수주관리	신제품 매출액	신제품 매출액/총매출액
165	고객관리	수주관리	수주전망 정확도	실제실적/예상실적

구분	부서	핵심과업(Key Task)	핵심성과지표(KPI)	산식
166	고객관리	수주관리	영업전망 당월/분기별 발행 익월 정확도	실제실적/예상실적
167	고객관리	수주관리	신모델 출시건수	출시 건수
168	고객관리	수주관리	거래처 방문 영업정보 수집	보고서 건수
169	고객관리	수주관리	거래처 방문 신규고객수주	보고서 건수
170	고객관리	수주관리	양산비율관리	양산건수/신개의 발행건수
171	고객관리	수주관리	신규 거래처 확보 수	신규거래서 확보 수
172	고객관리	수주관리	신규 아이템 확보 수	신규아이템 확보 수
173	고객관리	수주관리	전략 고객 확보 수	실적/목표
174	고객관리	수주관리	기존 거래처 매출액	전년(월)실적/금년(월)실적
175	고객관리	수주관리	기존 거래처 유지관리	전년(월)실적/금년(월)실적
176	영업관리	영업전략 및	매출 달성률	(실제 매출액/목표 매출액) X 100
177	영업관리	영업전략 및	매출 성장률	(당기 매출액 – 전기 매출액)/전기 매출액 X 100
178	영업관리	영업전략 및	신제품 정착률	(신제품 수/전체 품목 수) X 100
179	영업관리	영업전략 및	유통별 목표구성 & 달성률	(유통별 실적/유통별 목표) X 100
180	영업관리	손익관리	채권 회전일	(현 회전일/기준 회전일) X 100
181	영업관리	손익관리	출고 D/C율 관리	(D/C액/공가) X 100
182	영업관리	손익관리	재고 회전일	(재고액/Sales Out)×30
183	영업관리	손익관리	반품률	(반품액/매출액) X 100
184	영업관리	손익관리	영업 이익률	(영업이익/매출액) X 100
185	영업관리	손익관리	영업이익 성장률	(당기 영업이익 – 전기 영업이익)/전기 영업이익
186	영업관리	시장관리	매가율	(실매가/기준 매가) X 100
187	영업관리	시장관리	거래율	(거래점 수/전체 거래점 수) X 100
188	영업 관리	시장관리	점당 매출액	매출액/거래점 수
189	영업 관리	시장관리	신규 개척 점 수	신규 개척 거래점 수
190	영업 관리	시장관리	진열률	(진열 거래점 수/전체 거래점 수) X 100
191	영업 관리	시장관리	취급률	(취급 제품 수/전체 취급 거래점 수) X 100
192	영업 관리	판촉관리	판촉물 선호도	판촉물 선호도 설문
193	영업 관리	영업사원	인당 생산성	매출액/가동인원
194	영업 관리	인당 생산성 제고	보상 제도 적절성	정성 단계 척도 설정
195	영업 관리	판매비 제도	판매비 변경 적절성	정성 단계 척도 설정
196	영업 관리	판매비 제도	업계 벤치마킹 보고서 적절성	정성 단계 척도 설정
197	영업 관리	판매비 제도	현장 조직 만족도	Survey 결과
198	영업 관리	영업 예산 관리	영업 예산 계획 수립 적절성	정성 단계 척도 설정
199	영업 관리	영업 예산 관리	매출 대비 기준 예산 절감 금액	금액
200	영업 관리	영업 예산 관리	채널별 예산 배분 적절성	정성 단계 척도 설정
201	영업 관리	영업 예산 관리	장기 신규 위주 예산 부여 적절성	정성 단계 척도 설정
202	영업 관리	제품판매계획	전년대비 매출증가율	전년실적/금년실적
203	영업 관리	제품판매계획	매출목표달성율	실적금액/목표금액
204	영업 관리	제품판매계획	인당 매출목표 달성율	매출액/인원(실적/목표)
205	영업 관리	제품판매계획	판매수량 달성율	실적수량/목표수량
206	영업 관리	제품판매계획	매출실적 관리 정확성	실적관리 Gap 차이
207	영업 관리	제품판매계획	시장점유율 확대	시장점유율
208	영업 관리	영업이익확보 계획	매출액 영업이익률	영업이익률
209	영업 관리	영업이익확보	영업이익률 달성율	실제영업이익률/목표영업이익률
210	영업 관리	영업이익확보	영업손실비용 감축액	실제손실비용/목표손실비용
211	영업 관리	영업이익확보	영업손실비용 감축율	전년실적/금년실적
212	영업 관리	영업이익확보	물류비 및 일반관리비 절감	물류비 및 일반관리비/납품금액
213	영업 관리	고객납기관리	적기 인도수	적기인도건수/총인도건수
214	영업 관리	고객납기관리	적정 재고수량	실적/목표
215	영업 관리	고객납기관리	완제품 재고회전율	매출액/평균재고금액
216	영업 관리	고객납기관리	주문접수 대비 준수율	준수/주문접수
217	영업 관리	고객납기관리	계획 출하율	실제출하대수/계획대수
218	영업 관리	영업채권관리	미수금 관리	완료일-목표일
219	영업 관리	영업채권관리	미수금 회수율	회수율
220	영업 관리	영업채권관리	미수금 회수 입금기간 준수율	준수율

구분	부서	핵심과업(Key Task)	핵심성과지표(KPI)	산식
221	영업 관리	영업채권관리	SAMPLE 수금실적	수금실적
222	영업 기획	채널별 마케팅	채널별 마케팅 전략 수립 적정성	정성 단계 척도 설정
223	영업 기획	전략 수립	벤치마킹 건수	건수
224	영업 기획	전략 수립	벤치마킹 보고서 적정성	정성 단계 척도 설정
225	영업 기획	사업계획 수립 및	전사 목표에 부합된 목표 배분 적정성	정성 단계 척도 설정
226	영업 기획	목표 배분	채널별 특성에 맞는 목표 배분 적정성	정성 단계 척도 설정
227	영업 기획	신상품 마케팅	수익 분석 제반 지표 분석 충실도	정성 단계 척도 설정
228	영업 기획	지원	신상품 판매전략 적정성	정성 단계 척도 설정
229	영업 기획	Web 마케팅 전략 수립	홈페이지 유입 건수	건수
230	영업 기획	제휴 마케팅 활성화	제휴를 통한 부가서비스 창출 건수	건수
231	영업 기획	영업 관련 제 통계	영업 통계 관리의 충실도	정성 단계 척도 설정
232	국내 영업	판매목표 달성	목표 매출 달성률	(실제 매출액/목표 매출액) X 100
233	국내 영업	판매목표 달성	매출 성장률	(당기 매출액 – 전기 매출액)/전기 매출액 X 100
234	국내 영업	시장관리	거래율	(실제 거래 코너 수/총 거래 코너 수) X 100
235	국내 영업	시장관리	가동률	(실제 가동 코너 수/총 거래 코너 수) X 100
236	국내 영업	시장관리	시장 정보 보고서 품질	보고서 내용 검토 후 Overall Rating
237	국내 영업	채권관리	기준 채권 회전일 준수	(기준일자 채권 – 이전 매입액 = 0) 이 되는 기간
238	국내 영업	채권관리	현금 수금률	(수금 금액/수금 대상 금액) X 100
239	국내 영업	채권관리	부도율	(부도 거래선 수/전체 거래선 수) X 100
240	국내 영업	채권관리	무가동, 무수금, 한도초과 건수(3개월 단위)	건수
241	국내 영업	채권관리	불량 채권 발생율	(불량 채권/전체 채권) X 100
242	국내 영업	채권관리	재고 회전일	(재고/판매) × 30일
243	국내 영업	채권관리	반품률	(반품액/매입액) X 100
244	국내 영업	채권관리	부진, 불량 재고 소진율	(실제 부진,불량 재고 소진분/전체 부진,불량 재고) X 100
245	국내 영업	대리점 관리	대리점 매출액 성장률	(당기 매출액 – 전기 매출액)/전기 매출액 X 100
246	국내 영업	대리점 관리	대리점 영업이익 증가율	(당기 영업이익 – 전기 영업이익)/전기 영업이익 X 100
247	국내 영업	대리점 관리	신규 대리점 수	신규 대리점 수
248	국내 영업	손익관리	영업이익 증가율	(당기 영업이익 – 전기 영업이익)/전기 영업이익 X 100
249	국내 영업	손익관리	인당 매출액	총매출액/인원 수
250	국내 영업	손익관리	D/C율	(출고가/공가) X 100
251	국내 영업	손익관리	판매가 적정성	실매가/기준가
252	해외 영업	목표 및 손익관리	매출 목표 달성률	(실적/목표 매출액) X 100
253	해외 영업	목표 및 손익관리	매출 성장률	(당기 매출액 – 전기 매출액)/전기 매출액 X 100
254	해외 영업	목표 및 손익관리	비용 절감율	(계획비용 – 집행비용)/계획비용 X 100
255	해외 영업	목표 및 손익관리	인 당 매출액	총매출액/직원 수
256	해외 영업	목표 및 손익관리	제품 아이템 증가율	(당기 제품 아이템 수 – 전기 제품 아이템 수/전기 제품 아이템 수) X 100
257	해외 영업	해외 현지 유통시장 및 유통분석	시장조사 계획 준수율	시장조사 실시 건수/시장조사 실시 계획 건수
258	해외 영업	해외 현지 유통시장 및 유통분석	시장 보고서 활용도	활용 정도를 판단 후 Overall Rating
259	해외 영업	신규 판매 채널 발굴	발굴 채널 수(%)	발굴채널 수/목표채널수 × 100
260	해외 영업	업체 및 바이어 관리	접촉(Contact) 건수	전화통화 횟수, 이메일 발송 횟수, 대면 접촉 건수
261	해외 영업	업체 및 바이어 관리	DB작성 및 유지율	DB작성 및 유지거래선수/총 거래선 수 X 100
262	해외 영업	현지 Promotion	계획 대비 Promotion 준수도	(실시 건수/계획 건수) X 100
263	해외 영업	채권관리	채권 회전율	{채권 회전일/기준 채권 회전일(30일)} X 100
264	해외 영업	채권관리	불량 채권 발생률	(발생 불량 채권/전체 채권) X 100
265	해외 영업	채권관리	불량채권 회수율	(불량 채권 회수액/총 불량 채권액) X 100
266	해외영업지원	수출/입 업무	수입면허 실사	완료일-목표일
267	해외영업지원	수출/입 업무	정상 외 수출비용 발생보고	완료일-목표일
268	해외영업지원	수출/입 업무	정상 외 수출비용 절감율	전년실적/금년실적
269	해외영업지원	수출/입 업무	수출입 비용의 실적관리	완료일-목표일
270	해외영업지원	수출/입 업무	수출입 비용의 목표달성율	실적금액/목표금액
271	해외영업지원	수출/입 업무	수출입 경비 마감일정 단축	완료일-목표일
272	해외영업지원	수출/입 업무	수출입 통관 면허 정정건의 제로화	정정건수
273	해외영업지원	수출/입 업무	수출입 신고서 탑재	완료일-목표일
274	해외영업지원	수출/입 업무	발생비용 정산	완료일-목표일
275	해외영업지원	수출/입 업무	발생비용 절감액	전년실적/금년실적

중소기업을 위한 인사평가 바이블

구분	부서	핵심과업(Key Task)	핵심성과지표(KPI)	산식
276	해외영업지원	수출/입 업무	발생비용 절비방안	절감방안 건수
277	해외영업지원	관세환급 업무	관세환급 /비환급금 구분관리	완료일-목표일
278	해외영업지원	관세환급 업무	관세환급일정 조기단축	완료일-목표일
279	해외영업지원	외환관리 업무	외환 손실율	실적환율/기준환율
280	해외영업지원	외환관리 업무	외환 Risk 관리 달성도	실제 Risk/목표 Risk
281	해외영업지원	외환관리 업무	원화, 외화 조달비용 절감율	실적금액/목표금액
282	구매	구매전략	경상이익 증가율	{(당기 경상이익-전기 경상이익)/전기 경상이익}*100
283	구매	구매전략	공헌이익 증가율	{(당기 공헌이익-전기 공헌이익)/전기 공헌이익}*100
284	구매	구매전략	당기순이익	법인세 차감 전 순이익 - 법인세
285	구매	구매전략	매출수익률(ROS)	(당기순이익/매출액)*100
286	구매	구매전략	매출액 대비 총비용율	(총비용/매출액)*100
287	구매	구매전략	매출총이익 증가율	{(당기 매출총이익-전기 매출총이익)/전기 매출총이익}*100
288	구매	구매전략	영업이익 증가율	{(당기 영업이익-전기 영업이익)/전기 영업이익}*100
289	구매	구매전략	(품목별) 구매 원가 절감률	(전기 평균 구매 단가 – 당기 평균 구매 단가)/전기 평균 구매 단가* 100
290	구매	구매전략	(품목별) 구매 원가 절감액	전기 총 구매 원가 – 당기 총 구매 원가
291	구매	구매전략	(품목별) 인상 억제율	(인상 요청 단가 – 현 구매 단가)/인상 요청 단가* 100
292	구매	구매전략	대체품 개발 건수	대체품 개발 건수
293	구매	구매전략	원부재 매각 이익 금액	매각 차액
294	구매	구매전략	구매 동향 보고서 작성 건수	분기별 구매 동향 보고서 작성 건수
295	구매	구매전략	구매 동향 보고서 보고서 적정성	작성 보고서에 대한 적정성을 Overall Rating
296	구매	발주 및 납기관리 & 거래선관리	서비스 만족도(조직별)	제공하는 서비스에 대한 조직별(팀 단위) 내부고객 만족도 Survey
297	구매	발주 및 납기관리 & 거래선관리	구매 Lead Time	납기 시점 – 구매 요청 시점
298	구매	발주 및 납기관리 & 거래선관리	납품 적시성	(적기 납품 건수/전체 납품 건수)* 100
299	구매	발주 및 납기관리 & 거래선관리	생산계획 대비 납기 준수율	(적기 입고 건수/입고 총 건수)* 100
300	구매	발주 및 납기관리 & 거래선관리	신규(대체)공급선 개발 건수	공급선 개발 건수
301	구매	발주 및 납기관리 & 거래선관리	업무 표준화 수준	업무 표준화 수준에 대한 직원 설문
302	구매	발주 및 납기관리 & 거래선관리	업무 효율화 수준	업무 효율화 수준에 대한 직원 설문
303	구매	발주 및 납기관리 & 거래선관리	적기 납품률	(적기배송물량/전체배송물량)X 100
304	구매	발주 및 납기관리 & 거래선관리	ISO 준수도	ISO 준수도에 대한 직원 설문
305	구매	발주 및 납기관리 & 거래선관리	구매/물류 서비스 만족도	각 사업부에 구매/물류 업무 Interaction 직원 설문 조사
306	구매	원부재 관리	매출원가율	(매출원가/매출액)*100
307	구매	원부재 관리	표준원가비율	(표준원가/매출액)*100
308	구매	원부재 관리	원부재 과부족률	(실재고 – 전산재고)/재고물량* 100
309	자재	구매원가 관리	(품목별) 구매 원가 절감률	(전기 평균 구매 단가 – 당기 평균 구매 단가)/전기 평균 구매 단가 X 100
310	자재	구매원가 관리	(품목별) 구매 원가 절감액	전기 총 구매 원가 – 당기 총 구매 원가
311	자재	구매원가 관리	(품목별) 인상 억제율	(인상 요청 단가 – 현 구매 단가)/인상 요청 단가 X 100
312	자재	구매원가 관리	원부재 매각 이익 금액	매각 차액
313	자재	대체품/대체선	신규(대체)공급선 개발 건수	공급선 개발 건수
314	자재	대체품/대체선	대체품 개발 건수	대체품 개발 건수
315	자재	적기구매	생산계획 대비 납기 준수율	(적기 입고 건수/입고 총 건수) X 100
316	자재	적기구매	구매 Lead Time	납기 시점 – 구매 요청 시점
317	물류	물류기획	서비스 만족도(조직별)	제공하는 서비스에 대한 조직별(팀 단위) 내부고객 만족도 Survey
318	물류	물류기획	경상이익 증가율	{(당기 경상이익-전기 경상이익)/전기 경상이익}*100
319	물류	물류기획	공헌이익 증가율	{(당기 공헌이익-전기 공헌이익)/전기 공헌이익}*100
320	물류	물류기획	당기순이익	법인세 차감 전 순이익 - 법인세
321	물류	물류기획	매출수익률(ROS)	(당기순이익/매출액)*100
322	디자인	디자인 개발	디자인 만족도(고객)	고객 디자인 만족도 설문
323	디자인	디자인 개발	디자인 성공 기여도(매출액)	(당기 매출액 – 전기 매출액)/전기 매출액
324	디자인	디자인 개발	신소재, 신기술 연구 및 적용도	내 외부 고객 및 관련 부서 설문
325	디자인	크리에이티브	국내외 디자인 관련	보고서 Quality를 Overall Rating
326	디자인	크리에이티브	지속적 자기계발 발표도	참가자에 대한 평가도 설문
327	디자인	크리에이티브	기존 디자인 지속적 평가, 보완, up grade 관리	(당기 매출액 – 전기 매출액)/전기 매출액
328	디자인	디자인 관련	국내 외 디자인 contest 수상 건수	국내, 국외 상장, 상패 건수
329	디자인	대외 활동		
330	디자인	포장조사/개발	포장 Trend 분석자료 작성	작성 건수

구분	부서	핵심과업(Key Task)	핵심성과지표(KPI)	산식
331	디자인	포장조사/개발	신소재 도입 검토자료 작성	작성 건수
332	디자인	포장디자인	포장디자인 개발 건수	개발 건수
333	디자인	포장디자인	경쟁사 비교평가서 작성	보고 건수
334	디자인	포장물 전개	포장물 진행일정 준수율	실제일정/계획일정
335	디자인	포장물 전개	포장물 사양관리 준수율	실제일정/계획일정
336	디자인	제품조사/개발	신제품 개발건수	개발 건수
337	디자인	제품조사/개발	경쟁사/시장 조사	조사 건수
338	디자인	제품조사/개발	신제품 타당성 검토	분석보고서 건수
339	디자인	제품조사/개발	제품조사 적시성	실적/계획
340	디자인	제품디자인	제품디자인 개발건수	개발 건수
341	디자인	제품디자인	디자인 납기준수도	실적/계획
342	설계	설계 구현	설계결함 발생률 최소화	문제발생모델/양산이관모델
343	설계	설계 구현	신뢰성 테스트 통과율	테스트통과/전체
344	설계	설계 구현	양산 안정화 소요 일수	실적/목표
345	설계	설계 변경	설계변경 결함 발생률	결함발생/전체
346	설계	설계 변경	제조기술 개선제안	제안 건수
347	설계	설계 변경	공정검토 및 개선지원	개선 건수
348	설계	설계 변경	개선된 설계 및 재료적용	적용 건수
349	설계	설계 변경	음향측정 및 평가 표준화	표준화 건수
350	설계	설계 변경	공정개선 지원	보고서 건수
351	생산기술	신모델 관리	MP일정 준수율	실시일-예정일
352	생산기술	신모델 관리	PP,PMP 완성도 향상	실적/계획
353	생산기술	신모델 관리	신모델 양산관리	양산모델/전체모델
354	생산기술	신모델 관리	MP 계획일정 set-up 준수율	실적/계획
355	생산기술	신모델 관리	문제점 관리	Close/문제점
356	생산기술	신모델 관리	초기 불량율	양산적용 후 1개월 불량율
357	생산기술	신모델 관리	신제품 완료보고서 작성관리	실적/계획
358	생산기술	신모델 관리	신제품 표준공수 검증 및 작성	MP전 등록여부
359	생산기술	작업지도서 작성	제조공정도,작업지도서 배포일정 준수율	실적/계획
360	생산기술	작업지도서 작성	작업변경에 따른 Reversion 배포	배포일-작업변경시점
361	생산기술	작업지도서 작성	작업지도서 작성 건수	작성 건수
362	생산기술	공수 관리	실적공수 개선금액	개선금액/목표금액
363	생산기술	공수 관리	양산전 표준공수 설정율	실적/계획
364	생산기술	공수 관리	실적공수 관리	실적/계획
365	생산기술	공수 관리	표준공수 관리	실적/계획
366	생산기술	공수 관리	주요 모델 공수달성율	실적/목표
367	생산기술	공수 관리	주요 모델 품질달성율	실적/목표
368	생산기술	공수 관리	품질항목 집중개선	실적/목표
369	생산기술	공수 관리	실적공수 개선요구 건수	개선요구 건수
370	생산기술	공정개선관리	공정개선건수	개선 건수
371	생산기술	공정개선관리	생산성 향상율	전년실적/금년실적
372	생산기술	공정개선관리	공정 개선 후 불량감소율	개선후/개선전 (실적/계획)
373	생산기술	공정개선관리	공정 개선 후 절감금액 달성율	개선후/개선전 (실적/계획)
374	생산기술	공정개선관리	공정개선 후 인원변동 달성율	개선후/개선전 (실적/계획)
375	생산기술	양산품 문제점	양산전 문제점 개선율	문제점 개선/전체
376	생산기술	양산품 문제점		
377	생산기술	제조조건	세부적 정립 및 표준화	작성 건수
378	생산기술	사양변경 업무	신모델 검증 체크리스트 검증 및 표준화	작성 건수
379	생산기술	기타	계측장비 활용능력 향상	작성 건수
380	생산기술	기타	기술교육자료 작성 전파교육	교육 건수
381	생산기술	기타	신기술의 벤치마킹/도입 건수	보고서 건수
382	생산기술	신규설비 진행	설비제작 원가개선	현지제작 건수
383	생산기술	신규설비 진행	검사설비 현지화 제작	현지화 제작/전체
384	생산기술	신규설비 진행	장비 및 치공구, 소모품 현지화	실적/대상품목
385	생산기술	신규설비 진행	디지털통합검사기 양산성 검증	실적/계획

중소기업을 위한 인사평가 바이블

구분	부서	핵심과업(Key Task)	핵심성과지표(KPI)	산식
386	생산기술	신규설비 진행	설비진행 계획서 작성	작성 건수
387	생산기술	신규설비 진행	신규 설비 사양서 작성	실적/계획
388	생산기술	신규설비 진행	신규설비 정보수집	보고서 건수
389	생산기술	자동화 설비진행	설비 자체제작으로 원가절감	실적/기존입고금액
390	생산기술	자동화 설비진행	설비 자체제작 건수	제작 건수
391	생산기술	일반설비업무	설비인정검사서 등급 승인율	실적/계획
392	생산기술	일반설비업무	설비기록 관리건수	관리 건수
393	생산기술	일반설비업무	검교정 대상 설비	실적/목표
394	생산기술	일반설비업무	정기재고조사 실시	실행 횟수
395	생산기술	일반설비업무	설비내부 검교정 관리	실행 횟수
396	생산기술	일반설비업무	설비인정검사	결과 점수
397	생산기술	일반설비업무	자산성 설비리스트 업데이트	업데이트 횟수
398	생산기술	일반설비업무	검교정대상설비 검교정 진행관리	실적/대상설비
399	생산기술	일반설비업무	설비 유지관리율	유지관리율
400	생산기술	일반설비업무	계측기 검교정 및 유지관리	등록,유지 달성율
401	생산기술	일반설비업무	설비 모니터링 시행률	모니터링건수/투자건수
402	생산기술	일반설비업무	설계제작 사양서 작성	작성/제작건수
403	생산기술	생산기술	양산 적용 불량률	문제 발생 건수 / 생산 적용 건수
404	생산기술	생산기술	양산 적용률	생산 이관 건수 / 생산 품목
405	생산기술	생산기술	부적합 보고서 처리율	1차 완료 건수 / 당 해년도 접수건수
406	생산기술	제조, 생산 금형 관리	설변 완료율	설변완료건수 / 설변진행건수
407	생산기술	양산공정 지원	증작설비 검증승인률	검증승인설비수 / 증작설비수
408	생산기술	양산공정 지원	최종설비사용승인서 작성률	최종설비 사용승인서 작성 건수 / 설비사용승인 건수
409	생산기술	개발품 양산 이관 지원	설비에 대한 내부고객 만족도	유관부서 설문조사
410	생산기술	신제품 개발 지원	P.P 실시율	P.P 실시 건수 / 개발완료건수
411	생산기술	신제품 개발 지원	초기양산품에 대한 내·외부 품질 수준 통보율	통보 Item 수 / 초기양산품 Item 수
412	생산	원가절감	전년대비 생산성 증가	당기 생산성-전기 생산성 {생산성=TON/M.D. (EA/M.H.)}
413	생산	계획 수립/추진	전년대비 수율(%) 증가	당기 수율 – 전기 수율 {수율 = (OUTPUT/INPUT) X100}
414	생산	계획 수립/추진	전년대비 포장재 Loss 감소율	전기 포장재 Loss – 당기 포장재 Loss {포장재 Loss = (표준 – 실제 /표준 사용량) X100}
415	생산	계획 수립/추진	제조경비 절감액	(당기 제조경비 – 전기 제조경비)/전기 제조경비 X 100
416	생산	설비관리	설비 종합 효율성	시간 가동률 X가동 효율 X양품율
417	생산	설비관리	설비 고장 시간	설비 고장 시간/계획 설비 운전 시간
418	생산	설비관리	재해 건수	발생 건수
419	생산	생산기술 향상	자동화 추진 건수	추진 건수
420	생산	생산기술 향상	신기술 도입 건수	도입 건수
421	생산	공정개선	완제품 불량률	(불량품 수/전체 완제품 수) X 100
422	생산	공정개선	개인 별 제안 건수	개인 별 제안 건수
423	생산	공정개선	분임조 테마 해결 건수	테마 해결 건수
424	생산	공정개선	라인 교체 단축 시간	단축 시간
425	생산	공정개선	공정 개선 건수	건수
426	생산	생산계획/실적관리	생산 계획 준수율	(생산 실적/생산 계획) X 100
427	생산	실물 자재관리	입고 계획 준수율	(입고 실적/입고 계획) X 100
428	생산	실물 자재관리	재고자산 회전율(원재료, 부재료, 반제품)	매출액/평균 재고자산
429	품질관리	품질관리	품질비용(Q-Cost)	품질비용/매출액
430	품질관리	품질관리	실패비용(F-Cost)	손실비용/매출액
431	품질관리	품질관리	필드 품질 지수	(불량 금액/생산금액)*100%
432	품질관리	품질관리	신뢰성 관리 비용	(보증대수/생산대수)*100%
433	품질관리	품질관리	라인 불량률	(불량금액/생산대수)*100%
434	품질관리	품질관리	개선 진도율	(개선 건수/지적 건수)*100%
435	품질관리	품질관리	개선율	(개선 건수/개선 요청 건수)*100%
436	품질관리	품질관리	사전 결함 처리 준수율	(반려 건수/결정 건수)*100%
437	품질관리	품질관리	업무 계획 달성율	(달성 건수/계획 건수)*100%
438	품질관리	품질관리	품질 정보 시스템 개발/보완 건수	(개발 및 보완 건수/계획 건수)*100%
439	품질관리	품질관리	교육 이수율	(이수 건수/계획 건수)*100%
440	품질관리	품질관리	품질현황 보고서 작성 준수율	(작성 건수/계획 건수)*100%

구분	부서	핵심과업(Key Task)	핵심성과지표(KPI)	산식
441	품질관리	품질관리	환경 관리 프로그램 준수율	(완료 건수/등록 건수)*100%
442	품질관리	품질관리	협력사 품질 시스템 평가율	(평가 업체 수/계획 업체 수)*100%
443	품질관리	품질관리	신기종 평가율	(평가 대수/계획 대수)*100%
444	품질관리	품질관리	품질 개선율	(완료 건수/상정 건수)*100%
445	품질관리	품질관리	계측기 교정 실시율	(교정 완료 수량/ 교정 대상 계측기 수량)*100%
446	품질관리	품질관리	외주 Line 불량율	(외주품 불량금액÷외주품 투입금액)*100%
447	품질관리	품질관리	불량 비 가동 시간	∑ 불량 비가동 시간
448	품질관리	품질관리	완성차 검사 지적 건수(DPU)	(검사지적건수 ÷검사대수)*100%
449	품질관리	품질관리	Claim율	(Claim금액 ÷보증금액)*100%
450	품질관리	품질관리	백대당 Claim건수	(Claim건수 ÷보증대수) × 100%
451	품질관리	품질관리	백대당 가중 Claim 건수	∑[{(Claim건×가중치)÷ 보증대수}×100]
452	품질관리	품질관리	품질계획서 작성 준수율	(기준일 내 작성 건수 ÷전체 작성 건수) ×100
453	품질관리	품질경영계획	자주능력향상 업무표준화 정립	실적/목표
454	품질관리	품질경영계획	품질비용 절감	전년실적/금년실적
455	품질관리	품질기획 업무	양산품 품질보증 시스템 활성	진행율/목표
456	품질관리	품질기획 업무	품질목표 달성율	실적/목표
457	품질관리	품질기획 업무	품질개선 대안수립	개선 건수
458	품질관리	구매업체 품질보증관련 업무	업체 품질 정기평가	실시 횟수
459	품질관리	구매업체 품질보증관련 업무	품질지도 실시율	지도건수/지도계획
460	품질관리	QC관리기법 수평전개	6시그마기법활용 품질개선	기법활용건수
461	품질관리	신모델 개발단계별 검토	신모델 검토 처리기간 단축	완료일-목표일
462	품질관리	신모델 개발단계별 검토	신모델,변경 샘플 완성도향상	실적/계획
463	품질관리	신모델 개발단계별 검토	신제품완성도 100% 확보	평가표 달성율
464	품질관리	시장,고객불만의	고객불만요구서 접수 건수	접수 건수
465	품질관리	시장,고객불만의	고객불만 처리기간 단축	소요기간-목표소요기간
466	품질관리	시장,고객불만의	양산품 정기평가 고객불만대응평가	부적합건 처리건수/부적합건
467	품질관리	시장,고객불만의	부적합건 재발율 zero	재발건수/부적합건
468	품질관리	시장,고객불만의 조치	고객 품질등급	품질 등급
469	품질관리	제조조건 변경검토 및 승인	신뢰성 검토 처리기간 단축	소요기간-목표소요기간
470	품질관리	공장 품질관리	착하품질 달성율	실적/목표
471	품질관리	공장 품질관리	공정불량 달성율	실적/목표
472	품질관리	공장 품질관리	시장불량 달성율	실적/목표
473	품질관리	공장 품질관리	착하 LOT 부적합 건수	삭제요청(품질보증)
474	품질관리	공장 품질관리	착하품질 개선	식제요청(품질보증)
475	품질관리	공장 품질관리	공장별 전사품질 목표달성도	실적/목표
476	품질관리	공장 품질관리	품질운영실태조사(공장Audit)	체크리스트 달성율
477	품질관리	공장 품질관리	전담담당제 운영	실적/목표
478	품질관리	공장 품질관리	품질 개선일정 준수	완료일-목표일
479	품질관리	공장 품질관리	품질 문제점 해결 건수	해결 건수
480	품질관리	품질보증	제품 신뢰성 검사 건수	제품 신뢰성 검사 보고서 건수
481	품질관리	품질보증	공정 개발 및 개선 건수	공정 개선 보고서 건수
482	품질관리	품질보증	ISO 9001/14001 지적 건수	연간 2회 내/외부 심사 결과
483	품질관리	품질인증 유지관리	수검(결과통보서)결과보고서	수검회수대비 불합격율
484	품질관리	제품(중간)검사 및	품질 불만 제기율	사전 자체 품질검사 대비 불합격율
485	품질관리	제품(중간)검사 및	각 현장 품질 만족도	크레임 및 반품 차량 발생율(전년/전월 대비)
486	품질관리	현장품질시험 및	현장시험시 불합격율	현장시험대비 불합격율
487	품질관리	현장불만처리에	반품처리 비율	총생산량 /대비 반품율
488	품질관리	생산 배합실적에	생산배합/시방배합	각재료별.생산배합량/시방배합량(증감율)%
489	품질관리	생산 배합실적에	계량오차관리 불합격율	계량치/설정치=(오차율%)
490	품질관리	원료/제품/포장재/OEM 검사	불량률	(불량 건수/입고 건수) X100
491	품질관리	원료/제품/포장재/OEM 검사	업체별 불량률	(불량 건수/입고 건수) X100 (by 업체별)
492	품질관리	고객 클레임 통한 분석 및 대책수립	클레임 처리 실적률	(처리실적 건수/처리요청 건수) X100
493	품질관리	고객 클레임 통한 분석 및 대책수립	동일 클레임 재발 건수	건수
494	품질관리	사내외 인증관리	인증 적법 유지(계획대비관리)	실적 판단 이후 Overall Rating
495	품질관리	사내외 인증관리	ISO인증 유지	실적 판단 이후 Overall Rating

중소기업을 위한 인사평가 바이블

구분	부서	핵심과업(Key Task)	핵심성과지표(KPI)	산식
496	품질관리	사내외 인증관리	회사표준 제/개정	실적 판단 이후 Overall Rating
497	품질관리	품질경영(혁신)	테마 해결 실적	테마 해결 건수
498	품질관리	품질경영(혁신)	개인별 제안 건수	제안 건수
499	품질관리	품질경영(혁신)	품질 개선 건수	개선 건수
500	품질관리	품질경영(혁신)	공정 개선 건수	건수
501	연구개발	신제품개발	목표 대비 품질만족도	목표대비품질지수(목표수준, 벤치마크,HUT, 코드패널등)
502	연구개발	신제품개발	소비자클레임율	목표대비 클레임율 (클레임 건수/판매총수) X 100
503	연구개발	신제품개발	신제품매출비중	목표대비 (신제품판매총액 / 총판매액) X 100
504	연구개발	신제품개발	목표 대비 원가율	목표대비 (매출원가/목표원가) X 100
505	연구개발	신제품개발	개발기간 준수도	(완료기간/목표기간) X 100
506	연구개발	핵심기술확보	기술보고서 Quality지수 총계	보고서 건당 Quality점수 총합 (5점척도)
507	연구개발	핵심기술확보	신기술/공정응용건수	응용건수
508	연구개발	핵심기술확보	특허출원/등록 Quality지수 총계	출원/등록당Quality점수 총합(5점척도)
509	연구개발	연구개발	매출이익율	(매출이익/매출액)*100%
510	연구개발	연구개발	신규 매출액	금액
511	연구개발	연구개발	신제품 매출 이익 증가액	금액
512	연구개발	연구개발	시장별 Product Coverage	(자사 보유 기종 수/시장별 Product Line-Up 필요 기종 수)*100%
513	연구개발	연구개발	Claim 개선율	[{(당기 Claim 수 – 전기 Claim 수)}/전기 Claim 수]*100%
514	연구개발	연구개발	원가 절감 목표 달성율	(실제 원가 절감액/목표 원가 절감액)*100%
515	연구개발	연구개발	원가 절감 집계 일정 준수율	일정 준수 건수 / 총 건수 X 100(%)
516	연구개발	연구개발	Claim 처리 건수	건수
517	연구개발	연구개발	Field 하자 개선 건수	건수
518	연구개발	연구개발	Trouble Shooting 완수율	(고객 약속 기일 내 Trouble 해결 건수/Trouble 발생 건수)*100%
519	연구개발	연구개발	신기술 도입 건수	건수
520	연구개발	연구개발	개발목표 사양 반영율	(반영된 사양 수/목표 사양 수)*100%
521	연구개발	연구개발	관련부문 요구 사항 반영율	(반영된 요구 사항 수/전체 요구 사항수)*100%
522	연구개발	연구개발	오조립 건수	건수
523	연구개발	연구개발	설계 불량 건수	건수
524	연구개발	연구개발	지적 건수	건수
525	연구개발	연구개발	설계 변경 귀책율(혹은 건수)	비율 (혹은 건수)
526	연구개발	연구개발	특허 건수	건수
527	연구개발	연구개발	인증 획득율	(인증 획득 건수/인증 신청 건수) *100%
528	연구개발	연구개발	양산 엔진 인증 건수	건수
529	연구개발	연구개발	시험 장비 가동율	(장비 비 가동 횟 수/총 실험 횟수) *100%
530	연구개발	연구개발	기술회의 개최 건수	건수
531	연구개발	연구개발	사무환경 개선 건수	건수
532	연구개발	연구개발	분야별 VOC List 수	건수
533	연구개발	연구개발	공정/부품 품질 개선 건수	건수
534	연구개발	연구개발	보고서 건수	건수
535	연구개발	연구개발	보고서 기한 초과율	(기한 초과 보고서 건수/총 보고서 건수) *100%
536	연구개발	연구개발	자료 작성 비율	(작성 건수/작성 대상 건수)*100%
537	연구개발	연구개발	불량율	(불량품 수/제작품 수)*100%
538	연구개발	연구개발	영업지원 건수	건수
539	연구개발	연구개발	Trouble 추가비용 발생율	(Trouble 에 의한 추가비용/계약금액)*100%
540	연구개발	연구수행	특허 출원건수	출원 건수
541	연구개발	연구수행	연구수행건수	연구수행 건수
542	연구개발	연구수행	개별 연구과제 진행	보고서 건수
543	연구개발	연구수행	외부연구 과제수주 및 진행	과제 수행건수
544	연구개발	연구수행	연구개발 Roadmap 달성율	실적/목표
545	연구개발	연구수행	연구개발 진행경과 평가	실적/계획
546	연구개발	연구수행	연구개발 성과 및 기술보고	보고서 건수
547	연구개발	연구관리	개발 및 설계 절차서 제/개정	제/개정 건수
548	연구개발	연구관리	설계/기술 표준화기준서 제/개정	제/개정 건수
549	연구개발	연구관리	세미나식 전수교육 건수	교육 건수
550	연구개발	연구관리	신규 고객기술지원 건수	지원 건수

구분	부서	핵심과업(Key Task)	핵심성과지표(KPI)	산식
551	인사	경력/신입직원 채용	입사 1년차 직원 퇴사율	퇴사인원/입사인원
552	인사	경력/신입직원 채용	인력충원 Lead Time	채용완료시기-충원시기
553	인사	규정/지침 개정	인사제도 개선 진척도	팀장 5단계 정성 평가
554	인사	규정/지침 개정	인사제도 개선 충실도	팀장 5단계 정성 평가
555	인사	규정/지침 개정	인사제도 직원 만족도	Survey 결과
556	인사	급여, 상여 지급	동업계 대비 직급별 평균연봉 비율	당사금액/동업계금액
557	인사	급여, 상여 지급		
558	인사	급여/상여 지급	급여 처리 오류 건수 (금액)	건수 (금액)
559	인사	급여/상여 지급	연말정산 가산세 추징 건수 (금액)	건수 (금액)
560	인사	급여/상여 지급	급여 처리 기간 단축	기준일 대비 단축 일수
561	인사	급여/상여 지급	퇴직급 지급일 적시성	기준일 대비 지연 일수
562	인사	노무 관리	고충 상담 접수 건수	건수
563	인사	노사 관리	쟁점 해결률	(해결 쟁점 수/총 노사 쟁점 수)* 100
564	인사	대 직원 인사서비스 제공	종합 직원만족도	설문조사
565	인사	복리후생	복리후생 직원 만족도	Survey 결과
566	인사	복리후생	복리후생 제도 개선 건수	건수
567	인사	인력계획	이직률	목표대비 달성도
568	인사	인력계획	연간 인력계획의 적중율	정확도
569	인사	인력계획	부문,팀 인력 충원 Needs 반영률	(반영 건수/부문,팀 인력 충원 요청 건수) X 100
570	인사	인력계획	동종업계 대비 매출-인원 비율	경상이익/인원(동업계 대비)
571	인사	인력계획	연간 비용대비 인건비 비율(최근 3개년 대비)	총 비용/인건비 총액
572	인사	인사계획	핵심인재 유지율	핵심인재 연간 유지율
573	인사	인사 기획	직원 퇴직률	퇴직 인원/전체 인원
574	인사	인사 기획	고성과자 퇴직률	평가 S/A등급 인원 퇴직률
575	인사	인사 기획	신인사제도 정착도	신인사 제도 정착 수준에 대한 Overall Rating
576	인사	인사 기획	의사결정 지원의 적시/적절성	각 사업부장 의사결정 지원의 적시/적절성에 대한 Overall Rating
577	인사	인사 기획	인적자본 전략의 전사 비전/전략 연계성	당해 년도 인적자본 전략의 전사 비전/전략 연계성에 대한 CEO, 임원 평가
578	인사	인사 기획	노동분배율	인건비/부가가치
579	인사	인사 기획	영역별, 업체별 Best Practice Study Workshop 횟수	Workshop 실시 횟수
580	인사	인사 기획	인 당 부가가치 창출액	부가가치 창출액/총 직원 수
581	인사	인사 기획	혁신 및 개선 문화 지수	혁신 및 개선문화에 대한 직원대상 설문조사
582	인사	인사서비스	제 규정 신설	건수
583	인사	인사서비스	복리후생제도 및 지원의 강화	내부 고객만족도 설문
584	인사	인사서비스	복리후생 수혜율	(실제 복리후생 수혜 직원/항목별 복리후생 대상 직원) X 100
585	인사	인사서비스	복리후생 만족도	복리후생 수준, 항목 등에 대한 만족도 설문
586	인사	인사서비스	e-HR 만족도	e-HR 활용에 대한 만족도 설문
587	인사	인사서비스	서비스 만족도(조직별)	제공하는 서비스(인사)에 대한 조직별(팀 단위) 내부고객 만족도 Survey
588	인사	인사서비스	인사 서비스 제공 기한 준수도	인사 서비스별 사전에 정의된 제공 기간 준수여부
589	인사	인사서비스	전사 정보 공유도	정보 공유 수준에 대한 전직원 설문
590	인사	인사서비스	인사 서비스에 대한 직원 만족도	인사 서비스에 대한 직원 만족도 설문
591	재무	세무업무	세금 납부 기간 준수	기한 내 납부 건수/전체 납부 건수
592	재무	세무업무	사후관리 실적	실제 해결 건수/소명자료 해결 대상 건수
593	재무	세무업무	추징 세액 감소율	(전기 추징 세액 – 당기 추징 세액)/전기 추징 세액 X 100
594	재무	세무업무	절세 금액 증가율	(당기 절세 금액 – 전기 절세 금액)/전기 절세 금액 X 100
595	재무	세무 신고	세무 신고 누락 항목 건수	건수
596	재무	세무 신고	세무 신고 수정 사항 발생 건수	건수
597	재무	세무 신고	세무 신고 및 납부 기한 적시성	기준일 대비 지연 일수
598	재무	일일 업무	서비스 만족도(조직별)	제공하는 서비스(자금)에 대한 조직별(팀 단위) 내부고객 만족도 Survey
599	재무	자금운영계획	연간 정책자금 조달 횟수	조달 횟수
600	재무	자금운영계획	보고 시점의 적기성	보고 시점 준수 여부를 Overall Rating
601	재무	자금운영계획	평균 조달금리 증감률	(전기 평균 조달금리 – 당기 평균 조달금리)/전기 평균 조달금리* 100
602	재무	재무관리 업무	운전자본비율	{(유동자산-유동부채)/총자본}*100
603	재무	재무관리 업무	수입 이자금액 증감률	(전기 수입이자 총액 – 당기 수입이자 총액)/전기 수입이자 총액* 100
604	재무	재무관리 업무	은행 수수료 절감률	(전기 수수료 절감 금액 – 당기 수수료 절감 금액)/전기 수수료 절감 금액* 100
605	재무	재무관리 업무	이자보상 비율	(영업 이익/이자 비용)*100

구분	부서	핵심과업(Key Task)	핵심성과지표(KPI)	산식
606	재무	재무관리 업무	장/단기 차입금 비율	(단기 차입금/총 차입금)/(장기 차입금/총 차입금)* 100
607	재무	재무관리 업무	차입금 의존율	(총차입금/총매출액)* 100
608	재무	신고업무	절세 금액 증가율	(당기 절세 금액 – 전기 절세 금액)/전기 절세 금액* 100
609	재무	월차결산	결산 일정 준수도	결산 일정 준수 여부를 Overall Rating
610	재무	일반업무	교육 횟수와 노력도	(시행횟수/교육목표횟수)* 100 , 만족도 설문조사
611	재무	일반업무	사내게시판 활용도	(검색 인원수/총 인원수)* 100
612	재무	일일업무	서비스 만족도(조직별)	제공하는 서비스(회계)에 대한 조직별(팀 단위) 내부고객 만족도 Survey
613	재무	재무/원가회계 결산	결산 일정 준수도	결산 일정 준수 여부를 Overall Rating
614	재무	재무/원가회계 결산	보고서(재무제표) 정확도	외부인 감사 지적 건수 및 지적 내용을 고려하여 Overall Rating
615	재무	채권조회 확인	계획 대비 거래처 현장 방문 이행 준수도	일정 내 방문 이행 건수/방문 계획 건수
616	재무	사내교육훈련	사내게시판 활용도	(검색 인원수/총 인원수) x 100
617	재무	사내교육훈련	교육 내용과 노력도	(시행횟수/교육목표횟수) x 100 , 만족도설문조사
618	재무	자금운영계획 수립	계획대비 실적 오차율	(계획 – 실적)/계획 X 100
619	재무	수금 및 지급업무 전산화	은행간 업무 소요시간 단축률	(전기 업무 소요시간 – 당기 업무 소요시간)/전기 업무 소요시간 X 100
620	재무	자금 계획	자금 계획 보고서의 적정성	정성 단계 척도 설정
621	재무	자금 계획	Cash Flow 예측 적정성	정성 단계 척도 설정
622	재무	자금 조달	총자본회전율	총자본회전율
623	재무	자금 조달	금융비용	금융비용/매출액
624	재무	자금 조달	부채비율	부채비율
625	재무	자금 조달	회사채 이익률	회사채 이익률
626	재무	자금 조달	지급 관련 비용 절감률	전기 대비 절감률
627	재무	자금 조달	자금 조달 비용	자금조달비용 / 총조달금액
628	재무	월 마감 업무	최종보고서 오류 발생 건수	건수
629	재무	월 마감 업무	감사 (내부 감사, CPA) 지적 건수	건수
630	재무	월 마감 업무	월 마감 업무 기한 적시성	기준일 대비 지연 일수
631	재무	정산 업무	장기 미처리 목록 및 금액	건수 (금액)
632	재무	회계관리	대차 정산 적시성	기준일 대비 지연 일수
633	회계	회계 시스템 개발	업무 전산화 노력도	정성 단계 척도 설정
634	회계	회계관리	재무제표 정확성	정성 단계 척도 설정
635	회계	회계관리	재무제표 보고서 납기 준수	정성 단계 척도 설정
636	정보시스템	IT 기획/운영	IT 제도/규정/지침 개선 노력도	정성 단계 척도 설정
637	정보시스템	IT 기획/운영	시스템 개발 일정 준수도	기준일 대비 지연 일수
638	정보시스템	IT 기획/운영	시스템 에러 발생 건수	건수
639	정보시스템	전산화	개발 요구 대비 기능 제공율	제공 기능 수 / 개발 요구 기능 수
640	정보시스템	전산화	개발 일정 준수율	기준일 대비 지연 일수
641	정보시스템	전산화	개발 예산 집행율	실제 집행 / 예산 책정액
642	정보시스템	전산화	시스템 개발 만족도	Survey 결과
643	정보시스템	전산화	시스템 에러 건수	건수
644	정보시스템	전산화	백신 프로그램 설치율	목표 대비 설치율
645	정보시스템	Infra 구축	네트워크 가동율	(총가동시간–장애시간) / 총가동시간
646	정보시스템	Infra 구축	장비 구매 비용 절감율	실제 비용 / 예산 계획
647	정보시스템	Infra 구축	장애처리 시간 단축	전기 평균 소요 시간 – 당기 평균 소요 시간
648	정보시스템	Infra 구축	네트워크 비용 절감율	실제 비용 / 예산 계획
649	정보시스템	Infra 구축	장애처리율	기한 내 처리 건수 / 총 장애 건수
650	정보시스템	IT 교육	전산 교육 만족도	Survey 결과
651	정보시스템	IT 교육	전산 교육 실시율	계획 대비 실시율
652	정보시스템	기타 행정관리	소모품 관련 예산 집행율	실제 집행 / 예산 책정
653	정보시스템	콜센터 운영시스템 관리	동종업계 벤치마킹 건수	건수
654	정보시스템	콜센터	업무 개선 건수	건수
655	정보시스템	운영시스템 관리	고객 만족도	Survey 결과
656	정보시스템	인사/총무	업무 개선 건수	건수
657	정보시스템	시스템 관리	데이터 오류 건수	건수
658	정보시스템	기타 행정관리	소모품 관련 예산 집행율	실제 집행 / 예산 책정
659	총무	지적재산권관리	경고장 접수 및 방어 성공율	성공 건수/(성공 건수 + 실패 건수)* 100
660	총무	지적재산권관리	상표,의장 갱신 및 연차료 적기 납부율	적기 납부 건수/(대상 건수 – 포기 건수)* 100

구분	부서	핵심과업(Key Task)	핵심성과지표(KPI)	산식
661	총무	지적재산권관리	상표,의장 권리 등록률	등록 건수/(등록 건수 + 거절 건수)* 100
662	총무	지적재산권관리	이의 답변 승소율	답변 승소 건수/(승소 건수 + 패소 건수)* 100
663	총무	지적재산권관리	이의 신청 승소율	이의 신청 승소 건수/(승소 건수 + 패소 건수)* 100
664	총무	지적재산권관리	제출 기한 준수율	(적기 제출 건수/의무 제출 건수)* 100
665	총무	관리일반	서비스 만족도(조직별)	제공하는 서비스(총무)에 대한 조직별(팀 단위) 내부고객
666	총무	관리일반		만족도 Survey
667	총무	관리일반	경비 절감률	(예산금액 – 집행금액)/예산금액* 100
668	총무	관리일반	기한 준수율	(기한 내 업무 처리 건수/총 업무 처리 건수)* 100
669	총무	관리일반	비용 절감을 위한 노력도	물품 구매 및 시설 관리비 절감을 위한 노력도를 Overall Rating
670	총무	관리일반	직원 만족도	품목별 지급 시기 및 유지보수 만족도 수준에 대한
671	총무	관리일반		설문 조사
672	총무	교육훈련관리	훈련 대상자 훈련 참석률	(실제 훈련 참석 자/훈련 참석 대상자)* 100
673	총무	식당관리	직원 만족도	식당 이용 직원에 대한 만족도 설문
674	총무	식당관리	식자재 신선도	식자재 신선도에 대한 Overall Rating
675	총무	식당관리	신메뉴 개발 건수	신메뉴 개발 건수
676	총무	채권관리	판매 무가동 거래선 해소율 (금액)	(당기 해소 금액/전전분기 발생 금액) X 100
677	총무	채권관리	판매 무가동 거래선 해소율 (건수)	(당기 해소 건수/전전분기 발생 건수) X 100
678	총무	채권관리	수금 무가동 거래선 해소율 (금액)	(당기 해소 금액/전전분기 발생 금액) X 100
679	총무	채권관리	수금 무가동 거래선 해소율 (건수)	(당기 해소 건수/전전분기 발생 건수) X 100
680	총무	채권관리	한도 초과 거래선 해소율(금액)	(당기 해소 초과 금액/전전분기 발생 초과 금액) X 100
681	총무	채권관리	한도 초과 거래선 해소율(건수)	(당기 해소 초과 건수/전전분기 발생 초과 건수) X 100
682	총무	채권관리	회수 목표 금액 달성률	(회수 금액/회수 목표 금액) X 100
683	총무	채권관리	법무게시판 활용 및 교육	연 10회
684	총무	무형자산관리	라이센스 계약체결 건수	계약 체결 건수
685	총무		라이센스 계약체결 금액	계약 체결 금액
686	총무	지적재산권관리	심판 청구 승소율	승소 건수/(승소 건수 + 패소 건수) X 100
687	총무		심판 피청구 승소율	승소 건수/(승소 건수 + 패소 건수) X 100
688	총무	구매원가 절감	구매원가 절감률	(기존 구입단가-변경단가)/기존 구입단가
689	총무	임대단가 인하	임대단가 절감률	(기존 임대단가-변경단가)/기존 구입단가
690	총무	통신비 절감	통신비 절감률	(전년도 통신비-금년 통신비)/전기 통신비
691	총무	사무환경 개선	직원만족도	만족도 조사 결과
692	총무	직원간 커뮤니케이션 강화	동호회 수 증가 및 참여인원 만족도	전기 대비 동호회 증가 수
693	총무	직원만족도 제고	개최 회수 및 직원만족도	개최회수
694	총무	사회공헌 확대	전년대비 후원금 증가율	전년도 금액/금년 금액
695	총무	사회공헌 확대	전 직원 사회공헌 참여 일수 전년대비	전년도 참여일수/금년 참여일수
696	총무	사회공헌 확대	증가율	
697	총무	총무	주총/이사회 진행의 적정성	팀장 5단계 정성 평가
698	총무	총무	구매 예산 소비율	구매금액/예산금액
699	총무	총무	행사별 준비의 적정성	팀장 5단계 정성 평가
700	총무	총무	업무 지원 건수	건수
701	총무	부동산 임대차	효율적인 사무실 임차 건수	건수
702	총무	자산 관리	집기비품 등 매각 및 폐기에 따른 절감 금액	금액
703	총무	자산 관리	유지 보수율	완료 건수/대상 건수
704	총무	자산 관리	차량 유지비 절감액	금액
705	법무	계약서 검토/상담/자문	계약 관련 분쟁 발생 비율	분쟁발생 건수/검토 건수
706	법무	계약서 검토/상담/자문	계약 관련 분쟁 해결 비율	해결 건수/분쟁 발생 건수
707	법무	계약서 검토/상담/자문	계약 검토/상담/자문 만족도	Survey
708	법무	계약서 검토/상담/자문	법률 서비스 운영, 관리 기여도	기여도의 팀장 평가
709	법무	법률 상담	법적 분쟁 발생건 해결 비율	해결 건수/법적 분쟁 발생 건수
710	법무		법률 상담/자문 만족도	Survey
711	법무	법률 제/개정 내용	법률 분석/보고 및 대응 건수	분석/보고/대응 건수
712	법무	분석 및 대응	법률자문료 감소 비율	금년 지급금액/전년 지급금액
713	법무	분석 및 대응	법률서비스 운영/관리 기여도	팀장평가

중소기업을 위한 인사평가 바이블